神はいずこに

キリスト教における悟りとその超越

バーナデット・ロバーツ
大野龍一 訳

日本教文社

The Path to No-Self
life at the center

コロラド州スノーマスにある聖ベネディクト僧院のシトー修道会士たちに捧ぐ。

――神はいずこに◎目次

まえがき iv
序論 2
合一生活の諸段階 8
体験の二面性 16
第一段階 28
第二段階への序 59
第二段階 61
第三段階 93
第三段階と第四段階の間 140
第四段階 148

第五段階　194
第六段階　210
結　論　256
訳者あとがき　276

（編集協力◆殿村直子）

まえがき

本書は、キリスト教の観想〔瞑想〕の旅におけるある特定の段階、私が「無自己への道」と呼ぶ段階についての個人的記録です。一九八五年に本書の初版が刊行された後、「自我」と「自己」に関して――より正確には「無自我」と「無自己」と表現したものに関して――ある誤解が生じてきました。そこで今回、この第二版のためのまえがきを書くにあたって、これらの用語をより明確にすると同時に、完結した旅について簡単に概観しておこうと思います。

霊的な旅が本格的に始まるのは、私たちの人生を実質的に方向転換させる無償の恩寵《おんちょう》――啓示あるいは悟りの一端――に接し、それを徹底的に追い求めようとするときです。私たちがさらに豊かな恩寵を求め、それを受けるにふさわしい身になろうとするなら、全力を集中して、生活を改革し、霊的修練に取り組み、神との一体性の探求にすべてを捧げていかなければなりません。この改革は私たちがなすべきことですが、これに関して私たちに可能なのは、せいぜいそこまでです。人間が自らの努力によってもたらすことのできる変化は、一時的かつ表面的なものでしかなく、しかも、後戻りしてしまう場合さえあります。私たちの努力が終わるところ、つまり、自分に可能なすべてをやり終えたときに初めて、神がイニシアチヴをとり、真の変容プロセスが始まるのです。神の恩寵による変容だけが、後戻りすることのない深遠な変容を、私たちの最も深い存在体験に起こすことができます。ですから、真の変容は改革〔の努力〕が終わったところから始まると言えるでしょう。

　霊的な旅の始まり、すなわち、改革の諸段階については、すでに非常に多くの書物が書かれているので、本書では「変容のプロセス」の説明から始めたいと思います。キリスト教神秘主義の伝統では、このプロセスの始まりは「魂の受動的暗夜」として知られています。この言葉は十字架の聖ヨハネ〔訳註：Saint Juan de la Cruz 一六世紀スペインのカトリック司祭、神秘思想家。アビラのテレジアと共にカルメル会の改革に取り組み、『暗夜』などすぐれたキリスト教神秘主義の著作や書簡を残す〕が、ある一連の体験を指して呼んだものですが、そうした体験は、彼と同時代の観想生活をおくる者たちには、すでによく知られていました。[*1] 現代心理学で言えば、魂の暗夜に入るとは、それまで自己の中心であり続けていた自我《エゴ》が脱落し、自分自身の内部に存在する大きな空虚または空洞に出会うことです。以前にはそこで神と出会ったのに、今は無の暗闇しかありません。この出来事は最初、神の不在として体験されますが、私たちは神の不在があり得ないことを知っています。それゆえ十字架の聖ヨハネは、この暗闇は光が過剰なせい——太陽を直視した瞬間、目がくらむようなもの——であると述べています。しかし、存在の深みを覆い、隔てていた自己の中心（自我）が脱落することによって、私たちは存在を直視できるようになるのです。この地点に達するまで、私たちは自我というヴェールを通して神を見ていた、あるいは、神と出会っていたのですが、そのことを知りませんでした。自我は、神聖な中心に覆いかぶさって、聖なるものを体験する主体の役目を果たしていました。その自我が脱落したとき、神の体験も持ち去られてしまったのです。この体験は自己喪失感を伴いますが、私たちは自己を失ったことよりも、神を失った感覚のあまりの大きさに圧倒されます。神なしでは深い自己を感じることができませんし、深い自己（この場合は自我）がなければ、神を感じることもできないのです。

ここで注意すべきなのは、自我が脱落するまでは、私たちが知っている最も深い、最も神聖な自己は「自我‐自己（自我という自己）ego-self」である、ということです。私たちは、自我がなくなった後になって初めて、自我が本当は何であったかを知ります。[*2] それまで「自己の中心」であった自我は、虚偽でも悪でも、また、必ずしも利己的というわけでもありません。それどころか、神を体験し、神と聖なる生への探求に全力を注がせたのは、この自我でした。自我が偽りのものになるのは、神を拒絶し、自我にのみ執着するときです。私の場合、旅の初期には、後に「自我」だったとわかるものを、「本当の自己」あるいは「真の自己」（表面的な自己に対するものとしての）と呼んでいました。脱落以前には、これが私の知っている最も深い自己であったからです。この「最も深い自己」が脱落することがあるとは、一瞬たりとも考えたことがありませんでした。けれども、魂の暗夜の中では、この自我という中枢が脱落すると――それが神に結びついていたものですから――神の体験もすべてなくなってしまいます。すると、まるで神がいなくなったように思われ、まず、なんとかして神を見つけようとします。私たちは神においてしか真の自己を見出せないことを知っているからです。「霊魂の受動的な暗夜」すなわち「自我中枢の脱落」は、自分自身の中に空虚と空洞を見る恐ろしい体験です。神もなく、深奥の自己もなく、あたかも自分の存在の中心が突然消えうせてしまったかのように、まったくの暗闇の中に取り残されるのです。

　精神《サイキ》または人格の全体が、この無の状態に適応し始めるにつれ、内なる目は次第に暗闇に慣れてきます。そしてやがて、この深い暗闇の中に、神の顔が出現します。キリスト教では、このプロセス全体は「変容的合一」と呼ばれています。ですから、魂の暗夜に入ることは、「合一状態」、すなわち、神と合一した生活の始まりなのです。この暗夜の中で起きる大きな変化は、それまで確実に存在していた「生きているという感覚」が、神の現存という筆舌に尽くしがたい感覚に取って代わられることです。そこでは、神と自己との区別がない、ただひとつの「在る」という感覚があるだけです。この変化は、「我と汝」の意識から、純一な「我々」意識への移行と表現されるかもしれません。この変容プロセスの終着点は、決定的な合一の啓示をその特徴とします。私たちの深奥の自己は神との一体性の中に隠され、ただただ神聖な一つの中心が現れるのです。

　この啓示とともに、内奥へ向かう私たちの旅は完結します。私たちは最も深いところ――神聖な中心――よりも奥へ進むことはできません。この神聖な目的地に達すれば、それ以上望ましいものは何もないので、あたかも、この世に生きる人間に可能な最終地点にたどり着いてしまったかのように思えるでしょう。周りを見回しても、その先へ続く道はありません。あるとしたら、永遠の祝福の中に溶け込んでしまうことですが、その状態に入るならば、これからも地上に存在し続けることはできないでしょう。その永遠への第一歩は、私たちのほうから自発的に踏み出すことはできません。その選択は私たちがするものではないからです。私たちに残されたことは、この新たな合一状態を日常生活で実践することです。そこで、今度は世俗《マーケット・プレイス》の現実世界へと戻る旅になります。最初は内へ向かう旅でしたが、一転して、外へ向かう旅が始まるのです。そのとき私たちは気づいていませんが、外部の現実世界へと向かうこの段階は、旅の全行程のなかできわめて重要な不可欠の部分です。合一の啓示の先にある現実世界は、さらに大きな目的へと続く未知の道なのです――その目的とは、神との合一の中に自己を隠した「神聖な中心」の脱落です。旅の始まりから合一への行程は、無我への道としてよく知られ、観想に関する書物にはっきりと記されています。けれども、合一状態から出《い》て現実世界という目的地へ向かう「無自己への道」は、旅を完結させるために必要不可欠でありながら見過ごされ、観想について述べた書物にもあまり説明されていません。

　合一状態は、その中に長くいればいるほど、あたりまえのものになっていきます。何年か経って過去を振り返ったとき、私たちは初めて、変容のプロセスとは実は「人間的成熟」のプロセスだったのだと気づきます。私たちはまた、人は神との恒久的な合一を実現することなしには、けっして本当に「成熟」したとはみなせないことを悟ります。人間の成熟は、暦上の年齢、心理学的な発達年齢、人類学的に区分される年齢など、いかなる発育年齢によっても正しく定義することはできません。神によってなされる変容だけが、個人を成熟させることができるのです。変容のプロセスにおいては、神の恩寵の働きが神秘的な趣を与えました。実際、この変容を体験した人は、しばしば「神秘家」と呼ばれ、彼らこそ真に成熟した人間であると言われます。しかしながら、この成熟で、私たちの内部での神の働きは終わりなのでしょうか？　神が人に定められた最高の目的は、成熟した人間になることなのでしょうか？

合一状態の中で長年暮らしていると、私たちがどうしても認めざるを得ないことが出てきます。それは、この合一状態は、未熟な自我のままでいるよりは、はるかに深遠で幸福で改善された状態であるにしても、けっして完全な状態ではなく、ましてや「天国」でも人間の最終目的でもないということです。自己意識はなおも継続しており、日常的出来事に思考や感情という反応を返すため、神への完全無私の愛にとって微妙な妨げとなっています。自己は依然として、私たちが行なうすべてのことにちょっかいを出してきます。こうした自己の反応は、地上的な生存にとっては必要で、大きな問題となることはありませんが、より完全な状態へ向かうためには、やはり妨げとなるのです。とは言え、もうこれからずっと、静かに座って超然としていられるのならともかく、こうした自己の反応が永久に停止してしまったなら、私たちは日常生活をどうやって送ることができるでしょう？　それは私たちには想像もつきませんし、そもそも、そんなことが可能かどうかさえわかりません。実のところ、自己の恒久的な停止をもたらすことができるのは、神しかいません。自我中枢の脱落が神の御業《みわざ》だったのと同じように、最終的なすべての自己の脱落もまた、神によってのみもたらされます。ですから、合一状態での生活が可能な限り続いたのち、あるいは、世俗世界で体験すべき事柄がもはや何もないところまで行ったとき、その合一状態──神と自己──は一挙に脱落します。最初の自己中枢（自我）の脱落を予期しなかったように、その聖なる中心までもが脱落してしまうとは、私たちにはまったく予期できないことでした。

自己を超えると、合一状態の目的は単に成熟した人間になることではないこと、この成熟した存在自体がさらに高次の状態へと向かう運動であることが明らかになります。したがって合一状態とは、未知の道なのです。その道を歩むとき、自我なしに生きる──そして奉献の生活を送る──ことで、私たちは、人間としての達成感をはるかに超えた次元へと導かれます。それは今まで知らなかった、予期しなかった次元です。ですから、「無自己への道」とは「自我なしの合一状態」です。しかし、この自我のない状態、または合一状態は、人間としての成熟を示すものですが、旅の終着点ではありません。自我または最初の自己中枢の脱落は、自己全体（または真の自己）が停止してしまうことではありませんでした。真の自己が停止または脱落する前に、まだ進むべき道が一つ残っているのです。ここで思い出してください。合一状態に達するまで、私たちが無私の生活を送ったことは一度もなかったことを。私たちはどんなに無欲になろうと努めても、無私または合一の状態を得られませんでした。そのような状態を生きられるのは真の自己だけです。自我のない状態（つまり、真の自己）が現実世界で十分に生きられた後に初めて、それは終息し、それなしの生が始まるのです。

　自我のない無欲の状態（または自己と神との合一）を人間の最終ゴール、つまり究極の目的だと思うのは、大きな間違いです。私が本書で確認したいのは、合一状態が本当は隠された道だということです。また、これは究極的には、（真の自己もない）無自己、無合一へ向かう動きだということです。要するに、「合一状態は無自己への隠された道である」ということです。

　キリスト教の伝統で、自己（自我ではなく）の脱落が扱われたことはありませんでした。それは不可能なこと、あるいは、劣った考えとされているせいかもしれません。自己がなくなれば、一神教的な啓示は崩壊し、ある神学者が一種の「宇宙規模のごった煮《コズミック・スープ》」と呼んだような、一元論的または汎神論的な非人格的原理に陥るのではないかと、大いに恐れられているのです。しかしながら、そうしたことを恐れて「完全に自己のない状態」を拒絶することが正しいのかどうかは、最終的には、その出来事――すべての自己の脱落――によってのみ確かめられるでしょう。自己を超えたとき、そこに現れてくるのは、コズミック・スープでしょうか？　非人格的な原理でしょうか？　まばゆい光でしょうか？　実のところ、自己を超えたときに現れてくるのは、非物質的な魂ないし霊ではありません。肉体の真の性質なのです。つまり、肉体はキリストの永遠の「神秘体Mystical Body」の本質的部分だということです。この神秘体は、父なる神の栄光の内にあり、その光が聖霊です。これが目的として十分でないとすれば、他に何があるというのでしょう？　キリストへの信仰は、自己喪失の恐怖を最終的にすべて追い払ってくれます。自己が脱落するところで、永遠のキリストが始まるからです。

＊　＊　＊

本書は十年近く前に書かれたものなので、改めて読み直せば、変更したい箇所がたくさんあるでしょう。そのなかで一箇所、初版刊行時から書き忘れに気づいていたところがあります、それは「開かれた心《オープン・マインド》」に関する章（本書の第五段階）で、そこで私は「判断の停止」について述べています。このまえがきの最後に、以前から付記しようと思っていた事柄を挿入させていただきます。この部分を別にすれば、元の文章に付け加えるべき重要なことは、とくにありません。用語のいくつかは変わるかもしれませんが、ある体験を見分けることができる人たちなら、用語が変わっても述べられていることの本質はわかるはずです。体験を伝達するときに真に妨げになるのは、言葉ではありません。本当の妨げは、その体験を一度もしたことがないということなのです。

「開かれた心」に関する章で、私は「判断」という言葉を使っていますが、それは意識的に行なわれる道徳的判断のことではなく、心の自動的な識別作用を指しています。この無意識的な識別作用は、それ自体、微細な形態の判断なのですが、自己意識とあまりにも密接に結びついているため、この作用が停止すれば、自己意識も停止してしまうでしょう。一例をあげるなら、私たちは人と会ったとたん、反射的に自分自身を意識します。そしてこの反射（再帰）的な内省作用と共に、連想作用が働き始めます。けれども、私たちはこの微妙な識別作用を経ずに世界や人々を見られるようにならなければ、それらをありのままに見ることはできないのです。それまでは、それらを自分の中にあるイメージとして見ているだけであり、それはあるがままを見ることとはまったく異なります。私たちは、他者をまったく新たなものとして、あるいは初めて会ったときのように見ることができなければ、他者の中にも自分自身の中にも変化を起こすことはできません。ですから、私が今述べている微妙なかたちの識別作用は、より完全な慈愛、同情、赦し、正義などを求めるうえでの妨げになるのです。

ここで理解すべき重要な点は、この瞬時に反応する意識は対象を自動的に識別するということです。こうした識別作用を行なっているさなかにその心に気づくようになるなら、私たちはやがて、心が自らを意識する行為の真っ最中に、その心をつかまえられるようになるでしょう。私がこの章で述べておきたかったのは、心には自動的で無意識な活動があり、その活動において、識別作用と自己意識は別物ではない（すなわち、識別作用の停止は自己意識の停止に等しい）ということの発見だったのです。

そのときは気づかないかもしれませんが、この発見は、やがて訪れる自己意識の停止に向けての重要な洞察ないし準備となります。この識別作用は、当初は微細なレベルでの判断であるように思われますが、やがて、微細なレベルでの自己意識であることが判明するのです。私はこの事実を本書の新版で明確にする機会がもてたことをありがたく思います。
この新版の出版に関し、ＳＵＮＹプレスのビル・イーストマンに謝意を表します。ビルは、インドの田舎町で本書に出会い、アメリカに戻って、本書が絶版になっていることを知りました。本書はキリスト教の観想の旅についての個人的な記録なので、ＳＵＮＹプレスから出版されている他の宗教書の中に含めても違和感はないだろうとビルは考えました。私たちは本書が、心理的‐霊的な旅のヒントになることを願っています。誰もがこの旅へと招かれているのです。

［原註］

＊1．十字架のヨハネは「暗夜」について多くのことを語っています。彼がまず区分するのは、感覚の能動的暗夜、感覚の受動的暗夜、霊（または精神）の能動的暗夜、霊（または精神）の受動的暗夜です。彼が言う「能動的」とは、私たちが行なえるものを指し、「受動的」とは、神のみがなし得ることを指しています。(1)感覚の能動的暗夜＝私たちが自分を神に結びつけるために、不完全さや世俗的な気晴らしから自分を切り離すこと。(2)感覚の受動的暗夜＝一定期間、神が現存されなくなったように思え、自分が霊的に空虚で、無味乾燥に感じられること。実はこれは、注入された観想、すなわち、より深遠なレベルでの神の顕現の始まりなのですが、その時点ではまだ認識されていません。(3)霊（または精神）の能動的暗夜＝霊的魅惑や、神の顕現をもっと受けようという

努力から自分を切り離すこと。つまり、神の持続的な顕現は、あらゆる思考や感情を超えた深いところにあるという認識。(4)霊（または精神）の受動的暗夜＝神による永続的で後戻りのない一撃。自己の中心（自我）が脱落し、私たちの内部にある恐ろしい空虚――暗黒の穴、暗闇、虚無――と出会います。第二と第三の暗夜の体験はオーバーラップしていますが、第一と第四の暗夜は著しく異なります。

＊2．カール・ユングはかつて、多くの人が自我の出現と、霊的自己（真の自己）の出現とを取り違えていると指摘しました。しかし、それは万人に当てはまることではないかと思います。自我である自己は、自分がその自我で生きている――または自分がそれである――ときには知ることができず、後で振り返って初めて、そうだったのかと知ることができるだけなのです。自我で生きているときには、自我こそ、私たちが知っている最も深い真の自己です。それは、表面的な「偽りの自己」ではありません。自我が脱落するとき、私たちが恐ろしい暗夜を経験するのは、こういう理由によるものです。たいしたことのないものが脱落したのなら、これほど精神全体が激しく動揺し、変化し、再調整を強いられることはなかったでしょう。対照的に、偽りの自己は、けっして脱落することはなく、ただ「仮の表面的なものとして」あるがままに認識されるだけです。ですから、自我と「偽りの自己」とはまったく別物なのです。そのようにきちんと区別しなかったことが、真の観想の旅について数多の誤解を生む原因となってきました。

神はいずこに――キリスト教における悟りとその超越

✣序論

キリスト教の伝統では、観想生活は、「浄化」「照明」「合一」という三つの状態または段階に分けられます。このうち最後のものが、この世における魂の最終的な、最も完全な達成であると考えられています。以下の記述は、もっぱらこの合一状態に関するものですが、私はその状態を、観想の旅における最終的段階としてではなく、過渡的な段階ととらえています。というのも、合一生活の真の目的とは、魂をそれ自身の外部の、魂自身を超えた地平にまで導き、結果としてその合一生活をも超えさせるところにあるからです。この合一を超えた段階に対する一般的な呼び名はありませんが、私はそれを『自己喪失の体験』(雨宮一郎、志賀ミチ訳、紀伊国屋書店、一九八九)で描写し、簡単に「無自己の状態」と呼んでおきました。

合一生活は、私たちが自己および、その個人的完成を超えて進み、さらに広大な〝神の完全性〟

の中へ入るとき、終わりを迎えます。そこでは、もはや神は自己との関係において知られるのではなく、神が神自身の内に存在する、言い換えれば、神が神自身を知るというかたちで知られるようになります。それゆえ、この世では〝至福直観〟すなわち神と直接対面する至上の幸福はありえないと思っていたのが、今や、神自らを見る神の目、あるいは神自身の神についてのヴィジョンは、現世の生活と両立し得るものであり、合一生活の外にあるわけではないことがわかるのです。とはいえ、合一状態を振り返って、それが人間の終着点、すなわち霊的な最終段階ではなく、過渡的ないし準備的な段階であった、ととらえられるようになるのは、この最終的な自己離脱が起きた後のことです。最終段階が実際どのようなものなのか、あるいは、神が人間についての原初の計画をどこまで延長されるのかは、誰にもわかりません。重要なのは、人間には創造主のなさることや創造物の最終的状態について口を挟むことはできないということです。

合一を超えた次元が開かれると言っても、至高体験としての合一状態や、さらに先へ進むために通らなければならない門としての合一状態が軽視されたり否定されたりするわけではありません。むしろその反対です。目標ではなく手段としてとらえることによって、私たちはそれまで知られず、認められていなかった合一状態の側面を理解するようになるのです。それは合一生活に対するどんな期待をも上回る可能性を私たちに示してくれます。それと同時に、私たちは希望を高くもつことによって、観想的合一につきものの畏怖という偽りのオーラを手放せるようになり、合一状態をあるがままに認識できるようになります。そして、あらゆる成人がそう生きるべく定められている、充実し成熟した人生が慎ましやかに開花するのです。

神が私たちの人間性を完成させてくれることをひとたび体験的に理解すれば、私たちは完全かつ十全な生を生き始めます。すなわち、勇気をもって人間のあらゆる潜在能力を引き出し、自己を深く認識し、存在のあらゆる側面を探求するようになります。引き出すべき潜在能力がもはや何もなくなったとき——体験すべきものを体験しつくし、学ぶべきものを学びつくし、耐えるべきことを耐えつくしたとき——そのとき初めて、私たちは神によって、こうした個人的な限界を超えた次元に引き出され、神の存在と神の力の計り知れない秘密へと導かれる準備が整ったことになるのです。

したがって、合一生活とは、自己に対する能動的、漸進的な死のことです。その自己は、神の伴侶としてあり、神と一体化した自己、存在の深奥部に神と共に隠れている「真の自己」です。しかし、神と合一したこの自己が最終的に消滅するとき、私たちは次のことを悟るようになります。合一生活の初期には、完全な自己喪失は、完全な合一、エクスタシー、あるいは、諸能力の全的な停止という、過渡的な体験の中においてしか知り得ませんでしたが、合一段階の最後になると、自己の喪失は恒久的な現実になるということです。その現実を可能にするのは、実生活における私心なき献身という生き方です。つまり、完全な最終的自己喪失をもたらすのは、エクスタシーでも、霊的結婚でも、それらに類似したどんな体験でもなく、長年にわたる無私の生活なのです。それは自分の満足を求めずに、自己を殺す生活です。しかしながら、この無私の献身は、最初に自己と神との合一がなければあり得ません。この合一がなければ、献身生活は不可能なのです。

言い換えれば、その合一状態は、自己の最良の状態です。その状態の全一性と完全性は、人に最も実り多い歳月を過ごさせます。なぜなら、この合一によって創り出される活力はけっして衰えることがなく、常に自己の外へと向かうからです。人によっては、この状態において、聖なるものを得るかもしれません。というのも、聖なるものは苦しむ自己のものだからです。その自己は、見返りを求めずに、絶えず与え続けることができます。それは自己満足のない生活です。しかし、ひとたび自己を超えたなら、もはや聖なるものはあり得ません。なぜなら、そこにはもはや与えるものも与える主体も存在しないからです。

合一生活の成就はめったに起こらないと言われてきました。しかし、恩寵を信頼する人にとって、合一生活は予期されるべき当然の目標であり、献身が十分であればかなりすみやかに達成されるものです。観想者はとくに、短期間の内にこの状態に入ります。なぜなら、明らかな超自然的助けによって、他の人たちが長期間かかるところを近道できるからです。はっきり言えば、この速やかな移動こそが観想生活の特徴なのです。しかし、達成されるまでの時間の長短にかかわらず、合一状態は誰にとっても同じであることを忘れてはなりません。なぜなら、この「一なること《ワンネス》」の神秘的本質は、一切の霊的多様性や個々人の体験を超越したものだからです。個々の経験というものは、どこで起ころうと常に、合一そのものの下位に属するものなのです。

観想生活について書く人の中には、合一状態は聖人や神秘家だけの特権だとする人がいますが、それは神に失礼で、神の寛大さを過小評価するものです。また、合一状態を、感極まる陶酔した言葉で言い表わす人もいます。しかし、そうした表現は脚色されすぎていて、その状態を非常によく知っている観想者の体験と同一視できないことがしばしばです。ですから、大切なことは、合一の人間的次元に現実的な目を向けることです。そして必要ならば、超常的な現象も、一時的な体験もその状態そのものと関係のない情緒的な言葉をも、取り払わなければなりません。この際、私たちが頼りにしたいのが、十字架の聖ヨハネが何度も繰り返し述べている区別の方法です。彼は、習慣的かつ実質的に体験される合一の状態と、一時的な「行為」として体験される偶発的な合一とを区別しました。この区別をはっきりさせておかないと、この合一状態を言い表わすつもりで、実際は一時的な体験を表わす語を使ってしまうという間違いを犯しかねません。ですから、この旅の間じゅう、私たちは実質的なものと偶発的なものとの違いを認識し、必要に応じて明確に区分することを忘れてはなりません。

次章からは、合一状態の多様な側面をできるだけ詳しく見ていくために、その状態の最も注目すべき側面、ターニングポイント、あるいは画期的な出来事に従って区分してあります。これらの区分は、もっぱら私個人の体験に基づくものなので、読者は、ここで発見したものをあくまで参考程度に受け止め、従うべきドグマや新しい方法とは受け取らないでいただきたいと思います。私が行なった観想の旅は、実際は非常に古くからある、ありふれた伝統的なやり方に従ったものです。もし本書の記述に何か新しいものがあるとすれば、それはもっぱら個人的な見解に根ざすものです。ですから、以下に記すことは、個人的な報告であり、単に合一生活の諸段階を特徴づける出来事の体験録にすぎません。

合一状態に関して書かれた文献はあまり多くはありません。私たちが知っているのは主に、いにしえの聖人や神秘家たちの伝記から取られたものですから、もしも彼らが現代の馬鹿げた心理的・社会的環境の中で暮らしていたら、一体どうしてやっていけるだろうかと首を傾《かし》げざるを得ません。聖人はその時代の心性や宗教的指針の代表者ですから、彼らが時代に応じて違って見えるのは当然かもしれません。というのは、たとえ人間が「生成変化」のプロセスにいないときでも、神はいつも新たに人間に現れ、いつもその時代やその知識に対応し、それぞれの時代ごとに、それぞれの人に特異的に自らを顕わすからです。ですから、人間と神との一体性そのものは変化しないとしても、個人がこの一体性をどのようにとらえ、どのようにそれを生きるかは、常に多様に変化せざるを得ないのです。

本書は、合一生活を新たな眼でとらえる――すなわち、合一を最終段階としてではなく一時的なものとしてとらえる――ことによって、さらに広い理解をもたらそうとするものです。それと同時に、合一状態を超えたものに視野を広げることによって、それに適切な位置づけを与えられれば、とも思っています。そうすれば、合一とは真剣な観想者のみが達成し得る状態なのではなく、そこで成熟した年月を生きるべく神が万人に対して用意された状態なのだという、その本質が理解できるようになるでしょう。

✣合一生活の諸段階

◎第一段階

体験から生まれた確信に従って、私は「魂の暗夜」への決定的な参入を合一生活の第一段階と位置づけます。焼きごてをあてられたように、存在の中心というべき深奥部に向かって溶け落ちていく過程がここに始まりますが、それは痛みをともない、自己のあらゆる面が打ち砕かれます。自己制御という重要かつ決定的な力は奪い去られ、〈自己という〉この脆《もろ》い統一体をまとめていた意志力は溶解してしまいます。このときから、私たちの運命の手綱は、もっと大きな力、もっと高次の「意志」にゆだねられます。そのとき、私たちはあまりの苦しさに、無意識のうちに抵抗するかもしれませんが、そんなことをしても何にもなりません。解決方法はただ一つ、服従することだけです。つまり、自分の無力さを受け入れ、魂の平安——それが見つかる日には——こそ、最大の味方であることを認めるのです。他に行くところはなく、戻るべき場所もないので、私たちは自らの無の深みへと降りていくしかありません。そのどん底で、やがて神が最終的にご自身を顕わし、私たちの存在が神に根ざすものであることが明かされます。こうして私たちは底なしの空虚を旅した後、やがて神との深い合一——存在の中心にある永続的な静寂点——に安らぐようになります。

◎第二段階

第二段階は、かつては苦痛があったところに今は安らぎがあるという発見と共に始まります。これ以後、魂はこの安らぎを維持するように働き、これに反するすべての動きに逆らいます。これは、平和に満ちた不動の中心を受け入れ続け、それにすべてを明け渡すことによってなされます。というのも、私たちは今や、この安らぎが本当は神ご自身の沈黙であり静けさであることに気づき始めているからです。ここまで来ると、私たちは自らの存在の中核にあるこの静寂点に絶えず接するようになります。生存のあらゆる面はその静寂点に従属しなければならなくなり、思考や感情のいかなる動きも、私たちからその静寂を奪ったり、この中心から私たちを追いやったりすることはできなくなります。人がこれを行なうすべを学ぶのは、能動的受動性とも言うべきプロセスを通じてです。それは、究極的には新しいかたちの自己の統合をもたらします。中心が開かれたとき、自己は粉々に砕かれて、吹き飛ばされ、退去させられますが、それらのかけらがすべて、この中心の周りに集まってきます。この再編成のプロセスこそ、全的人間——新しい人間——の形成ですが、この統合は、人の手によってなされるものではありません。磁力のようにすべてを自分に引き寄せる中心の力によってなされるのです。それは魂がこれまで思いもしなかったやり方での再調整です。この後、すべての部分が一つの統合体として機能するようになり、すべての活動は、この中心から発するようになります。そしてこの統合プロセスが完成するとき、魂の暗夜は終わります。

◎第三段階

第三段階は、合一生活の頂点にあたり、観想体験の成就へと導くものです。この合一状態においては内的な沈黙が持続しますが、それは習慣的な〝静穏の念禱《ねんとう》〟〔訳註：prayer-of-quiet 瞑想的な祈りの一種。その祈りの中で魂は、神の現前を観想する喜びを感じつつ、ただならぬ平和とやすらぎを体験する〕とよく似ています。それは習慣的ゆえに、きわめて自然に感じられ、おのずと合一生活の基幹となるからです。さらに、祈りのとき、あるいは、なにもしていないときに、全機能がこの静寂の中に入って、長い間神の内に浸り続けることがあります。このときもまた、記憶の封鎖があるため、私たちは一種の自己喪失感を知ることになります。それは、鮮烈なものでも、永続的なものでもありません。この内的合一の深みから生じるのは、強大な力です。それは、愛がもつ力とエネルギーの蓄積です。それは内に封じ込められたままではいられないので、内へと引き込まれた私たちは、今度は外へと突き動かされます。この愛は燃えさかる炎です。それからは、あらゆる試練を受けることになります。受けたものを与えることができるよう、今までの生と体験が没収されます。このように寛大になれる強さこそ、合一生活の転換点となり、それに続くすべての準備になるでしょう。あたかも、山頂に達して、こう尋ねるかのようです。ここからどこへ行くのだろう？　まだ体得していないものは何だろう？　それまでの生は内面化と統合を目指す動きでしたが、いったん完成されれば、今度は向きを変え、自分を超えて無私の献身的な生へと私たちを送り出します。私たちはこのとき、尽きることのないエネルギーで、突き動かされます。かくして頂点に達した私たちは、もはや下るしかないのですが、それは外へ出ること——もっと完全に自己から出ること——なのです。

◎第四段階

合一生活の第四段階は、キリストの活動生活と同じ道を辿り、同じ目的地に達する能動的段階です。言い換えれば、それはカルワリオ〔訳註：キリスト磔刑《たっけい》の地〕と十字架上の死への道、すなわち自己の最終的な死を目指します。この段階の特徴は、絶え間ない外的試練、そしてありとあらゆる苦難です。その苦難において、魂の避難所になれるのは、神の中の深い隠れ場所以外にありません。それは現世的な生活の喜びや悲しみよりももっと深いところにある中心です。この段階で、成功や名声、その他何らかの個人的栄光や満足を経験する人たちは、カルワリオを没収されなければなりません。なぜなら、そういう人はまだ準備ができていないからです。キリスト自身の死に到達するのに必要な準備がまだできていないのです。これは合一状態の本質からして必然的なことですが、神に仕える人は、この世的な思考や行動の流れとは正反対に動きます。そういう人にとっては、この世での存在自体、この世に対立するからです。そして、世界の見方が人と違うため、いつまでも独りぼっちで歩いて行かなくてはなりません。ですから、前に進もうとすれば拒絶され、誤解され、想像を絶する苦難にさらされます。つまり、それは完全に生きることです。やがて私たちは気づくでしょう。やられたらやり返す、受け取っただけ与える、必死にがんばるなどといった欲求は、どれも微妙な利己的欲求の一種なのです。それまでは、無尽蔵の炎が神と自己に等しく属しているように思われていましたが、今や、自己には、それを神のためや隣人のために使うことなどけっしてできないとわかります。というのも、もしも自己が使うなら、その結果は何らかの自己表現か、自己満足になってしまうからです。この合一的な愛を適切に表現することは、どんな地上的形態をもってしても不可能であることがわかります。なぜなら、その炎は最初から最後まで、私たちを焼き尽くす以外の目的をもたず、私たちを破壊し、私たちを自己から押し出してしまうからです。そこには、どんな個人的な満足感も伴いません。実のところ、この炎は私たちのものではないのです。けれども、私たちがこのことを理解するようになる頃には、自己をなくして与えることが、すでに一つの習慣、生き方となっています。それ以外の生き方はもはや不可能であり、後戻りはできません。かくして、私たちは最終的な完成——自己の死——に向かって進まざるを得ないのです。

◎第五段階

合一生活の五番目の段階——「開かれた心《オープン・マインド》」と私が呼ぶ段階——は能動的段階の中に含まれますが、きわめて重要なので個別に扱うほうがよいでしょう。このステップは、合一生活の最もすばらしい開花へとつながります。それは慈愛――さらなる成長と自己開放へのステップ――です。ある日、私たちは、自分が個人的な物の見方、概念、判断、型にはまった考え方などにひどく制約されてきたことに気づきます。それらすべては、私たちを実質的に自分自身の中に閉じ込めてきました。自分の中でパターン化された考え方――それは、どんなことに対しても安易に回答を出してしまうので、私たちが新しいことを知るのを妨げます――の外側に出ることは、自分自身の外側に出ることを意味するので、非常に困難なプロセスです。このプロセスには洞察に満ちた努力と実践が必要なので、長い年月がかかるかもしれません。この脱出への最終的な鍵となるのは、判断の停止であるように思われます。「判断」は、事物が実際にどうあるかではなく、どうあるべきかという願望的思考に基づくので、今ここにある現実を覆い隠してしまいます。こうした判断が終わるとき、精神は深い思いやりと理解に向かって開かれます。そこでは自己のためのものはもはや何もありません。この段階に来るまでは、私たちのいかなる関係も善行も、仮面をかぶった利己主義以外の何物でもありません。しかし、このことがわかるためには、洞察と勇気、さらには危険を冒すことも必要です。なぜなら、それはあらゆる個人的な保障と知的支えを捨て去ることを意味するからです。けれどもこの開放に向かって促してくれるのが、合一の恩寵です。その恩寵は、自己を超えたところにあるもの――真の慈愛――を求める外向きの動きの一部です。真の慈愛とは、無意識のうちに、自己満足を少しも求めることなく、私心をなくして与える能力です。このように、開かれた心は自己を超えて進むための鍵なのです。それは真の慈愛への鍵、静かな心への鍵、そして合一生活という目的そのものへの鍵なのです。

◎第六段階

合一生活の最終段階は、自己の最終的な消滅と同時に起こります。年月を経るうちに、自己の最も深い根は、徐々に死につつありました。このとき、この消滅プロセスの大部分は意識にのぼっていません。なぜなら、最も深い自己は神の内に隠されていますし、神は、私たちが気づかないほどゆっくりとしたやり方で私たちの自己を消していかれるからです。私たちは知らないうちに自らの存在の根をむき出しにされ、いよいよ準備が整うと、存在の全レベルをかけて最終的な無化を待ち構えます。

私の場合は、この段階は最初、自己の中心部における動揺というかたちをとりました。内なる炎が燃え上がって大きく燃えさかる灯《トーチ》となりました。その大いなる愛の中で、自己意識の最後の痕跡は、ほんのマッチの火程度でした。愛の炎が燃え上がったとき、それとともに、他の未知の力とエネルギーが湧き上がり、ある超常的な体験が生じました。それは、あたかも自分が媒体〔霊媒〕として使われようとしているかのような体験です。媒体というこの役回りは、過去になじみがなく、私の人格ともそぐわないものであったため、受け入れがたいと私は思いました。けれども、最終的には、超常的な体験には価値がないとわかりました。なぜなら、それは明らかに自己と混在していたからです。その自己は、もはや騙したり、誘惑したりする力を失っていました。こうしたエネルギーを拒否することは、知らずに自己の最深の根を拒絶することです。それは、神と一つになっている自己なのですが。この拒否は困難ですが、一度なされれば、それらのエネルギーは消え去り、代わりに清らかな神の静寂が入り込みます。この時点では、第三段階の中間点へ戻るように思われます。そこでは、諸々の機能が絶えず静寂の中へと吸収されていました。けれども、この静寂の主な特徴は、第三段階とは異なって、自己意識が今にも喪失しそうになっていることです。また、この静寂においては、もはやどんな炎——エネルギーや内的な力——も生じません。なぜなら、すべてが動くことなく静まっているからです。このようにして、内部へと向かう合一段階の年月を経た後に、さらに年月のかかる外に向かう無私の段階があり、やっとここで、何も動きのない状態にたどりつきます。そしてここで、合一生活も終わります。完全な内的静寂は、自己意識の最終的な停止を伴うものですが、自己と無自己の間隙《かんげき》を埋めるために必要な媒介なのだと思われます。そしてここから、新しい生が開かれます。それは、実際に生きてみるまでは考えもつかなかったような生き方です。

✣体験の二面性

観想体験に関する書の前置きとして、その体験が主に二種類に分けられることを指摘しておくのは重要かもしれません。その二つとは「首から上の」体験と、「首から下」の体験です。洗練された表現とは言えませんが、表現の正確性がそれを埋め合わせてくれることでしょう。

私たちの体験の神秘的側面を、既知の心的機能——意志、記憶、知性、意識、その他諸々の心情など——に付随するものとして特定しようとすれば、しばしば誤りに導かれます。こうした用語は特定の探究分野では有用かもしれませんが、観想の次元に用いようとすれば不適切にならざるを得ません。というのも、観想の次元において人が神と交わる機能は未知のものであることが明白だからです。それは、いかなるレベルの知識や経験によっても活性化されえない機能で、多分、神だけが活性化できるのです。これがどこから発し、どこに集中するかを描写するにあたっては、「上」

と「下」という言葉が、この体験の二面性を適切に説明してくれるでしょう。もっと学問的な用語を使う必要はありません。そうしたからといって描写が正確さを増したり、よりよい理解がもたらされたりするわけではないからです。

私はごく若い頃にこの二面性に気づき、それ以後、観想生活を通じてずっと、この現象を見守ってきました。長い年月の間にはたくさんの発見をしたかもしれませんが、自己の脱落の後に私が行なったこの区分ほど、適切で明確なものはありませんでした。私が発見したのは、自己——あるいは、自己と定義されるのが妥当かもしれないもの——は、二つの別個の体験から成っているということでした。一つは精神の内省的作用によって可能となる自己意識の体験。もう一つは、生理的レベルで感じる個人的活力ないしはパワーです。自己のこの二つの側面は、すべての個人的体験の中核をなし、私が「上」と「下」という言葉で言及している観想体験の二面性にも正確に対応していると私には確信がもてます。内面生活のドラマは、自己のこの二つの側面におおむね依拠しています。なぜなら、変更、変化、変容を受けたり、恩寵が体験される際の媒体として機能したりするのは、これらの側面だからです(ただし、それは自己が残っているかぎりにおいてですが)。ですから、観想生活を送るなかで、この二つの側面が絶えず影響を受けている様子に気づくのは興味深いことです。その影響の受け方は、個別のときもあれば、同時のときもありますが、最後には完全に沈黙し、永遠の休息へと静まります。

「首から下」の体験例としては、現存の感覚、愛の充満、静穏の念禱《ねんとう》、神への意志、そして「愛の生ける炎」などがあります。私たちはまた「首から下」において、存在の真の中心、静寂点に出会い、自己が神と一体であることを悟ります。そこには、さまざまなレベルや度合いの内的沈黙があります。その中心から、神の不在に特有の苦痛、愛の痛み、理解を超えた安らぎが起こってきます。この領域ではその他にも繊細な動きがありますが、総じて、これらの体験は深い内面感覚と霊性をもたらすものです。そして私たちは、こうした体験ゆえに、神は「人格的《パーソナル》」だと言うのです。

　感情や情緒が生じるのも「首から下」ですが、私はこれらが超自然の受容器として本物だとは認めません。それらはいずれの場合においても、霊的未熟さと貪欲な自己の形跡を示すからです。感情は純粋な霊魂の正反対であるばかりでなく、いつまでも執着して放棄されない場合には、観想の旅まで中断させてしまうことになるでしょう。私たちが「愛」「平安」「喜び」と呼ぶ超自然的な注入がありますが、それは感情から湧き上がってくるものではありません。感情は恩寵を受けるのには不適切とみなされて、回避されます。たとえ感情が体験の中に入り込もうとしても、体験を消散させてしまうだけでしょう。なぜならそれは、高い次元でしか受け取ることができないものを、低い次元に引きずり下ろそうとすることだからです。恩寵の本質は、私たちをこれらの低い存在レベルから引き上げて、超えさせることです。感情は元来、自己中心的であり、神中心ではないので、合一生活に入り込む余地はないのです。ところで、十字架の聖ヨハネはこのことを、『魂の暗夜』の第二編で、はっきりと述べ、『霊の賛歌』[*1]でも、何度となく述べています。

　以下のページに出てくる「愛」「喜び」「平安」という言葉を、通常の情緒的意味合いで理解してはなりません。私たちが観想体験に特化した言葉を持ち合わせていないのは残念なことです。というのも、二つの異なった体験を叙述するのに同じ言葉を用いると、誤った解釈を招く恐れがあるからです。これは感情にまつわる言葉に関してのみ起きることではありません。もっと悪いことには、概念の領域でも起きてしまいます。概念によらない認識の仕方について説明したり、真の現実をどう体験したかを説明したりすることは、非常に厄介な仕事であり、それを教義的、学問的に捉えようとする人たちや、さらには修行者にも納得できるよう説明するのは困難なことです。しかし、選択の余地があるでしょうか？　観想者は危険を冒して口に出すか、誤解を恐れて沈黙したままでいるかのいずれかです。私たちが歴史から学ぶのは、観想者が常にその挑戦を受け入れてきたこと、そして神の道が人とともにあることを証言してきたことです。こうしたことがなかったならば、人間体験の最も深い聖なる次元は、内に秘められたままになっていたでしょう。そうした閉鎖的な態度は、観想活動とは正反対のものです。

私が「首から上」の体験と呼ぶものは、意識や知的能力と関係しています。これにはある種の悟りも含まれるでしょうが、その一つは、心に突然光が差し込んできたような感じです。それによって神の真理の何ほどかが啓示されたり、あるいは非視覚的に「見える」ようになったりします。心はまた、「観想的な凝視」――未知のものへの静かな固定されたまなざし――の座でもあります。私が思うに、それは心の内省的作用が停止するために生じるものです。知性には多くの機能や活動があるため、これらのどれか、あるいはそのすべてが、停止したり、沈黙の内に置かれたり、あるいは暗闇の中へ引き込まれたりする可能性があります。それは悲痛なものかもしれませんし、安らかなものかもしれません。ここで私たちは「不可知の雲」、自己忘却と遭遇しますが、エクスタシー（法悦状態）はまさにここから始まります。私たちは通常の認識方法をいったん遮断されて、非概念的な認識方法に出会います。それはいかなる既知の機能によっても知られることがないため、説明することはほとんど不可能でしょう。この認識方法に対応できるものは、概念にも、観念にも、イメージにも、または私たちの語彙《ごい》の中にも見つかりません。

「首から上」と「首からの下」の二種の体験が一緒にやってくると、より全体的《ホリスティック》な体験——合一の祈り、あるいはさまざまな程度の合一や、さまざまな強さの法悦——が生じます。この全体的な体験の本質は、私たちを自己から連れ出し、すべての個人的内面感覚を超越させることであり、その意図は私たちに、「全なるもの」「いたるところにあるもの」、そして神との結合を強く印象づけることであるように思われます。しかし、上であれ下であれ、あるいはその両方であれ、こうした体験の最も特筆すべき側面は、自己の究極の沈黙です。なぜなら、人はこのようにして純粋体験へと導かれるからです。その体験は、非相対的、すなわち、自己を超えたものです。

私がここで挙げた諸体験は、数の上ではごくわずかなのに、ほとんどの観想者によく知られているという事実があります。このことから、体験についての描写が非常に多様なのは、人によってその体験の仕方がさまざまだからというより、むしろ一個人内部でのその受容状態が多様なことに起因しているのではと思われます。たとえば、一人の人の成長段階の三つの時期に、同じ恩寵が与えられる場合を考えてみましょう。観想者が初心者のときには、自分がある大きな力にとらえられ、征服されるように感じるかもしれません。熟練者になると、自分の通常の状態にほんの少し微妙な変化が生じた程度に感じられ、さらに段階が進めば、その恩寵は、自分のごく自然な習慣的あり方と感じられることでしょう。これらの中間段階では、もちろん、さまざまな反応や、印象や、描写が考えられるかもしれません。これは、必ずしも神の恩寵が万人にとって同一だという意味ではありません――一人の人にとってすら同じであるとは言えません。ここで示唆されるのは、おびただしい数の体験にある共通点です。この共通点は、数そのものより、個人の受容状態の多様さを強調します。このことが同時に意味するのは、観想者たちに最も一般的な絆《きずな》として共有されている恩寵が、個人的な自己の沈黙だということです。そしてこの沈黙こそ、観想活動の最も基本的な特徴なのです。

宗教的体験には、他にもいろいろ種類があるかもしれませんが、それがどれほど高尚で、神秘的で、超自然的であろうとも、この「沈黙」以外に真の観想を定義するものはないと、私は思います。私が常々思うのは、聖テレジアは少し観想体験をした神秘家、十字架の聖ヨハネは少し神秘体験をした観想者ではなかったかということです。この二人の聖人の相違はあまりにも大きいので、二人に共通する教義上の基盤がなかったなら、彼らの道が交わることはなかったのではと思われるほどです。どんな恩寵体験も「神秘的」と呼ばれるかもしれませんが、歴史上の神秘家たちは、彼らの体験の超常的な特徴――たとえば、幻視、声、等々――によって、おもに知られてきました。それらは普通の観想者の間では一般的ではありません。私たちが皆同じ方を向き、同じ力に引きつけられ、究極的には同じ目的——同じ神——に行き着くだろうということを私たちに教えてくれるのは、沈黙という共通の恩寵です。

振り返って見ると、合一段階で支配的な体験は、「首から下」に集中しているように思われます。なぜなら、自己のこの側面こそ、ただちに変容して、統合され、沈黙しなければならないからです。これがなければ、私たちは合一を超えた次の段階に進むことはできません。次の段階が始まるのは、私たちがもはや内部、あるいは「下」にどんな動きもない地点に達したときです。そのとき重点は、意識の根源的な変化[*2]へ、そしてその結果、「下」の体験から「上」の体験へと移ります。しかしながら、この変化が完了したときも、体験にはまだある種の二面性が残っています。というのも、たとえ「内部」がなくなって、愛(神)が空気のように境界なく拡散するようになっても、他方で同時に、「それ自身を見る目」が最も有力な習慣的状態として存在しているからです。私は「それ自身を見る目」を、偉大な現実の中でも最も偉大なものとみなしますが、それは観想の初期にはすでに、未知のものをじっと見つめる目として存在していました。この凝視は「観想」という言葉の意味であるばかりではなく、その経験の本質でもあり、結局は、観想者の習慣的な状態です。

私がこれまで論じてきた二つに適合しないような体験を、私は少なくとも一つ知っています。それは、ただ単純に、ありのままに、神を超越的なものとして見ることです。超越的とは、万物を超えた、外にある神、「非人格的」で、経験界の外にあるという意味です。これは、いかなる仕方でも、私たちに触れることも影響を及ぼすこともないので、一種の非体験です。しかしそれは、通り過ぎる雲のように単純で、それについてはそれ以上何も言えません。このタイプの体験は謎めいていいます。なぜなら、それは内的な生活とは何の関わりももたないし、私たちの他の経験とも関係しないからです。私の場合はそれを、神から私への警告だと受け取りました。私はともすれば、経験という個人的な小さな世界にはまりこんで身動きがとれなくなるので、そうならないように神が私に思い出させてくれていると解釈したのです。なぜなら、結局のところ、神はそれらすべてを超えたものだからです。同時に、私自身の力では、その超越者に達することができないこともわかっていました。内在する聖霊だけがこの間隙《かんげき》を埋めることができ、そして、もしも私が超越者に出会うように運命づけられているのなら、それはこの仲介者〔聖霊〕によってのみ可能になるのです。

こうした超越体験が、全体的なものになる日が来ようとは、夢にも思っていませんでした。自己が脱落し、そしてその結果、自分の中に住んでいた霊も脱落すると、残っていたのは超越的な神、あらゆる個人的な体験を超える神だけでした。そうなって初めて、私は過去を振り返ることができ、これらの単純な体験が、実は重要な鍵であったこと、一種の準備であり、その先にあるものを洞察させてくれていたことがわかったのです。

神は人とコミュニケーションをとるのに、三位一体としてのご自身の三面に即した三つの通路をもっているように思われます。第一は、私たちの真の中心、内在する霊で、これは、人間に対する神の最も明白かつ普遍的な顕現、もしくは人間にとって最も直接的な神体験であるように思われます。第二の道は、第一のそれと比べれば明白さには欠け、そう頻繁に体験されるものではありませんが、万物に卓越した第一原因としての神で、その面は明示されることはありません。この面を見ることは、個人的な自己とは何の関係もないでしょう。第三の道は、理解するのが最も難しいものです。それはキリストの体験ですが、キリストはあまりに主観的なため、対象化されることができません。というのも、このキリストこそ、「神は、私たち自身よりも私たちの身近にある」という言葉の意味を悟らせてくれるからです。キリストが私たちの魂の命そのものであるなら、一体どうして私たちは〔キリストを〕対象化できるでしょう？　客観的な観察者として自分自身の外側に立つのでなければ不可能です。それゆえ、キリストは私たちの最も主観的な神体験なのです。私たちは聖霊へと変容させられるのではなく、聖霊が私たちをキリストへと変容させます。そして聖霊は私たちにとって客体的であり続けますが、キリストはそうではありません――実際、それは不可能です。

そういうわけで、私たちの非二元的なキリスト体験の本質は、私たちとキリストとの同一性にあります。キリスト〔と同一化した私たち〕にとって、聖霊は意識の対象であり続けます。したがって、合一状態においては、私たちは父や聖霊と一つですが、三位一体の二元的／非二元的な理解においては、〔私たちは〕キリストと同一です。すべての自己意識――キリスト意識――が脱落して初めて、客体としての神は、主体としての神に移行します。それは言い換えれば、人間意識に知られた三位一体の神を超越するものとして、神性（Godhead）の「一なること」が了解されるときです。私が

『自己喪失の体験』で描こうとしたのは、この神から神性への移行でした。

私たちの内部のキリストの主体性を証明するものとして、聖体以上にふさわしいものはおそらくないでしょう。この生命のパンが完全に体得されるためには、食べ尽くされなければなりません。聖体において、キリストは私たちの肉の肉、私たちの魂の魂です。このことをマイスター・エックハルト〔訳註：中世ドイツのキリスト教神学者、神秘家〕は、「私たちはこの秘蹟において、パンがキリストの体に変化するのと同じように、完全に神へと変化する」[*3]と言っています。このように、私たちのキリストとの一体化を、聖体の秘跡における聖変化になぞらえているのです。キリストは私たちの生の中に、崇拝の対象としてしっくりした位置づけを与えられるような存在ではありません。キリストは、私たちのうちにある主体的な存在で、内在する聖霊を認めて従い、愛の対象としての神を知り、究極的には私たちを自己から引き上げて、超越的な父を悟らせてくれます。このことについて、人間の自己ができることはありません。自己は何もできないのです。この問題に関しては完全に無力です。

私が思うに、キリストが私たちのところへ来るために父のところへ行かなければならないと言ったとき、そこで意味されていたのは、キリストが見られる対象として外的なものでいるかぎり、私たちの中で十分に理解されることはなく、使命が果たされないということでした。キリストは、使命を果たすためには主体に変化し、内からの見えざる恩寵の働きを通じて人性を完成させなければならず、それによって聖霊と父についての彼のヴィジョンを人間に伝えるのです。ですから、キリスト体験はすべての観想体験の中で最も主体的で神秘的なものです。キリストは、気づかれることなく徐々に主体的な自己に取って代わるので、最後には、自己なしの、キリストだけの状態になります。

　体験の二面性について最後に注意しておきたいのは、人格的あるいは非人格的な神という概念に関することです。自己が残存しているかぎり、この二面性は続きます。なぜなら、自己意識は本質的に、主体-客体という二元的な認識・経験の方法だからです。ですから、私たちが自己を超えて完全に非二元的なタイプの認識に出会うまで、この二面性は続きます。この二面性が脱落するとき、神は純粋な主体として認識されます。このうえなく近く、内省なしに「それ自身を見る目」として理解されるのです。それは、描写することも想像することも不可能な「見ること」そのものです。しかしそのとき、神は、相対的な言い方が意味するものよりはるかに親密で「親しい《パーソナルな》」ものであることがわかります。もっとも、「親しい《パーソナルな》」といってもそれは、「あなた」や「私」に対して、あるいは何らかの「物」に対して親しいという意味ではありませんが。つまり、自己を超越したとき、非人格的な神は、究極的な妥当性や真実性をもたないのです。一方、人格的な神は、まったく新しい意味と体験をもつようになります。つまり、神は存在するすべてであるという意味で、親しいということです——すべてとは、自己以外のすべてです。

［原註］

＊1 Saint John of The Cross, *Collected Works*, translated by Kieran Kavanaugh and Otilio Rodriguez (Garden City, N.Y.Doubleday, 1964)

＊2 「意識の変化」という表現は、古くからの伝統的な文献には見られませんが、これは魂の暗夜の心理的現実、あるいは、意識に起きる最初の大きな変化です。

＊3 Raymond Blakney, *Meister Eckhart: A Modern Translation* (New York: Harper and Row, 1941)

❖第一段階

観想生活における道標については、いつも言えることですが、「魂の暗夜」へ入るときも、まず超自然的なものによる決定的な一撃があります。すなわち、一瞬のうちに、私たちはそれまでのすべてから切り離されて、新たな次元へと移され、もはや後戻りの可能性がなくなるのです。自然の業《わざ》なら、手探りしたり、ためらったりするでしょうが、超自然の業は決定的で、不可逆的に見えます。まさにこの出来事の特徴が、観想生活を不断の前進運動にしています。私たちがそれ以上先へ進まないとしても、後戻りはあり得ないからです。したがって、超自然的なこの一撃は、自然そのものを永続的かつ不可逆的に変化させることのように見えます。この時から、私たちにできることはただ、新たな次元、新たな状態、あるいは、その必然的なものに順応するだけになります。

こうした道標には後戻りを許さない性質があるのに、なぜ観想家たちはその著作において、後退、背信、罪、その他諸々に関して、際限もなく警告を発しているのだろうか、と私はよく考えました。まるで、この一撃が功を奏し、何らかの変化をもたらしでもするかのように。たとえば、人がパラシュートなしで突然飛行機から放り出されたとしましょう。その場合、どういう道をとるかという選択の余地はありません。たとえ彼が自分の意志を神にゆだねたとしても、事実は変わりません。彼には何の決定権もなく、運命はもはや彼の支配下にはないのです。彼はパニックに陥って、自分の運命を呪うかもしれません。または通り過ぎる鳥にすがりつこうとするかもしれません。しかし、何も変えることはできず、流れに逆らうことはできないのです。少なくとも私は、観想における道標をこのようにとらえ、これが超自然の業《わざ》を体験するときの現実だと考えています。

観想の道に置かれた道標となるこうした出来事は、私にはなじみがあります。時には、空中に放り出された人が空中を歩けることに気づいたときのように、幸運を感じられる出来事のこともありました。けれども、たいていの場合、私に強く印象づけられたのは、全能の神の恐ろしいほどの真剣さと冷酷さでした。神から授かったユーモア感覚が、神と魂との不断の緊張を和らげてくれることもありますが、神は人間とゲームをしているわけではないという恐ろしい真実があります。神は真剣そのものであり、何があろうと人を真の運命に向き合わせようとしておられます。

これら道標となる前方への推進力は、人間の本性を拡張し、神についての理解を絶えず押し広げようとするものであるように思われます。神とは何か？　神の業はどのようになされるのか？　神のいかなる業も、創造的な業です。それは神の啓示、顕現、神が何であるかという本質そのものです。つまり、超自然の業は神の本業であり、神が最も真剣になされる業《わざ》です。これこそ、神のいのちです！　けれども、飛行機の中の安全な場所から荒々しく押し出された人についてはどうでしょう？　間違いなく、非合理で無慈悲な行為の犠牲者ではないでしょうか？　被造物の本性と運命について知っているのは、創造主のみです。行く道を知っているのは神だけです。この点、人は自分自身を知らず、進むべき方向を知りません。したがって、空中に放り出されて落ちていく人は、神のすぐれたはからいの中にあり、人はそのことを知りませんが、結局は自分のつま先をぶつけることすらないのです。

私の場合、「魂の暗夜」への入り口は、まさにそうした無慈悲な出来事で、身の安全を破る強烈な一撃でした。それは次のようにして起きました。庭で本を読んでいると、目に見えないフィルム、あるいは薄いヴェールのようなものが頭上からおりてきて、私の心を覆い隠してしまうように感じました。何か重要なことが起こったことはすぐにわかりましたが、それが何なのかはさっぱりわからず、他には何の反応もありませんでした。すべては迅速かつ断固として、静寂のうちになされました。けれども、その静かな突然の襲撃がどれほどシンプルかつ無垢であったとしても、この一撃がもたらした効果は、恐ろしく、畏怖に満ちたものでした。全能の神が、いとも無造作に罰を下されたのです。

私が最初に気づいたのは、本に書かれた言葉がわからなくなったことでした。突然、それらは意味のない記号と化してしまったのです。数日後、再び読めるようになりましたが、そのときもまだ、意味はまったくわかりませんでした。それから何年も、かろうじて意味をたどることができたのは、打開のために理解が必要だと神に認められた時と場合に限られていました。こうした打開の機会は、私の魂の中での神の神秘的な働き方に理解の光を投げかけてくれました。神の働きの不思議は、魂の中ばかりでなく、創造の中に、神が人間に用意された壮大な計画の中にもあります。観想状態は常に変化しているので、この特別な光もまた変化します。その光は、常に先に立つか、ペースを合わせているかのいずれかですが、私にはわかりません。日常生活に必要な実際的知識（世間の常識）だけを残して、私の精神は暗闇の中に押し込まれました。闇の中での認識方法は、この特別な光による以外にありませんでした。他に見る方法がなかったので、私はそれに絶対的に頼るしかありませんでした。

この光の働き方を示す好例は暗夜の初期段階で起きました。そのとき突然、かすんだ目を通して、聖書の「詩篇」に表現されている苦悩がわかったのです。それは今や私の魂の状態を完璧に反映しているように思われました。しかし、何年か経つと、詩篇の中に共感できる意味合いを見出すことはできませんでした。すでに私の魂の状態が変化していたためです。このように、どんな洞察や悟りも永続することはありません。それは来ては去り、私たちの現在の状況を光で照らし、知りたいという人間の欲求をいつも満たしてくれます。したがって、あるときは感動的と思われたことが、別のときには、まったく空虚に思われます。このことからも、私たちは何事にも執着してはならないことがわかります。なぜなら、すべては一時的な賜物であり、光の最終目標ではないからです。

今や精神は、苦痛に満ちた空虚さの中に置かれています。とは言っても、このような兆候は、暗夜のこの段階を示す二つの特徴のうち、弱い方にすぎません。もし「上方」(精神の中)で暗くて空しいとすれば、「下方」(私たちの内部の)でも、暗く空虚なのです。ヴェールがおりた後、自分の内部を覗き込んだ私が遭遇したのは、いつもの、おぼろげな神の存在ではなく、神が去った後にぽっかりと空いた暗黒の穴でした。そして、それを覗き込んだ途端、その中心から恐ろしい、途方もない苦痛が生じてきて、どうやってそれに耐えられるのかと思ったほどでした。それはまるで、烙印を押されるようでした。私の存在の深みで——私がそれまで知らなかった深みで——神によって焼かれるような感覚です。その苦痛は抑えきれず、人間が耐えられる限度いっぱいで、逃げることも協力することも不可能でした。一言でいうなら、苦痛そのものだったのです!

続く九カ月間、この苦痛は毎日のように、それも日に何回となく勝手に去来しました。私にわかったことは、神がここで何らかの無慈悲な業《わざ》を行なわれていて、その謎めいた仕事が終わるまでは、手を緩められることはないだろうということでした。やがて私は、わずかな落ち着きをもって——つまり、内的には動揺することなく——その苦痛を引き受け、この燃焼のプロセスをもっと客観的に観察できるようになりました。私が発見したその苦痛の性質は、少なくともその時点では、無意識の(知的には理解できない)意図せぬ反抗でした。その反抗は、私には不可解でした。表面的な意識のレベルでは苦痛に耐えようと思っているのに、どうして心の奥底でこんな反抗が生じるのでしょう? 内輪もめのある一家は没落する、ということわざがありますが、どうも、それがそのとき起きたようです。この苦痛が最終的に消滅したときには、あのような意志の不調和はもうありませんでした。すなわち「耐えましょう」と力なく言うかぼそい声と、「我慢できない！」と言う心の底の闘争心との葛藤がなくなったのです。一見「表面的」でまったく無力であるにもかかわらず、前者のかぼそい声が常に正しいことに私は気づいていました。いつもそれが勝つのです。

やがて、私にはわかりました。この苦痛を防ぐ最良の方法は、それを完全に受け入れることだと。自分はどうしようもなくみじめで無価値だという感情に、ほとんど沈み込むぐらいに浸り込むと、その苦痛の衝撃がほとんど感じられなくなりました。ここでは一種の深い服従が不可欠だと思われます。なぜなら、じっと成り行きにまかせ、沈潜して無に帰する能力が増すとともに、苦痛は弱まり、やがて消滅していくからです。この後、魂の安らぎがやってきました。初めは愛も喜びもありませんでしたが、苦痛もなく、安らぎに満ちたものでした。それは、大嵐の後の穏やかさのようです。やがて、この無の中から――この悲嘆の灰の山の中から――まったく新しい生がゆっくりと姿を現してきました。

この出来事が起きたとき、私は、暗夜を一人で体験しており、歳もまだ若く、観想生活についても、そのさまざまな段階についても、何の予備知識も手引きももっていませんでした。けれども、かえってそれがよかったのだと思います。私は、暗夜の真の性質についても、実際にそこで何が起きているのかについても、前もって何の期待も理論も観念ももたずに体験することができました。前もってひどい無味乾燥状態を経験していたので、私は暗夜をほとんど同じような意味でとらえました。つまり、忍耐力の試練、愛の試練、鍛錬の時期としてです。後に、十字架の聖ヨハネがこの暗夜について書いたものを読んだとき、かなり見覚えのある気がしましたが、彼の理論的な枠組や説明の仕方には、奇妙な印象を受け、これはどうかとも思いました。というのも、そうした説明の正しさを証明できるのは、体験そのものしかないと確信していたからです。たとえば、私は、この受動的な暗夜が浄化、統合、変容のプロセスの一つであるとか、その闇は光の過剰によってもたらされる、という印象を受けませんでした。このいずれも、体験そのものの中で与えられるのではありません。それは、後に振り返ったときにそう見えるものです。それは体験を後から意味づけようとする理論です。もちろん、そうすることが問題だというわけではありません。理論とはすべて、自分の経験の原理を知りたいという人間の探求心の表われなのですから。

問題が生じるのは、ある理論なり考え方の枠なりを、究極的な真理、または証明済みの事実として受け取り、自分の体験をそれに当てはめ、それによって自分の最初の印象を手放してしまうときです——理論が正しいことを最もよく示すのは、ほかならぬその印象だというのに。私たちがこうしたことをしてしまうのは、ともすれば、理論がその方がよいと言っているからとか、理論がすべてを説明してくれるからとか、理論によらなければ自分の体験に価値も重要性も見出せないなどと考えるからです。ある理論が世俗的な現実の中から一つの体験を取り上げるなら、それは一種のマインド・トリップであり、非概念的な体験に概念的な価値観を押しつけているのです。私自身にもこうした傾向があったので、自分が体験した——あるいは、体験している——と感じたことについての理論や説明を、絶えず放棄する必要がありました。それらは、不正確とまでは言えないまでも、もしかしたら過大評価している可能性があったからです。

このことをあえて持ち出す理由は、二つあります。まず思うに、観想体験の価値と有効性は体験そのものにあり、体験を詰め込むことのできる理論にあるわけではありません。自分の体験を無難な理論的枠に当てはめ、それでよしとしてしまうなら、何も得られないばかりか、失うものが多いでしょう。そのようなやり方では、観想体験についての理解を広げることはけっしてできないでしょう。錯覚に陥る可能性すらあり、そうなるともはや、内なる導き手とともに進んでいくことはできないかもしれません。

第二の理由は、すべての観想者は自分の体験を一定の理論的枠に一致させなければならないという考えが広まっていることです――まるで、理論を知的に理解しさえすれば、それができるとでもいうかのように。このプロセスが行き着くところは、体《てい》のよい不正行為でしかありません。脅威になっているのは、むろん、自分が体験したことを特定の光のもとで理解しないなら、伝統から外れてしまうということです。かつて十字架の聖ヨハネを仏教徒と呼んだ人がいました。その人が頭の中でこうあるべきだと考えた姿に、聖ヨハネが一致しないように思われたために、この聖人を伝統から追い出そうとしたのです。こうしたことが起きるのは、一つの理論や、個人的な洞察や見解に頑固にこだわるときです――あたかもこうした事柄について決定権をもつ人がいるかのように。大切なのは、私たちが扉を開いたままにしておくことです。他者の見解に対してだけでなく、神に対して、また神の助けが与えられる無限の可能性に対してです。神は、人を導き、照らし、人をその最終目的地へと連れて行くことができるのですから。

「魂の暗夜」が観想生活のなかで、本物の一段階であることは、疑いの余地がありません。それはきわめて力強い動きで、私たちの以後の人生に転換をもたらすことになります。しかし、神学的および心理学的なレベルで暗夜をどう説明するのか、正確なことは私たちにはわかりません。私たちは起きている超自然的現実を理解することができず、また、感知できないほど微妙な恩寵の働きを見抜くこともできません。それもそのはず、無知こそが、この状態の特徴なのです。私たちが知るのは、体験が教えてくれることだけ——素直な印象、苦しみ、洞察、私たちが気づく変化、事態の推移、等々です。私たちが本当に知るのはこれだけです。

以下に、暗夜についての私の印象を記します。そこで自分が学んだことについては、私は確信をもっていますが、これは他の人の経験ではありません。ですから、誰もが私と同じようでなければならないと言うつもりはありません。私が述べようとすることは決定的なものではなく、理論でもありません。暗夜について別の見方を示したいだけです。そうすることによって、暗夜への理解を広げられたらと思います。

暗黒の穴が出現し、それに続く苦痛で、私は自分が奥底まで焼かれているという感じを受けました。時々、この穴は私自身のみじめさと無価値感が作り出した落とし穴にすぎないのではないかと思われましたが、それはどこにも行き着かない底無しの穴でした。しかし別のときには、私は神と目を合わせようとして、この穴の深みを覗き込みました。そして、これほどすばらしい光景はないということに気づき、勇気を奮い起こし、もっと苦痛を受けることを選びました――まるでそんなことができるとでもいうように。

ある日、暗夜というこの初期段階の終わりが来て、私は底にたどり着いたことを知りました。それより下には降りられないことがわかったのです。そこは存在の最深部であり、暗黒と静寂と平安に満ちていました。感情や思考といった諸々の活動すべてよりも、はるかに下のレベルであることが感じられました。そこから見ると、すべての生命活動は表面的で取るに足りないものに思えました。そのすぐ後で、私はこのレベル――いわば苦痛が終わるところ――で、私の存在、あるいはそれについて私の知っているすべてが終わり、神の存在が始まることを発見しました。

底での生は、〝静穏の念禱〟で意志が神と一つになる内的沈黙の状態と非常によく似ています。底に達したとき、私は沈黙した存在の静寂点に絶えず触れていましたが、その静寂点は、やがて継続的な意識になりました。この意識は、合一生活の根底にあって、合一生活を特徴づけているものだと私は思います。私が神との真の実存的合一を発見したのは、神がご自身を静寂点として顕現されたときでした。というのも、この静寂点において、神的なものが人間の中に流れ込み、本当の生命を魂に分け与えるからです。この発見は、一つの大きな確信をもたらしました。それは、私の合一生活とそれ以降のすべてを支えることになる確信でした。念のため申し添えますが、この確信は経験に基づくもので、知的な信念から引き出されたものではありません。人間とはなんと不安定な存在かという、苦痛に満ちた知識が私たちの心に焼きつけられるとき、別の種類の信仰が生じます。それは、体験的かつ非概念的なものなので、もはや知的な認識に依存しません。

ここで発見された、深い実存的合一は、神と人間との間で新たに形成されたものというより、前からあった結合です。初めから、ひょっとしたら創造の瞬間から、存在の深みの中でずっと存在し続けていた結合が、今やっとその姿をすっかり現したのかもしれません。伝統的には、前から存在する結合の発見は、観想生活のなかで最高の発見とはみなされていません。むしろ、最も高度な形態は「形成中の合一」だと考えられています。あるときには、神が特別な超自然的な方法で、魂を御自身の花嫁にされると言われています。もちろんこの結婚は、神秘家の場合、示現《ヴィジョン》や、指輪やその他の交換を伴います。しかし、私はじっくり考えて、次のように尋ねます。最も深い神との合一は、時間的なある瞬間――示現の瞬間など――になされるものなのだろうか？　それとも、この合一は、前から存在していたのが、ある時点で魂に示されるだけなのだろうか？　つまり、観想の旅とは、神と一つになるプロセスなのだろうか？　それとも、合一は前からずっとそこにあったという偉大な現実を悟るために、自己の表層を取り除いていくプロセスなのだろうか？

十字架の聖ヨハネに答えを求めてすがる前に、ひとこと言っておかなければなりませんが、少なくとも私の場合、「今おまえは神と一つになっている」と突然知らされるような体験は、一度もありませんでした。実際、この合一が初めて明かされたとき、自分はすでにそれを知っていた、あるいはその中にいたことがあるが、今初めてその真価に気づいたのだと、わかったのです。けれども、この認識は、意識の変化をもたらしました。そのときまではぼんやりしていた意識が、今や、用いることのできる完全な意識として開花したのです。それは受動的な意識ですが、この合一意識がどのように用いられるかを理解できるのは、後の段階に達してからのことになります。

どのような明かされ方をするにせよ、神との合一に気づくことは常に恩寵であり、その気づきは一種の道しるべとなるものです。この気づきがなかったら、少なくとも私は、果たして合一状態に出会うことがあるのかしらと疑いながら、五十年間を生きるはめになっていたでしょう。こうした啓示または悟りの恩寵は、合一生活に不可欠です。神との合一は、神が啓示してくれるのでなければ、私たちがその状態を認識する手だてはありません――その状態は、私たちの存在の深みで体験される現実なのですから。実際、神が自らを明らかにするのでなければ、私たちが神を知る手立てはありません。子供の頃、私は何度も神秘的体験をしましたが、神が自らを神として明らかにしてくださったのは、ずっと後になってからのことです。なぜ神がいつも神としての姿を明らかにせず、正体不明の内なる力のままでいるのか、私にはわかりません。私の推測では、神はその人の概念的信仰にあわせる必要がある場合にのみ、神としてご自身を明らかにするのでしょう。それで、幼い頃、私は二つのものを探していました。神と、内なる神秘的な力の正体です。なぜなら、その二つは私の心の中でけっして一致することがなかったからです。その神秘的な力が、自分は神だと明かしたときにのみ、その二つは一つでした。そのときでも、私は懐疑的でした。それは本当とるにはあまりにもすばらしすぎて、とても信じられなかったからです。私たちの神体験はすべて、ある意味で信じがたいものです。なぜなら、体験される現実と比べれば、観念的な信条は、すべて見劣りするからです。

暗夜においてはもう、神が以前のようなかたちで認識されることはありません。底において、神は顕示を初めからやり直さなければならないのです。新しいやり方は、前よりずっと主体的で、もはや客体化することができません。内部への下降の旅で、かつてのように神と自己を知る方法は、すべて粉砕されました。私たちには、自分が不確実で依存した存在だという苦痛に満ちた知識と、神なしでは自分は無にすぎない——善行もできない——という認識を焼きつけられました。私たちは、個人的な情報資源が尽きたところで、存在の十字路で神と出会い、個人としての終わりのなかに始まりがあることに気づきます。それは、新しい合一生活の始まりです。この生の源泉から、観想の平安、喜び、愛、そして自由が湧き起こります。この結合の深さと較べれば、合一生活の中でのその他のすべての体験は、結局のところ表面的なものとしか思われないでしょう。神と「一つであること」を現実として経験するために必要なのは、ほかならぬ暗夜です。それは私たちが最も深いところで神と合一しているという苦痛に満ちた啓示です。その結合は初めから存在していましたが、今やっと、本当の実存の深みの中で明らかにされたのです。

観想的合一の本質をさらによく吟味するために、ここで十字架の聖ヨハネに目を向けましょう。合一体験の叙述に関して彼にかなう人物はいません。これから述べることの前置きとして、私はまずこの聖人から受けた恩に感謝したいと思います。十字架の聖ヨハネは、私の観想の旅のさなかに光源となってくれた唯一の人でした。もしもどこかで、私の記述が批判的に見えるところがあったとしても、それは枝葉の違いと理解していただきたいと思います。彼の著作の測り知れない価値や、書かれていることの真実性に対して否定的反応を示すものではありません。

魂と神との本質的結合が本当は何であるかを語るとき、十字架の聖ヨハネは必ずしも首尾一貫して明快なわけではありません。時には混乱している場合もあります。本書の前のほうで、彼が魂の実体における習慣的合一と、（諸機能が多かれ少なかれ停止状態になっているときの）一時的合一ないし「行為」とを区別したことに言及しました。しかし、もう一つ彼が区別したことがあります。それは、創造された万物とその創り主との本質的合一——これを彼は「自然なもの」と呼んでいます——について語るときに出てきます。これで、神と人間の魂が結びつく方法として、三つのタイプの合一が存在することになります。混乱が起きるのは、聖ヨハネが著作の中で、自然的な合一についても、超自然的な合一についても、同じように「本質的」と「実体的」という言葉を用いるからです。以下の文章は、彼がこれら三つのタイプの合一について注意を呼びかけているところですが、この混乱が現れています。

ここでは、霊魂の実体とその能力とによって、われわれが完全に神と結びつけられる永続的な一致〔合一〕の状態について扱うのであるが、それも目に見えぬ一致の下意識状態（ハビトゥス）としてだけ触れることにする。というのは、後に神の御助けの下に述べようとすることであるが、意識的現実としての諸能力の永続的一致というのは、「この世では」あり得ないことで、ただ一時的に生ずるだけだからである。

今これから述べようとする神との一致とはどんなものであるかを理解するために知っておくべきことというのは、どんな人の心の中にも、よし、この世における最悪の罪人であっても、神はその中に実際にましまし、その力となりたもうているということである。この種の一致は、神とすべてのつくられたものとの間にあるもので、これによって神は、そうしたものが存在できるように保ち給うている。つまり、こうした一致がなければ、それらのものは、たちまち無に帰してしまうということである。

したがって、われわれが神との一致ということについて話すときには、そのような常住の本質的あるいは実体的一致ということではなくて、われわれの心が愛の相似性をもつときのみに生ずる、ふだんと異なる霊魂と神との一致及び、霊魂の変容のことなのである。

ゆえに、前者を本質的一致、または実体的一致というのに対し、後者は「相似の一致」と呼ぶことにしよう。前者は自然的なもの、後者は超自然的なものである。

この超自然的な一致は、二つの意志、すなわち、われわれの意志と神の意志とが一致してひとつのものになって、互いに反発し合うようなものが全くなくなるときに生ずるものである。

――『カルメル山登攀』第二部五章（ドン・ボスコ社、奥村一郎訳）

この文章を読むと、聖ヨハネは神との自然的な一致（合一）について論じようとしていないため、それについて考えるのをきっぱりやめなさいと言われているように思えるかもしれません。しかし、この自然的な一致を放棄することは不可能ですし、聖ヨハネ自身、現実には放棄していません。彼はこの後、私たちの最も深い、超自然的な一致をも、「実体的」、「本質的」と呼びます。それは彼が、合一体験そのものに忠実であって、多分、概念的、神学的解釈に対しては、それほどでもないからです。

私たちと神との初めての実存的一致について、この聖人が言及している箇所は非常に多いため、いちいち引用するのは不可能ですが、「あなたの現存を私にあらわしてください」（『霊の賛歌』第一一の歌）の一節で、一致の三様に対応して、霊魂における神の現存には三つの様式があると述べられています。そこでは、自然的であろうと超自然的であろうと、神が自らを示してくださりさえすればかまわないという姿勢が見えます。しかしながら、示される神は、私たちが自然的に一致しているのと同じ神であり、私たちは、その神の自然的な現存を見たいと願うのです。そのときに超自然的なのは、神の現存または、一致ではなく、啓示そのものです。それは純粋な恩寵です。

観想的一致（合一）の真の性質に関する重要な一節があります。それは、創られたすべての物に自然的な中心があるように、霊魂にも自然的な中心があり、それが神だということを思い起こさせます。

事物において最も奥深い中心と呼ばれるものは、その本質や、能力や、働きや、運動の力が、それ以上越すことのできない到達点である（中略）。〔その事物が〕そこにまで到達して、もはや運動するための力や傾向を自らにもたなくなる時、私たちはそれを、自分の最も深い中心にいるのだというのである。

霊魂の中心とは神であって、霊魂がその本質の容量と、その働きと傾向との力にしたがって到達したとすれば、神における最終的な最も深奥の中心に到達しているはずであって、これは即ち、その力のすべてをあげて神を理解し、神を愛し、神を楽しむ時のことであろう。

——『愛の生ける炎』第一の歌（ドン・ボスコ社、アルペ、井上共訳、山口・女子カルメル会改訳）

さらに、彼はこう付け加えます。

さて霊魂がここで、自分の深奥の中心において愛の炎が傷つけると言っているのは、霊魂の実体と能力と力によって達しうる最も深いところで、愛の炎が霊魂を傷つけるという意味である。

——『愛の生ける炎』[*1]第一の歌

人間はそもそも神によって創られたものであるゆえ、その中心は神の中にあるのですが、私たちは往々にしてこのことを忘れています。それは人間の要であり、それなくしては人間は存在できないでしょう。しかし人間は、この中心を自己に置き換えてしまいました。これは実質的に、自分を神にしようとすることです。それによって、本来的な中心だった神が見えなくなっています。しかし暗夜でのように、恩寵によってこの自己が取り払われたとき、人はもう一度、自分の真の中心は神だということを知ります。その認識は概念的なものでも、単なる思い込みでもありません。それは体験的接触からくるものです。私たちがこうして、本来の合一の中心に立ち返ることができるのは、恩寵という手段によるものですから、私たちはこの合一を超自然的なものとみなします。しかし、実のところ、この恩寵という手段は目的ではありません。私たちの目的地は、私たちの出発点と同じもの、すなわち神との本来的合一であり、観想者が悟るのもその同じ合一状態なのです。

自己が退去させられて神が開示されるとき、私たちはその変わりように感嘆し、自分と神との合一を本当にすばらしいと考えます。確かにそれはそうです。しかし、私たちがこの新しい生――元々そうあるように意図されていたもの――に慣れるにつれて、この合一状態はきわめて自然なものと感じられるようになります。それは美しいと同時に当たり前であり、すばらしいと同時に日常生活においてはとくに見栄えはしないものです。帰還の旅の興奮の中で、私たちは多くの物事についての判断力を失います。自分自身をも含めたあらゆる人と物を置き去りにしてきたと思う人もいるでしょう。けれども、実際には、私たちは生きるべき人生、すなわち神と合一した人生を生き始めたばかりなのです。

合一には、自然なものと超自然的なものとの二種類があると主張すると、観想による合一の真の性質について誤解をもたらすことになります。この二分法の間違っている点は、もし、あらゆるものが、もとの源泉にいずれ立ち戻るのであれば、悪以外のすべてが――自然も恩寵も含めて――最終的には神のところへ行くということです。この分け方に正しいところがあるとすれば、それは、神との「自然的な」実存的合一を論理的推理によって概念的に信じることと、観想による合一を体験的・「超自然的」に実感することとでは、天と地ほどの開きがあると認識している点でしょう。むろん、その開きは、非現実と現実との相違のように大きいものです。

十字架の聖ヨハネは、自然的なものと超自然的なもの〔との相違〕に関する議論に立ち入ることはせず、その代わり、人は存在の深奥に一つの中心をもつと断言しています。その中心において、人は神との合一を見出し、それによって愛の源泉へと入ります。その愛は、初めに人を創り、そして今、力を与えているのと同じ愛です。観想者は、大胆に本質を探究し、神の道の証人となるのですから、その人々が、程度の低い表面的な合一を実現するにすぎないとは考えられません。しかし、書物によっては、究極的な観想的合一は感情的な愛の合一のようなものだと思わせるものもあります。それは明らかに誤りで、そのような記述は十字架の聖ヨハネのどこを探しても見つかりません。彼は、合一が感情に根ざしたり、感情によって適切に体験されたりすることはないと、何度も繰り返し私たちに教えています。そのような低劣な機能は合一の中に入り込むことはできません。少しでも感情の氾濫が体験されるなら、それは弱さのしるしです。魂が、完全に浄化されていない、あるいはまだ合一していないというしるしなのです。

聖ヨハネが「情緒的な愛」について少し言及しているところは、トマス的な合理的心理学の文脈で理解されるべきでしょう。そこで使われている「情緒的な」という言葉は、感情や、彼が「情熱」と呼ぶもののことではなく、意志を指しています。もちろん、意志と感情はつながっています。実際、意志は精神と感情の仲介者として、独特な位置にあります。しかし、感情は、いつも、いつまでも、自己に属しているのに対し、意志は、神にも自己にも同等に属することができます。一種の共通機能です。意志の合一は、自己にそれ自身の愛を放棄させます。それは、神ご自身の愛に入るためです。それは、あらゆる感情的なものを超えた愛です。

十字架の聖ヨハネが、神と魂は一つになるプロセスにあるとか、合一が進行しているなどと述べている箇所を私は見つけることができません。彼が明確に述べているのは、観想とは、私たちが神と一体であることを、理解のレベルを深めながら気づいていくプロセスに他ならない、ということです。彼が言うには、人には数多くの中心があり、数多くの合一を経験しますが、最も深い、中核的な合一に達するためには、それらをすべて置き去りにして通過していかなければなりません。それは神との合一という点では同じであっても、存在の最も深いレベルで体験されるものなのです。

最初に十字架の聖ヨハネを読んだときから、私は彼が絶えず言及している「魂の実質においてなされる本質的な合一」について、すでに存在している合一に触れる体験のことだと解釈していました。それは、魂と神との共同作業ではなく、神のみによってなされる合一です。私がそのように解釈したのは、私が幼い頃から神との合一を何度も体験し、この聖人の著作の中に自分の一連の体験への説明を見出したからです。もし合一を、人生のある時点で、または観想生活における何らかの頂点で達成されるものと考えるなら、私の子供時代の体験は説明のしようがありませんでした。

つまり、人生の中で変化するのは、私たちの神との合一ではなく、その体験の仕方、その理解のレベルが変わるのです。神との合一は、初めから確固として変わらず、それは終始一貫しています。私たちは、そうした合一状態について、より深く、より完全に理解するプロセスにいるのです。

ここでの私の関心は、観想における合一の真の性質を明らかにすることだけです。私には何の下心もありません。私は十字架の聖ヨハネがほのめかしているように、恩寵と体験を奪われていたわけではありませんでした。どちらかと言えば、あり過ぎたぐらいです。私は飽満に苦しんでいたときに、体験の中で飽和点を見出しました。それから先はもう、神についての最終的な真理しか望みませんでした。神が神ご自身でおられるということ、純粋でどんな概念や体験と混在することもなく、自己が指一本触れることのできない存在でおられることです。ここで、私は、最も真正なもの、それまで出会ったことのない最も偉大な真理に出会いました。それは、神との深く永続的な実存的合一です。あらゆる体験を合わせたよりも価値のあるものです。なぜなら、それは自己を超越した、自己によって汚染されることのない唯一の真理だからです。疑いの余地はありません。この中心こそ、出口なのです。

十字架の聖ヨハネは、神との合一の中心のことを、それを越えてはもう魂には進むことのできない、それ以上の運動は不可能な「地点」と呼んでいます。この中心は、あらゆる内的・外的な運動がそれをめぐって回転する、実存の静寂点です。それは私たちに安らぎと力を与える砦《とりで》、不動の中心です。[*2] しかし、私たちはどうやって、この静寂点が本当に神であることを知るのだろうと思われるかもしれません。もしも（この地点で）神が自らを示すのでなければ、私たちには知るすべはありません。なぜなら、神のみが神であることを確証でき、私たちに、暗夜の次の段階へ進むのに必要な確信を与えてくれるからです。次の段階では、この中心の周りに全人格が結集します。したがって、先に進むためには、私たちは神に自らを証してもらわねばなりません。そうすれば私たちはこの中心に絶対的な信頼を置き、そのために自分自身を捨て、身を任せ、何を恐れることもなくなります。さもなければ神は私たちの中でこの統合の業《わざ》を完成することができません。

おわかりでしょうが、単に存在の中心を発見するだけでは十分ではないのです。神は私たちに、これが神の王国だということを知らせなければなりません。その王国で、私たちは神と合一し、これからは神と共に生きることを学ばなければなりません。私たちがこの地点に達するには恩寵が必要です。恩寵によらなければ、中心が何のためにあるのかを理解することはできません。そして、これからどのように生き、どのようになすべきかを、この合一の中心から学ぶためには、恩寵が必要なのです。

神との魂の合一の性質を表わすのに、十字架の聖ヨハネはアナロジーを多用します。その多くは、前から存在する現実としての合一体験にあてはまるものですが、時間的なある地点において開始される現実にはあてはまりません。その一つは次のようなものです。

太陽の光が、ひとつの窓硝子《ガラス》にあたったとしよう。その硝子に、いくらかのよごれや曇りがある場合には、そうしたよごれがまったくなく、きれいに拭われているときのように、光の中にすっかり照らし出されて、そのありさまが変わってしまうことはできない。つまり、こうしたよごれや曇りがあればある程、照らされることが少なく、反対に、そうしたものがなければないほど、一層照らしだされることになる。しかもこれは、光の問題ではなく、硝子自体に関することである。もし、窓硝子がきよく、まったく純粋であるならば、それはまるで、光そのものになったかと思われ、その光と同じ光を発するまでに、ありさまを変えて光り輝くことになるであろう。しかし、窓硝子は光のように見えても、実際光自体とは異なった本性をもっている。さらに、その窓硝子が光、または光線と言えるのは、光とひとつのものとなる光との交わりによるということである。

この窓硝子のように、われわれの霊魂は、神の本質から出るあの神的な光によって、いつもつつまれている。いな、更によく言えば、上に述べたように、神の光自身が、そのまま霊魂のうちに宿る（強調、引用者）といえる。

——『カルメル山登攀』第二部五章（奥村一郎訳）

神の光は、最初から魂を照らし続けてきました。しかし、魂は視野を遮《さえぎ》っていた障害物がすべて取り除かれるまで、そのことを理解できませんでした。私たちは、常にこの清い光を浴びているわけではないかもしれませんが、それが見えたという確信は、いつまでも私たちのものであり、この確信があるからこそ、私たちは前へ進むことができるのです。神と一体化した人生には、私たちは存在の深奥で神と一体であるという認識よりも、はるかに多くのものがありますが、この認識がすべての出発点なのです。

聖ヨハネのアナロジーは、本書で述べてきたことをうまく言い表わしています。というのも、それは暗夜の働きを説明し、合一が初めから存在することを確証してくれるからだけでなく、後になって振り返ったとき、すなわち、ガラスと光とが区別できなくなるほど窓ガラスがきれいになったとき、この合一がどのように見えるかという問題を投げかけてもくれるからです。窓から実にリアルな景色がはっきり見えるとき、私たちは窓ガラスを通して見ているのか、それとも通さないで直接見ているのか、どちらなのだろうと思います。確認する方法の一つは、ガラスがあるかどうか、手で触ってみることです。もう一つの方法は、前に、ガラスが汚れていたときに、ちがった光で窓を見たこと〔を思い出すこと〕です。同じように、合一生活の中でも、私たちが（この中心において）神と自分を区別するのに、前に汚れていたときの窓ガラスを見たという過去の知識に頼る日がやってきます。この知識は重要です。なぜなら、私たちは触った感覚や、分離したものを「感じること」ができなければ、分離したものを「見ること」はできないからです。私たちにはもう窓ガラスがあるのかどうか見えません。なぜなら、光が輝きわたっているからです。これ以後、深奥にある存在の中心を覗き込むとき、私たちはもはや自己を見ず、神だけを見るようになるのです。すると、ここで、私たちの真の自己は神である、と言いたい誘惑にかられます。けれども、実際のところ、私たちの真の自己は、神に結びつけられた自己で、存在の最も深い中心に神と共に隠されているのです。

その証拠は、次のことにあります。私たちはその中心で神だけを見ているのに、私たちには依然として、自己または「私」という感覚が残っています。なぜなら、内を見る目――合一の中心を意識している主体――は主観的に目撃している自意識の極だからです。合一は、意識の〔主客の〕二極の消滅ではありません。もしそうなら、合一について理解することも体験することもできず、自己と他についても知り得ません。合一とは、存在の中心――あるいは意識の中心、または、意識が目標とする極など、何と呼んでもかまいませんが――で二つの力が結びついていることです。ですから、私たちはもはや中心で自己を見ることはありませんが、人格的な自己についての感情と感覚は保たれているのです。

けれども、もう少し考えを進めてみましょう。たとえば、ある日窓のところに行ったら、もう触ることができなかったとしましょう。つまり、自己を別個の存在として感じることがなかったとしたら、それはどういうことでしょう？　誰かがガラスを取り去ってしまったにちがいありません。窓を触ろうとした私たちは、外へ落ちてしまいます。文字どおり、自己から落下してしまいます。このようなことが考えられるのが、この窓ガラスのアナロジーの興味深いところです。もし私たちがもはや自己を見たり感じたりできないなら、分離した個としてのアイデンティティはどうなるのでしょう？　しかし、さしあたって、合一生活の中でこういう問題は生じません。この時点では分離した自分という感覚をまだ残しているからです。私たちは内部を見て、中心にどんな区別も見つけられないかもしれませんが。

ここまで私たちは、合一の本性について考察し、それを見出すには、魂の暗夜において苦痛を味わわなければならないことを見てきました。ここからは、人間存在の特殊な側面、すなわち、神と接触し、人間と神との間に神秘的な結びつきを形成する側面について、もっと詳しく見ていきましょう。

先に、「相似の一致」は私たちの意志と神の意志とが一致することだと教えられました（四二頁参照）。魂のこうした合一は、存在の深奥の中心で起きるので、存在の深奥の中心は意志だと結論づけることができます。けれども、「意志」という言葉で、欲したり選んだりする能力や、その他の意志の活動を意味するなら、深く掘り下げることにはなりません。そういうレベルでの神との合一は、ロボットをつくるだけになってしまうからです。合一生活のかけがえのない特徴は、「完全に自由な意志」です。それは私たちに人生の選択肢のすべてを開示し、「神を愛し、あなたが欲することをせよ」という文言の真意を教えてくれます。私たちが求めるべきは、この完全な自由を可能にする神との深い結びつきなのです。

人は意識的にせよ無意識的にせよ、最高の善を希求する、それはけっして止むことのない力で人を引きつけるため、人はそれを探し求めずにいられない、と言われてきました。当然ながら、この力に逆らう人たちは、探すことも見つけることもありません。しかし、ほとんど抵抗なくこの道に従う人たちは、自動的に存在の中心へと引っ張られることになるでしょう。私はこの磁気のような引力を「神への意志」と呼びます。それは同時に、私たちが日常のレベルで神との合一を「感じる」ことと言えるかもしれません。それは合一生活の中で、受動的覚醒が持続するレベルへと引き上げられるのです。

暗夜以前、神を求める私たちの思いとは、単にこの内への引力に同意することでした。それは、精神が思い描いた神を見出そうとする、人間の側からの能動的努力、意志、願望でした。しかし、暗夜の中では、この能動的な努力は能動的受動性に取って代わられます。なぜなら行くべき方向を知っているのは、私たちを引きつける神のみだからです。精神には、この方向を思いつくことも、知ることもできません。ですから、精神によって追求することはできないのです。要するに、あまりの下降の深さといい、求められる受動性といい、私たちの思考能力をはるかに超えていて、精神は文字どおり圧倒されます。神と合一するのは、私たちの精神ではなく、神への意志です。この意志こそが、神がご自身のために人間の自己に付与された特殊な面であり、それが、暗夜の中でついに安息の家に到達するのです。

私はこの受動的な意志は魂が別個にもつ能力であって、普通の能動的意志や欲望の能力と混同してはならないと思います。この神への意志は、初めから神に対して受動的でした。それはいつも神の方を向いていました。けれども、能動的な意志は、ひたすら自己に向かうので、私たちの生を精神的に限定された表層になんとかとどめようとします。受動的な意志が体験の前面に出るためには、まず能動的意志が無力化され、動けなくされなければなりません。そうなって初めて、「神のみに属する自己」という側面が、ありのままに意識されるようになるのです。ひとたびこれが成し遂げられれば、能動的な意志は再び日常生活を始めますが、今度はそれにふさわしい従属的位置につき、神との合一への意志に従います。

さらに深く引き込まれたとき、私たちは何を聞くのでしょう？　二つの意志の結合の中で何が告げられるのでしょう？　神が最初に意図されたのは、私たちが存在することなので、私たちの意志も、まず存在すること、神のために存在することを目指します。それは私たちが創造の意図にそった存在になることを意味します。ですから、私たちの合一の中心において、一方の側では、私たちは神に対して完全に受動的です。そして、もう一方の側では、完全な自由意志によって、私たちはまったく人間的な存在というあるがままのすがたでいられます。こうして、私たちの神への意志は、自分の存在への意志に等しいことが判明します。今や私たちは、神に逆らう恐れなしに、自分自身と、人間としての自分の生を受け入れることができます。なぜなら、もう意志が食い違うことはないからです。人間としての自由の豊かさを理解し、それを恐れることなく発揮するためには、自己と現在の生をあるがままに、完全に受容しなければなりません。これは簡単なことと思われるかもしれませんが、本当は、並外れて難しいことです。

観想する人は、ともすれば心のどこかで、神との合一によって人は少し特別な存在となり、聖なるものに近づくという幻想を抱きがちです。こうしたことが起きるのを期待していると、なぜ私たちの存在の深みで実現される合一が外面に現れてこないのか、理解することができません。なぜ、それは私たちを完全に支配し、私たちの人間的側面を吸収してしまわないのでしょう――そうすれば、私たちはすっかり聖なる存在になれるのに……。こうした完全性の追求、すなわち、神性の追求はまさに、あるがままの自分を受け入れていないことを示しています。

私が思うに、問題が生じるのは、「あるがままの」日常的現実に基づかず、何が完全であるかを頭で考えて、それに合致した自己像を追い求めようとするからです。人が「完全」について抱く概念は、必ず相対的、推測的、表面的にならざるをえず、意識しないうちに、微妙に自己中心的なものとなります。神が創られたもの、およびその真の完成像について知っているのは神ご自身しかおらず、私たちがその完全像について知ったり体験したりできるのは、沈黙の中で学ぶことがらだけです。そこにおいて、意志は神の意志に流れ込みます。存在の中心にあるこの受動性に導いてもらおうと自らを委ねるのは、容易なことではありません。なぜなら、それは完成について私たちが頭で考えていることや期待していることに逆らうことを意味するからです。それはまた、私たちが抱く自己像や、自分の理想像にも、そして社会や周りの人たちにも逆らうものです。

完全に受動的になり、完全に神に従属することは、人間の最も困難な達成目標です。私たちがこの困難な旅を始めるには、まず神との持続的な合一を発見しないことには、一歩も進めません。この発見があって初めて、私たちはありのままの自分を受け入れて自己を手放し、その中心が私たちの最終目的地であると信頼して、それに受動的になることができるのです。

観想的合一に関するこの議論を終えるにあたって、注意しておきたいことがあります。それは、神はその意志を私たちに伝えるに際して、概念をもってすることはない、ということです。もしそうするなら、人間と神との最も深い合一は、一種の知的合一になってしまうでしょう。しかし私たちの合一の中心は、心や知性よりも深いレベルにおけるものです。それは実存のまさに中核、すなわち「神への意志」において起こるものです。この意志は沈黙の力です。考えることも、話すことも、記憶することも、イメージを描くこともありません。この沈黙の力は、神から活力を受けています。そしてこの沈黙の中で、私たちの意志は神の意志へと流れ込み、いのち、力、徳を受け取ります。神の意志を知るのに必要なのは、ただ沈黙を保つことだけです。その静かな中心にとどまれば、ひとりでに、何の考えもなしに、今の瞬間を、そして今の瞬間のあるがままの自分を完全に受容することができるのです。したがって、いかなる知的探求も、たとえ神の意志を確かめようとするしばしば苦渋に満ちた努力であっても、それは今の瞬間と今の状態の受容を拒否することにしかなりません。合一生活の極意は、これらの意志の受動的沈黙の中に生きる恵まれた能力です。その沈黙は、いついかなるときもそこにあり、いつも神と一つです。神との本当の交わりは、絶対的な、完全な沈黙です。この交わりを言い表わすことができる言葉は、一つとしてありません。

［原註］

＊1 *Complete Works*, translated by E. Allison Peers (Westminster, Md.: Newman Press, 1964)、

＊2 「地点」についてのもう一つの興味深い見方については、十字架の聖ヨハネ『愛の生ける炎』（ドン・ボスコ社）第二の歌、解説一〇を参照。

❖第二段階への序

私たちの最も深い内的中心の開示は、地下での爆発にたとえられるかもしれません。その爆発で、自分の本質的部分がことごとく飛び散って手がつけられなくなり、あらゆる方向にばら撒かれます。この体験をするまで、私たちは強い意志をもち、それぞれの部分についての知識に従って自分という統一体を作り上げ、そしてこれらの部分を自制という厳しい手綱によってまとめてきました。一言でいえば、私たちは自分の家の主人だったのです。しかし、暗夜に入ると、この人為的な統一体が粉砕されます。ここからは、神が手綱をとり、家の主人になります。神は中心にいて、まるで磁石が鉄くずを引き寄せるように、すべてを集めます。精神や魂のすべての破片を集め、原初の計画に従って配列し、作りなおします。そして、私たちの存在は、神の意志の磁力、現存、愛によって、まとめられるのです。

暗夜の第一段階は、私たちが最も深いところで神と結ばれているという、苦痛に満ちた啓示です。第二段階では、この結合の中心部の周りに自己が統合されます。魂が神との実存的結合に気づくと、それに続いて、自己の統合が起こります。そしてこの第二の統合が完成すると、新しい人間が出現します。それは、神を中心に統合された、全人的人間の出現です。この二つの統合プロセスが完了すると、暗夜の働きは終わります。

❖第二段階

それまで苦痛があったところに、今は平安があります。初めは暗く無味乾燥だったところが、今は深い安らぎに満ちています。魂の安らぎのない九カ月を過ごした後、この贈り物は慈悲深い凪《なぎ》のようでした。きっとすぐに消えてしまうだろうと思いましたが、そうはならなかったので、私は苦痛が自らを使い果たして役目を終え、もはや姿を現すことはないだろうと理解しました。後にも何度かの試練によって、この特殊な苦痛の入り口に連れ戻されましたが、中心の平安が失われることは二度とありませんでした。それは何物も通さない、無償の防御壁としてしっかりと保たれていました。あたかも、この壁に触れさえすれば、すべての傷、不安、苦しみが消散し、溶けてなくなってしまうかのようでした。このようにして、苦しみは喜びになりました。それは神の誠実さと、私たちの強い結びつきが持続していることを思い出させてくれたからです。

私はまもなく、この新しい平安の状態が苦しみの不在以上のものであることを発見しました。それは微妙な空気、歓喜や愛、「理解を超えた安らぎ」として色々に描写されうる空気の浸出のような、広がりゆく喜びの道をもった神への通路でした。この安らぎに夢中になって、私は日夜それを追い求めました。すると、それが統合のプロセスへの鍵であることがわかりました。私はこの安らぎを支えている根本的現実を発見しました。それは、深い内的沈黙と静寂と愛の注入でした。この愛がおとりになって、魂を沈黙の深みへと招いていたのです。

初めのうち、この安らぎは深奥の中心においてのみ見出されました。その外では、精神と感情がこの深い次元に入れずにうろつきまわっています。そのため、精神と感情はすがりつく対象を求めて途方に暮れています。その絶え間ない動きは不穏で目ざわりです。それらは中心から注意を逸《そ》らさせようとします。したがって、明らかに、まだすべてが完全ではない状態でした。残念ながら、家はまだ分割されていました。しかし、間歇《かんけつ》的に、そのような動きがすべてやみ、上部をも下部をも沈黙させる不思議な力の中で、これからやって来る状態の予兆が訪れました。このように完全な合一の予兆に出会ったことで、私は通路で灯に導かれるように、前を見て方向を定めることができました。その方向とは、沈黙の中心を絶対的に信じることです。ここで前進するには、信じるしかなかったのです。

この道行の鍵となるのは、内なる沈黙を受容し続け、神がご自身を信頼するように私たちもそれを信頼し、自分をそこからけっして引き離させないことです。この中心は、すべてを引き寄せる磁石として作用しますが、私たちが完全に吸引されるためには、まず沈黙に反するものすべて――知性と感情の余計な動きのすべて――を捨てなければなりません。中心に対して受動的でありつつ、動きに対しても受動的であること――つまり、心理的に巻き込まれずに、その動きが通り過ぎるに任せること――によって、私たちは徐々にこれらを捨てていきます。なぜなら、心理的に巻き込まれれば、その途端に沈黙から外れて、騒乱の中へ入ってしまうからです。しかし、受動的なままでいれば、自分の思考と感情に対して客観的になるコツがわかり、それらをあるがままに見るようになるのです。その姿とは、深みのない表面的なもので、壊れやすく、気まぐれで、安息を乱し、中心での生とはまったく共存できないものです。私たちが自分の思考と感情を客観的に観察できるかぎりは、区別がありますが、完全な合一が実現されれば、この観察はもう不要です。

そのうち、沈黙の中心が避難所であることがわかります。それは観察地点とも、一種の防衛の砦とも言えますが、不穏な動きが侵入するのを防いでくれます。それらの動きは、私たちを引き出すことはできても、中に入ることはできません。この平安の砦に慣れながら、私たちは知らず知らずのうちに、古いやり方や長年築きあげた行動や反応の習性を脇へ追いやっていきます。それは、「中心での生」という新しい生き方を覚えるためです。こうして、中心は、自身の外側のすべての運動にとっての基準点になり、あらゆる生の反応の尺度になります。こう言えるかもしれません。いったん中心での生と行動に慣れると、私たちの生活はそのフィルターをかけられたものとなり、神以外の何物をも見ることができなくなる。なぜなら、私たちがどこで何を見ようとも、すべてのものに色をつけるのは神だからだ、と。
私たちがこれらの動きに内的平安を乱されたり、静寂から引きずり出されたりすることがない地点に達すると、これらの動きは弱まり、色あせ、やがては消えてしまいます。もはや私たちはそれらに影響されることはありません。こうして、中心は徐々に私たちを低次機能の圧制から解放します。私たちは、思考や感情の奴隷でなくなりさえすれば、人間の自由の本質に出会います。中心に対して受動的であり続けたことで、中心は自分にとってのすべてになります。単なる存在の中心ではなく、あらゆる内的運動の中心です。内的運動は今や中心を基準とし、中心に支配されています。

その統合プロセスの特徴は、それが私たちの努力や自制や、いかなる行為によっても、もたらされはしないということです。この段階で私たちの内部に起きる活動や闘争は、すべて偽装された努力にすぎません。それは、人格の支配権を取り戻し、昔の行動様式に戻ろうとします。私たちの役目は、内なる沈黙に受動的姿勢を保ち、それを信頼することです。ここでは、信頼が絶対に必要で、統合が達成されるスピードは受動性の深さに比例すると言ってもよいほどです。どこまで受動的になる必要があるかと言えば、私たちの存在の最深部にある源泉までです。言い換えれば、それは、私たちの神への意志、自己と人格的実存の根です。意志とは力です。その力は神から来ます。そこで、意志が完全になるためには神に対して受動的でなければならないのです。さらに、今や神に根ざすものとなった意志は、思考と感情の媒介として、こうした低次の諸機能を調和させます。その調和は、私たち自身の努力によって保たれるのではなく、意志が、私たちの中心である神に受動的であることによって、私たちが知らないうちに自動的に保たれるのです。

暗夜以前は、私たちは自身の禁欲的な努力によって、自分の意志を神に一致させていました。けれどもこの一致は永続的なものではなく表面的で、永続的な安定性をもたない私たちの自己に依存していました。しかし、今や、私たちは神の手を離さなければなりません。なぜなら、合一の中で私たちの手をつかんでくれているのは神だからです。神は、私たちの努力などおよびもつかないレベルまで私たちを運んで行きます。それは、私たちの努力では到達できないレベルです。私たちが手を離すとき、神を手放すかのように思う人がいるかもしれません。ところが実際、私たちが手放しているのは、単に自分の自己なのです。その自己は、汚い反則技で、自分の努力、自分の行為、自分の意志の強さによって引き出したという満足を得ようとねらっていました。これを手放すのは容易ではありません。大きな信頼が要求されます。それは徹底的な自己放棄を要求するでしょう。私たちは自分が神を放棄している、あるいは、自分を放棄しているのではないかなどと恐れる必要はありません。私たちが放棄しているのは、神と自己を知り体験するための貧弱なやり方だけです。もっと上級の方法に出会うためには、まず下級のものを放棄しなければなりません。

いろいろな意味で、このプロセスは遠心分離機の動きになぞらえることができます。遠心分離機の内部では、中心の動的活力によって、すべての部分が適切な位置に収まり、その場にとどまります。このプロセスによって、安定してバランスの取れた全人的人間が生じるのです。一つの統合体として動いていますが、すべての部分は同じ方向に向かっています。このようにして、神はすべてを一つにまとめています。ですから、神のすばらしい原初の設計に即して、魂は、神の目に美しく見えるものにならなければなりません。

さらに、そのとき私たちは、まるですばらしい宝物に出会ったような気がして、ほかのすべてが魅力を失います。私たちはもうすべてをもっていますから、もう何も望みません。私たちは自分の中だけで完全に満足し、自分の外部にある何も必要としません。内部の宝物だけで十分なのです。人生のどんな経験といえども、この中心ほどの深さはもちません。それは神のみに属する深さなのです。それは外部のいかなるものの手も届かない神の領域です。このレベルでは、神のみが私たちに触れて影響を及ぼすことができます。このレベルで生きることが魂の習慣になるとき——何物も私たちを外に引き出すことができなくなるとき——もはやどんな区別も残っていないのです。すべては内なる沈黙に順応しています。家全体が静まり、統合のプロセスは終わったのです。さあこれで、前進の準備ができました。

ここまでのことを要約しておきましょう。いったん存在の最も深い中心が私たちに開示されれば、その沈黙は次第に安息の避難所として接近しやすいものとなります。喜びと愛の注入によって、この次元にとどまりたいという願望が増大し、私たちは、最奥の中心へと巧妙に誘導されます。本来、この次元は、意識的覚醒であると同時に、深い内部空間についての神秘的な感覚でもあります。この空間は、あまりに深いので、時には、私たちの存在を突き抜けて、私たち自身を超えた彼方まで行ってしまうかと思われるほどです。中心での生に慣れるにつれて、私たちは思考や感情に支配される古い習慣を失います。なぜなら、それらはもはや私たちを外に引きずり出したり、私たちの平安を乱したり、この深い次元に手を伸ばしたりすることはできないからです。したがって、中心で生きることを学ぶプロセスは統合と変容のプロセスです。これは、観想に関する文献では「変容的一致」として知られているものです。それは、私たちが中心において神と一体化して生きる方法を学ぶために、かつての行動や対応の方法を失っていくことを意味します。

自己がすべての面で沈黙し、完全な合一状態に達する直前に、私たちは沈黙の不可思議な停滞期に遭遇することがあり、その停滞期は、いくらかの懸念を引き起こすかもしれません。いったんは喜びと愛を注がれて沈黙の中へ誘われたのに、そのような注入がすべて止んでしまいます。私たちは沈黙の中にとり残され、その中には神も自己もないように思われます。沈黙しかないのです。私たちは神のためにすべてを捨てた後、神に見捨てられたような気がします。何の不安も苦痛もないのですが、この沈黙の外に出たいという誘惑を覚えます。それはかつての欲求不満に逆戻りすることを意味します。ここでは、まるで行き止まりに達したかのようです。後戻りもできず、前方に道も見えないので、身動きがとれません。ここは合一へ向かう際の正念場です。しかしこれが問題になるのは、私たちがそれを問題にするときだけです。私たちはまったくの無知からそうしてしまうことがあり、私もそうでした。けれども、私たちが立っているのは、まさに合一生活の頂点へ続く入り口なのです。

先に述べたように、愛と喜びの注入は、私たちを内なる沈黙へと誘引するためのものでした。しかし、いったんこの沈黙の中に入ると、私たちはこれらの魅惑から引き離されて、まったくの沈黙の状態に慣れなければなりません。というのも、神は神が賜う物よりも深く、私たちが求めるのは神ご自身の真実だからです。ですから、私たちがかつて価値を置いていたそうした体験にも執着したり依存したりしてはならないのです。ほどなく私たちが悟ることになる深い次元に比べれば、それらは皮相的なものにすぎません。

この停滞期は実のところ、沈黙に根を下ろすための時期なのです。この沈黙が魂にとって最も深く最も安定した状態、私たちの実存の最も深い側面となるまで、私たちはそこに根を下ろしていくのです。この時期は、受動性と放棄と信頼を培うための試練であり、また、この試練を通過することによって、この沈黙の中から出る際、かつて遭遇した苦痛と欲求不満を振り返らずにすむようになるかもしれません。私たちはこれまで、動くことができないほど焼かれ、十分すぎるほど教えを学んできました。もはや自分でできることは何もありません。私たちに可能なのは、ただ静かに耐え、そして神の聖旨《みむね》のままにこの状態に身を任せることだけです。

いったん完全な沈黙の中に落ち着いたなら、統合のプロセスは終わったように見えるでしょう。けれども、実はまだ欠けているものがあります。沈黙と持続的な安らぎだけでは十分ではありません。沈黙のこの平坦地から、私たちは頂点へと連れて行かれるのです。その頂点は、何らかのかたちでの神の啓示になるでしょうが、私はこの啓示が与えられる根拠として、私たちが沈黙状態に十分に順応したということしか考えることができません。これ以前にそのような啓示があったとしても、思考や感情など低次の機能の騒がしい動きを再びかきたてるだけだったでしょう。そうした低次の機能は、私たちが神との永続的な結びつきに絶えず気づいていることの妨害となるものなのです。今や私たちは、啓示がやってきても、沈黙のうちに平然と受け止めることができるでしょう。私たちにはすっかり準備ができているからです。

まさにこの沈黙の停滞期に、私はある問題に遭遇しました。それは書物などには書かれていませんが、ここで触れておく価値はあるでしょう。というのも、それは多くの観想者によく知られている問題かもしれず、また、少なくとも、旅のこの段階で生じ得る一種の恐怖について説明してくれるものとなるかもしれないからです。

当時、私は一八歳で、修道院で観想生活を送っていました。ある日、新任の修道院長から、どんな祈りをしているかと尋ねられ、「別に何も。ただ沈黙しているだけです」と答えたところ、彼女はびっくりして、動揺し、それ以上尋ねることはせず、私に向かってまくし立て始めました。その祈りでは私の徳にそぐわない（私には徳などありませんでしたが）。明らかに何かおかしな方向に行っている。もしかしたら、聖テレジアが述べたような、自分を実際よりも進んでいると考える人々がもつ幻想にとりつかれているのかもしれない。私の祈りは単なる「自然な」沈黙で、神から来たものではない。それは教会で異端とされている一種の静寂主義〔訳註：一七世紀末の極端な神秘主義的宗教思想〕だなどと。最後には、悪魔がこれに手を貸していることも十分考えられる。本当は心の中で祈っていなければならないのに、悪魔が私に沈黙の中にとどまらなければいけないと考えさせているのかもしれないと言われました。
私はそれを聞いて、非常に驚きました。それまで一度も、そんなことを聞いたことはありませんでした。「静寂主義」という言葉も、祈りの生活の中に幻想があり得るという話も初耳でした。そして、私が自分の魂を進歩したものと思いたがっているなどと、どうして思われたのか、皆目《かいもく》わかりませんでした。しかし、最もショックだったのは、私が悪魔によって導かれているのではという考えでした！

そのときにまず思ったのは、完全に誤解されているということでした。彼女には理解しようとする姿勢は見られませんでした。理解する気がないのは明らかで、ひょっとしたら、理解できなかったのかもしれません。私はその場ですぐに、私の内面生活について二度と彼女に話すまいと決心し、そして実際、そうしました。

しかし、彼女の方は、そう簡単には諦めませんでした。そしてそれから何年も、彼女はしつこく私に迫り、徳の欠如と不完全なところを見つけるたびに、ことごとく指摘しました。要するにこれは、個性の違いから来るものに過ぎないと、私は確信しました。私は彼女の考える完全性の型に当てはまらず、彼女のもつイメージや姿に作り直されることができないのは明白でした。そうした問題の瑣末な詳細に立ち入っても何にもなりません。私にとってはこれは大きな問題だったと言うだけで十分でしょう。

彼女は何とかして、私の心の中に疑いと恐怖の種をまこうとしました。それは、私を沈黙から引っぱり出し、騒乱と不安に連れ込もうとする、あらゆる種類の恐怖です。私には、これらの恐怖がどこから来るのかがわかりましたが、知っていても助けにはなりませんでした。それらは長い間しつこく残り、神がある日、決定的な一拭きで慈悲深く拭《ぬぐ》い去ってくださるまで続いたのです。

しかし、この試練の中で最悪だったのは、私をそれぞれ異なった方向へ行かせようとする両者、すなわち神と院長との間で身動きが取れなかったことです。熱心に祈ることについて疑問があったわけではありません。それが疑問の余地もないことは、苦痛に満ちたやり方ですでに学んでいたからです。私が恐れたのは、自分が神の内的沈黙の上に確固として立っているのではなく、ひとりよがりからきた沈黙の上に立っているだけではないか、ということでした。つまり、「自分は正しく、彼女は間違っている」というような頑固な態度です。今思うに、私は魂の平安を守るために、自分と院長との間に壁を作らなければならなかったのでしょう。宗教的な魂にとってこうした立場は実に恐ろしいものです。

のちに私は、十字架の聖ヨハネがこの問題を熟知していたことを知りました。この問題に関して彼は『愛の生ける炎』で、霊的指導者たちに対する有名な批判を書いています。霊的指導者たちは神が内的沈黙と受動性を要求しているときに、無知から、相談者たちに能動的に祈るよう指導していたのです。それに対する批判が書かれたのは四百年も前のことですから、日の下に新しきものなしとはこのことかと思わされます。観想者たちはいつの時代にも同じ問題に遭遇しているのです。

いずれにせよ、この試練は、私に沈黙を求めて底へ飛び込ませることで、合一へのプロセスを加速させたかもしれません。この試練ほど、平安の砦がいかに堅固で、この中心がどんなに強い砦であるかを、私に教えてくれたものはありませんでした。中心で生きることによって、人生の外的状況が楽になることはありませんが、少なくともやってくるものを受け取るのです。つまり、私たちは逃げ出さずにそこにとどまり、安らかで落ち着いた魂で、やってくるものを受け取るのです。それは、いわば苦しみのない苦労のようなものです。火の中を歩くことは楽しくありませんが、焼かれることなくそれができるというのは、驚くべきことです。

もう一つ、かけがえのない教訓は、「神の内的な指示にいつも従い、外部からやってくるすべての指示を警戒するように」という命令でした。観想活動の本質は、神が神秘的なやり方で魂の中で親密に自らを明かすことですから、完全に神と一対一の状況です。ある人が指摘していましたが、それは一人（alone）でいること、つまり、「全一（al-one）」であることを意味します。たとえよく似た道を旅した人であっても、人は他人の皮膚の下に入ることができないように、他人の魂の中に入ることはできません。それは神にしかできないことなのです。三方向通信というようなものはありません。もちろん、自分の内面生活について他の人たちと語り合ったり、意見や見解を聞いたりすれば、いつも刺激をもらえます。しかし、それによってどこかへ導かれるということはありません。導かれるとしたら、魂は人間的な愛着や依存にはまり込んで、足を引っ張られるでしょう。そのような「助け」は、遅かれ早かれ、すべて放棄されなければならないのです。

この段階では、受動的なままでいることが決定的に重要です。このことは、私たちには理解できないかもしれません。それは以前の習慣とは反対で、自分が行くべきだと思う道とは逆行し、他の人たちが行きなさいと言う方向とも逆のように見えるからです。「受動性」という観念は、私が知るかぎり、観想についての文献で高い価値を与えられていることはありません。その言葉は苦行者からは嫌われます。彼らにとって、それは何もしないこと、後退、または恩寵からの転落を意味するからです。魂が終始変わらず受動的であり続けるには、もっと強くなければなりません。なぜなら、それは自己にも、自分の行為による自己満足にも、逆らうことを意味するからです。一方、苦行者は、神にしがみついているつもりで、必死に自己にしがみついているのです。もちろん気づかずにですが、彼は自分自身を神と取り違えています。それゆえ、自分がすることには神または「神の意志」の印を付け、神がなさることには虚無の印を付けるのです。彼は自分の誤りに気づくまで、真の観想者の集団に入ることはできません。

幼きイエズスの聖テレジア（一八七三〜一八九七）は、観想の受動性という概念から来るネガティブな痛みを高く評価し、神への信頼と放棄の「小さな道」と呼びました。これは私たちが神と自分とのあまりの相違を思い知らされたり、暗夜の中で絶望しきったときに、自分の小ささと無力さを受け入れることを意味します。その「小さな道」を霊的生活の他のレベルと同一視する人もいますが、私はその始まりが合一生活のこの段階にあると考えています。ここでの前進の道は、受動的な放棄しかありません。私たちは、子供が親に抱かれて運ばれるように、神に身を預けるとき、そうでなければ通ることができない難所を渡ることができるのです。この受動性の他に、渡るべき道はありません。明白なことです。

観想生活では、しばしばまったくの無知に由来する試練に遭遇するため、何をすべきか、どの道を行くべきか、神が率直に教えてくれて、この試練を短縮できればと私たちは願います。こうした解決法はシンプルに見えますが、それは実際には無価値であることが判明するでしょう。神が言葉によって指示することは、魂の内部で体験される神の働きとは遠く隔たっています。変容のとき、魂の内部では、まったく非概念的な方法で情報が与えられます。神が話す、伝える、知る、または人間のように知性をもつなどという考えは、単に神を私たち自身のイメージや姿に押し込めるものです。恩寵に匹敵する交わりはありません。それは真の生命の動きそのものなのです。木に向かって「成長せよ！」と言うことは無意味です。けれども、木の内部に入って木を生長させることが恩寵の働きにあたります。

何年も一本の木の成長を見続けるとしましょう。木が二メートル近く伸びたとしても、その間、私たちはわずかな動きも見出せません。木の成長は、恩寵のように静かで、目に見えないのです。これが、神が成熟と完成をもたらすときのやり方です。観ようとしても見えず、聴こうとしても聞こえず、そしてしばしば体験している人にも理解できません。コマ落とし撮影で木の成長を見るなら、そのプロセスの美しさと奇蹟に驚嘆することでしょう。魂の成長も同様で、振り返ったときに初めて、あるいは日常レベルでは知覚できない変化から距離をとったときに初めて、見ることができるのです。成長は、言葉、概念、外的事物によって導かれるものではなく、導こうとしても不可能です。私たちは考え、話し、聴き、見るかもしれませんが、終始一貫、常に神が絶対的沈黙の中で働いているのです。神が生き、活動し、その存在を所有しているのは沈黙の中です。これは言葉では伝えられない現実です。けれどもこれが、完全な沈黙の中で私たちが出会う現実なのです。

この段階の終わり近くで、トンネルの先に光が見え始めたころ、私はやっと十字架の聖ヨハネを読む機会を与えられました。『霊の賛歌』に、暗夜のこの部分が適切に描写されているのを見つけるのにそう時間はかかりませんでした。観想の文献の中で、合一生活のみを扱っている本は、私の知るかぎりこの『霊の賛歌』しかありません。聖ヨハネによれば、この本は観想の旅の全体を取り扱っているとのことですが、初めの歌、「どこにお隠れになったのですか」は、初心者のことを暗示しているのではありません。初心者はふつう、大きな喪失ではなく、大きな発見に出会ったばかりの状態です。第一の歌から第一二の歌までは、不在の愛するお方を求めての悲しげな探索、恐ろしい空虚、暗黒、苦痛の中にある魂の窮状を描いており、それは、明らかに暗夜の苦境です。

私自身の体験では、二つの受動的な暗夜は、合間なしに続き、他の観想家たちが書いているような、喜びや法悦の合間はありませんでした。間にある「照明に満ちた段階」については、少なくとも私の場合、受動的な暗夜と合一状態全体に散在していました。もしも私が観想の道を独自に図解するとしたら、照明に満ちた段階を含めることはけっして考えなかったことでしょう。なぜなら、初めから終わりまで、内面生活は照明の連続だからです。それを別個の段階としてとらえることが本来的だとか、必要だというふうには考えません。聖テレジアを導き手とする人々が書いた書物には、二つの受動的な暗夜の中間にあるこの段階——第五の住居——を特別視する傾向があるようです。しかし、十字架の聖ヨハネには、そのような〔特別な〕段階は見出されません。たまたま、聖テレジアが私の内面生活に光を投げかけたことはありませんでしたが、そうはいっても、彼女は神秘家でしたし、私は普通の観想者です。私の見るところ、人は神秘家が翌日どこへ行こうとしているのか、けっして知り得ません。神秘家の道は、仮にそういうものがあるとしたらですが、突き止めることが難しく、ついていくことは明らかに不可能です。

魂の暗夜の最初の部分は、『暗夜』の中で現実的に扱われていますが、合一プロセスのこの第二段階については、『霊の賛歌』における描写のほうが適切だと私は思います。この聖人の著作の他のどんな箇所にも、このプロセスをこれほどまでに詳しく、体験そのものに非常に忠実に描写されているところはありません。

第一三の歌は、暗夜の第二段階に先立つ一時的な体験の報告です。それは、大きな歓喜と来るべき状態の前触れです。[*1] 魂はもはや、「自らの以前の苦しみと憧れ」については口にしません。なぜなら、今やそれは深い「安らぎと静穏さ」の感覚に取って代わられたからです。

霊魂は、愛人の胸のうちにむすぶ霊的眠りのさなかに、おだやかな夜のいこいと静けさとを味わい、かつ所有している。と同時に霊魂は、神において深淵のような、そして、暗い神的知識を受ける。それがため、愛人は彼女にとって静かな夜だというのである。

——『霊の賛歌』第一五の歌　（ドン・ボスコ社、東京女子跣足カルメル会訳）

しかし、内的な安らぎがあっても、すべてが完全なわけではありません。この安らぎは魂の霊的な、いちばん奥深い部分にだけ与えられ、外的な感覚機能には与えられていないからです。感覚機能は、性質が劣っているので、深い合一体験に参加することはできないのです。こうして、私たちが内的な安らぎを楽しんでいる間、感覚機能は激しく動き回り、内的聖域の周りを混乱させ、平和を乱し、合一の静謐《せいひつ》さを破っています。空想、想像、そしてそれらが引き起こす感情などの外的機能が黙らされ、服従させられるまでは、私たちの神との合一は、持続的認識にはなりえず、全機能の統合も完成しないのです。

聖ヨハネは、魂にはまだ「悪しき習慣」が残っていると語ります。精神と感情のエネルギーのすべてが服従しているわけではないので、魂は、「その低級な部分に由来する動揺や妨害」に苦しみ、官能をかき立てられるため、中心での静かな生がかき乱されることになります。この妨害を、彼は「狐たち」と呼びますが、それは「感性的な欲求や衝動の合唱《コーラス》」なのです。ここでそれらは支配力をふるおうと現れ、「想像をかき立て」ます。いわば、おだやかな内的王国に「戦いをいどむ」のです。「これは聖パウロのいわゆる霊に反抗する肉の欲望である。感性的なものへの肉の傾向は、いかにも激しいので、霊が霊的愉悦を味わうやいなや、肉のすべては嫌気と不快とを感じる」

やがて魂は、これら不本意な現象を処理する最良の方法は「すみやかに存在の最も奥深いところにある隠れ家に落ち着くことだ」と学びます。それは砦であり、神以外は何者も入れない避難所だったことがわかります。この合一の中心という要塞から、私たちは欲求という動きによって出て行くことなく、空想の狐たちを客観的に見張ることができるのです。冷静な観察というのは容易ではありませんが、いったん完全に客観的に見られるようになれば、私たちは勝利の恵みを味わうようになります。すると、狐たちは弱体化され、あまり現れなくなり、そして最後にはすっかり消えてしまいます。

霊と肉、つまり高次の機能と低次の機能の戦いが、第一六から第二一までの歌のテーマです。ここで聖ヨハネは、内的な平和を乱すものを別のシンボルで表わします。「精霊《ニンフ》たち」「軽やかな鳥」「獅子、雄鹿、はねる雌鹿たち」——これらはすべて、精神と感情の過剰な動きを指すものです。「山と谷」はこれらの過剰物が向かう両極、「傾き」（水平ではない）はいずれかの方向への初動のことです。諸機能が「正しい状態から出過ぎる」とき、自身にふさわしい作用からはみ出すとき、魂はバランスを失い、精神と感情が圧倒しあい、私たちは「自分の家の奴隷」にされてしまいます。

「水、そよ風、熱気、恐怖」として理解されるのは、悲しみ、希望、喜び、恐怖の四つの熱情ですが、それらは過剰を避けるのはもちろん、少しでも動きを見せたらすぐに断ち切らなければなりません。「それら［熱情］の初動が、理性に伝わると、それらは敷居を越え」て、内的な平和を乱します。しかし、それらが初動にとどまっているかぎりは、内的聖域の「扉を叩く」だけです。このノックは魂から平安を奪うようなものではありませんが、気を散らす厄介者なので、取り除かれるようにと私たちは祈ります。そこで、魂はそのような妨害が「もはや丘の上に現れませんように」、もう「敷居」や「壁」や合一の中心に「触れることがありませんように」と願うのです。

聖ヨハネによれば、こうした妨害が生じるのは、低次の諸機能の弱さによるものであり、それは神との合一の中に入り込めずに走り回ります。そこで、魂は「霊的一致のこの隠れ家がもっと深いものになり、感覚が語ることも感じることもできなくなるように」と願います。つまり、魂が精神や感情に接触されないことを望みます。なぜなら、これら〔精神や感情〕は内的な合一に適切に反応できないからです。どうか静めてください、それらの持ち場を守らせてください、さらには、まったく動かなくさせてくださいと、魂は祈ります。

十字架の聖ヨハネは、これらの妨害のもう一つの原因は悪魔だと信じています。悪魔は魂を神にとられてしまうことが我慢ならないというのです。正直なところ、なぜここまで来て、この段階で、悪魔などという――誰もが過去の遺物だと思っているような――妨害に遭遇しなければならないのか、理解しがたいものがあります。私は一度も悪魔に出会ったことがないので、この妨害の原因としてあげるなら、悪魔ではなく、これら低次の運動が――最初の段階、あるいは回心の際に、神以外のあらゆるものを生活から投げ捨てたつもりだったにもかかわらず――本当には鎮められていなかったことを指摘したいと思います。この段階は、次のようなことを示しているように思われます。つまり、初心者の私たちは、自分では気づかずに、これら低次の本能を厳しく統制しながら、離れたところに保ち続けていたのでしょう。あるいはそもそも自分がそれをもっていることを知らなかったのかもしれません。しかし、暗夜において支配権が神の手に移されると、低い本能が頭をもたげてきます。それらはずっと認識されずにきたか、または禁欲によって抑圧されていただけだったのかわかりませんが、初めにきちんと処理されていなかったのです。存在の源泉に接するとき、私たちは人間の最も深い本能にも接することになります。それは私たちを驚かせ、かき乱します。神と共に走り去ることは、私たちが人間性のあらゆる面から逃げられるということではありません。そうではなく、私たちが神の助けを得て、それらと堂々と向き合い、きっぱりと処理できるようになるということです――ちょうど、私たちが、暗夜のこの第二段階で行なっているように。私たちは、自分の沈黙の中心にとどまり続け、こうした狐、ニンフ、獅子たちの動きに客観的になり、あるがままの姿で見ます。すると、苦もなく飛び越すことができ、何の心配も残すことなく切り抜けることができるのです。やがてこれらの動きは、私たちへの支配力を失い、やってきたときと同様の謎めいたやり方で姿を消します。

しかし、これらの妨害の目的が何であれ、そこから直接得られた教訓は、できるだけ早く、存在の本質（すなわち神）と完全に合一しなければならないということです。最も内的な部分で神と一体化するだけでは不十分であり、私たちはすべての部分において、神と合一しなければならないのです。神は何としても、人間を内も外も満足させてくれなければなりません。神は、魂の中心部だけでなく全人的に私たちを愛していることを、私たちに教えてくれなければならないのです。私たちは神の愛に完全に呑み込まれ、存在の全レベルを満足させてもらわなければなりません。しかし、神にはこれが可能でしょうか？

　私はここまで来たとき、神がこのあまりに人間的なレベルにまで身をかがめるなどということがあり得るだろうかと、大いに疑問に思いました。それまで私は、自分が神のレベルにまで引き上げられることを期待していたのです。しかし、実際に起きたのは、その両方が少しずつで、神が下り、魂は上がりました――実際は、魂は上って、消え去るのですが。私は、神が人間を全的に満足させるばかりでなく、そうすることによって、人にすべての境界を乗り越えさせられることを知りました。神は私たちの自己を跡形もなく消し去るほど私たちを完全に所有し、自己の存在――まさにその生命――を引き受けられるので、私たちは啞然とするほかありません。神が人間をまるごと愛されることは、もう疑いようがありません。そして、私たちがこの全的な愛を求めずにいられないのは、まったく当然です――私たちはそのように創られているのですから。そして、この愛を人間に証《あかし》することが神の喜びであることも、疑う余地はありません。

　自己全体として神と一つになりたいという、この特有な欲求を考えに入れなかったなら、神秘家が神のことを伴侶または花婿と呼んでいる理由は理解できないでしょう。結婚という象徴は、明らかにこの段階から出てきたのだと思います。そして神との結婚という観念が生まれたのも、すべての部分の満足という意味においてでしょう。しかし、完全な合一状態が達成されたなら、もはや高い次元と低い次元という区分はありません。低次の力は二度とその分を超えることはなく、合一の中心に順応し、差し迫ってより大きな合一を求める必要もないので、伴侶としての神の観念は、もはや適切ではなくなるからです。

第二一の歌で、変容のプロセスは終わりを迎えます。魂はその最も深い隠れ家に住むことに慣れ、あるいは順応し、そこで……

夢中になって他のいっさいを忘れてしまうほどである。同様にこの一致の愉悦は、霊魂をすっかり没入させ、いこわせ、うっとりとさせて、前述のあのすべての苦悩、混乱を忘れさせる。

——『霊の賛歌』（東京女子跣足カルメル会訳）

私たちは今や、「砦《とりで》の壁」（徳）で守られ「平和の囲《かこい》」にかこまれた饗宴の園《その》に入りました。そしてこの園で、魂は安心して眠ります。なぜなら、今や「花よめは、この愛の眠りを自分が欲するときに、欲するままに楽しめる」からです。

このことから、私たちが合一状態の充足を受け入れる準備が整った——あるいはすでにその中に入った——ことは明白です。それは段階を追った順応のプロセスなので、私たちはどの地点で完全な合一が永続的現実になったのか、見定められないかもしれません。私たちが、もはや外に引っ張られることはない、あるいは内的に乱されることはないということを悟るには、特別の試練が必要かもしれません。なぜなら、その状態を端から端まで正しく読み取るには、そうした試練によらなければならないからです。しかし、それがどのように来るにせよ、この状態を十分に認識することが、意識に最終的な変化をもたらすための必須条件です。この地点に達するまでは、私たちは何が待ち受けているのか、よくわかっていません。私たちは一つの試練から次の試練へとよろよろ歩きながら、次第に存在の中心に避難するようになり、そうすることに熟達していきます。完全な合一の前触れはあっても、それが目と鼻の先にあり、恒久的なものになろうとしていることは教えてくれません――何年か先のことだろう、ぐらいにしか私たちにはわからないのです。そのため、ある時点で、自分がこの状態に達しており、あとはただ「没入」すればいいとわかると、必ず驚かされるものです。この認識は明らかな恩寵です。それは霧が晴れ、太陽の光が降り注いで、突然花が開くのと似ています。ひとしく重要なのは、それには意識の変化が伴うという事実です。それまでずっと準備中だった変化が、今初めて合一状態の中心になるのです。

暗夜の間に起きる意識変化の跡をたどるには、雲が初めて下りてきたときの体験まで遡らなければなりません。なぜなら、そこから変化が始まったのですから。暗夜とは、基本的には、この意識の最初の変化に順応する期間と見なせるかもしれません。

すでに述べたように、そこで直接もたらされる結果は、もはや頭を使って意味や、洞察や、ひらめきを見つけることが不可能になるということです。なぜそうなるのか、説明するのは困難です。私は脳の機能についてはよく知りませんし、認識の領域で実際に何が停止されるのか、正確に言い表わすことはできません。私にわかっているのは、従来の認識法に劇的な変化が生じるということだけです。とはいえ、この変化によって、通常の実際的な認識能力が妨害されることはありません。

つまり、「外的な」用途に関しては、実際は何も変わらないのです。

書物によっては、合一状態になると、イメージや想像力を使うことができなくなるとか、観想や、かつてのような祈り方ができなくなるなどと書いているものもありますが、実のところ、そんなのは大したことではありません。私は自分の生活で想像をめぐらせたり、忙しく働かせたりしたことはありませんが、これらの機能の使用放棄は、第一の受動的暗夜（感覚の夜）に起きることで、第二の魂の暗夜を示すものでないことはわかります。そこでの変化はもっとずっと劇的なものですから。この暗夜の原因と結果に関して、十字架の聖ヨハネは、これらの機能が超自然的な照明を受けられるようにするために、神の光が魂の自然な機能を暗くするのだと、次のように教えています。

〔この光によって〕感覚的、また、霊的欲求は、神的なことも、人間的なことも、何も味わうことができずに、眠らされ、制御されている。すなわち、霊魂の愛好は、圧迫され、束縛されていて、霊魂の方へ動くこともできず、何にも支えを見出すこともできない。想像力は、縛られていて、ふさわしい推理を一つもすることができない。記憶は、なくなっている。悟性は、暗くされていて、何一つ悟ることができない。意志も乾ききっていて、しめつけられている。そして、すべての能力は空になっていて、役に立たない。これらすべてに加えて、厚い雲が霊魂を覆っている。これが霊魂を苦しめ、神から見捨てられたかのように思わせる。このようなありさまの「暗闇の中を」霊魂は「安全に」行ったとここで述べている。

――『暗夜』第二編一六章（ドン・ボスコ社、山口・女子カルメル会改訳）

最後の一文は瞠目《どうもく》すべきものです。それは魂がこれを神の御業《みわざ》と認識し、それによって信頼する――忍耐する――ことを証言しているからです。それからまた、私たちには自分の無知の雲を突破することができないと知ることは、安心感をもたらします。私たちは聖なる光に対する身体的反応を知らないとしても、それが引き起こす心理的な制限についてはよく知っています。私たちが新しい認識の仕方と生き方にだんだん慣れるにしたがって、その制限は緩んでいきます。

この地点で、私はもはや自分の心が内にも外にも焦点を見つけられないことに気づきました。どこを見ても、暗く、無味乾燥で、退屈でした。何も私の関心をつなぎとめることはできません。私は内部の神を「イメージなしに見ること」からも遮断されました。黒い穴以外はもはや何も見えなかったのです。

私はしばしば、意識の変化はその黒い穴の出現のせいなのだろうか、あるいは神の消滅のせいなのだろうかと考えました。自己は二つの仕組みからなり、上方の自己意識と下方（または内部）の存在感覚がありますが、いくつかの経験においては、内的な変化よりも意識の変化が先に起こりました。ということは、意識は中心部ばかりでなく、私たちの内的感覚状態にも関与しているのかもしれません。少なくとも私は、中心部から苦痛が生じる前に、内面を見る目が見えなくされたことを知っています。これ以降、内面を見るのはあまりに苦痛なため、できなくなりました。見ないですませるしかありませんでした。日常の義務と雑用に集中しなければならなかったのです。こうした集中は、心を少しも内面に向けることなく、完全に手許の仕事――料理や掃除その他――に向けることを意味します。これは完全な献身を要求しますが、たいていの場合、大きな助けになりました。時々は、微妙な、しかし喜ばしい内的状態に変わることもありました。雑草を抜くことは、祈りよりもよいものでした。実際、草取りは祈りになりました。

精神がこのように制限された状況は、身体的には非常に苦痛です。三年近くの間、私はこの苦痛を感じないでいることはめったにありませんでした。それは額の下方、両目の間にあって、私はそれをいつも「目の奥の圧力」と呼んでいました。指を鼻梁《びりょう》上方の側面に当てると、どんなにそっと当てても異常な感覚を生じるほど過敏になっていました。涼しく暗い沈黙の中に沈み込むような感覚です。これは無への集中のようなもので、大きな安らぎをもたらしました。

それまでこうした現象に一度も出遭ったことがなかったので、私はそれを神がなされる無慈悲な御業《みわざ》の一部とみなしました。あたかも当然の成り行きであるかのように受け取ったのです。私はその圧力を、心の沈黙が強められたことと関係づけました。その沈黙は、注目の対象を提供することなしに、注目を暗闇と無の中に吸収していました。その雲を突き破ろうとするすべての企てが不毛に終わったので、私はだんだんとこの状態に慣れ、結果として観想的凝視に出会うことになりました。それは、目に見えない未知のものを見つめる静かな暗い凝視です。この凝視こそ、私の観想体験の中で最大のものだと確信をもって言えます。それは神から魂への、最高の、最も祝福された贈り物だと私は思います。ここで、苦痛は心の途方もない静けさの中に奇跡のように溶解されました。それは、神の示現《ヴィジョン》に向かっていました――仲介者なしの示現です。それはエクスタシーのようにすばらしい、来るべき状態の前触れでした。

ひとたび内的な苦痛が深々とした安らぎと静謐《せいひつ》さに道を譲ると、暗夜の第二段階での強調点は、私たちが今描写している、心およびその特有の状況へと移ります。内面がすっかり静まっているため、私たちが抱える問題は心に由来するものであることがわかります。というのも、焦点を合わせる対象が――イメージのない対象さえも――なくなったので、心はどうしたらよいのかわからず、途方に暮れているのです。このために、心は絶えずうろつきまわり、まるで株式相場表示機のようです。際限もなく動き続け、何も考えられず、何もおもしろいものを見つけられません。心のこの落ち着きのない状態は、内的な平安を台無しにし、かき乱し、気を散らさせ、私たちを静かな中心から引っ張り出そうとします。私に言わせれば、合一生活のドラマは、おもに内面的なものです。あるいは「首から下」の体験に集中すると言ってもいいでしょう。なぜなら、観想的な凝視を除けば、心は合一と変容のプロセスにおいて、まったく役に立たないからです。遅かれ早かれ、心は沈黙の内的状態に順応しなければならなくなるでしょう。そしてそのとき、私たちは完全な合一状態に出会うのです。

安らぎに満ちた沈黙が習慣的な状態になり、心がついにその沈黙の中に置かれる地点までやってきたとき、私たちはいくつかの変化に気づきます。第一の変化としては、常に中心（神）に対する自覚的意識があることで、それは意識にとって極めて自然かつ自動的な機能であるように見えます。実際、それは身体意識に似ていて、同じように習慣的です。こうしたタイプの意識には、努力やことさらな管理は何ら必要ありません。それは私たちの存在の本質的な部分なのです。第二の変化は、内部を見るとき、中心にいる神が、ぼんやりとではあっても、目に見える存在となることです。神は、暗夜以前のように、ただ感じられるだけの存在ではなくなるのです。これら二つの変化が揃えば、心が二度と神の探求に乗り出す必要がないのは明らかです。

　これも付け加えるべきかもしれませんが、私の場合、第二の変化はそれほど奇異なものではありませんでした。子供の頃から、私はいつも内部に神――それが神だと知る以前ですら――を見ていました。しかし、今やこの「見ること」は、深さと次元を身につけ、新しい知識――中心にはもはや神だけがいるのではなく、私が神と一体化しているという知識――を伴っています。

　早くに神と会ってしまったため、私は自分のものと呼べるような「存在の中心」、あるいは私の「自己」と呼べるようなものには出会いませんでした。私にとって暗夜とは、神が自己に代わって存在の中心になる「脱中心化」のプロセスではなかったのです。また暗夜も、偽りの自己を打ち砕いたり、仮面を剥いだりするものではありませんでした。実のところ、私はそもそも中心的自己に出会ったことがないのです。私が「私自身」と呼んだものは、神が中心にいる、「存在の全体性」のことでした。したがって、もし「私」が何かであったとするなら、説明するまでもなく、私は神以外のあらゆるものでした。

実のところ、中心における神との恒常的合一の啓示は、同時に、私の「真の自己」の啓示でもありました。そのことを私はいっぺんに見てとりました。ですから、自分が神と永遠に一つであることを悟るまで、「真の自己」と呼べるようなものには出会ったことがないのです。この啓示が一種の驚きとしてやってきたのは、私が無意識のうちにある期待を抱いていたせいでしょう。私は、変容的一致が私の存在全体――人格、心など、一般に「私自身」として呼び習わされているすべて――を含むものになると期待していたのです。しかし、今やこうした表面的、非永続的な側面は、神との合一に直接入れないことがわかりました。深奥の中心——神の意志へ向かう意志力の中心——だけが、真に神へと変えられるのです。表面的な側面は中心にとっては付け足しのようなものですが、しかし、やがて合一と存在のさらに深い側面に従っていくことになります。

そのとき暗夜で起きることは、自己の粉砕と神の消滅です――もっとも、この時点では、当人にはまだ何が起きたのかはわかっていませんが。あとで振り返って見たとき、私たちはそれが、知らずに信頼しすぎていた表面的側面の粉砕であったことを悟るのです。この粉砕を引き起こすのは、より深い中心の開示です。それはいわば、どん底に落ちることです。あたかも足元の敷物を神に引き抜かれたかのように、私たちは自分の底無しの無価値さを見下ろすばかりです。それは説明のしようもない空洞です。これは恐ろしい体験です。底への旅は苦痛に満ちています。私たちは、下（あるいは内側）など見たくもありません。けれども、ひとたび底まで降りて神を発見したなら、私たちは神と自己についての新たな認識を得、そして、新たなタイプの意識を獲得するのです。

私が気づいた意識上の変化は、あと一つあります。すでに述べた二つの変化に関係するかどうかはわかりませんが、暗夜を体験する以前、私の頭の中にはいつも空白の壁が立ちはだかっていて、思考はそこまでしか行けませんでした。子供の頃の私は、もしもこの壁の向こう側に行けるなら、もっとよく考えられる賢い人間になれるだろうと思っていました。この壁は暗夜のどこかで消え、二度と現れませんでした。とはいえ、もっと知性的な人になれるのでは、という期待は実現しませんでした。しかし、私の頭が科学的思考や数学的思考に秀でたものにならなかったとしても、思考を超えた深みや次元を手に入れたという自覚はありました。その次元は、あらゆる物——自然、人々、出来事等々——の中に、それらを通して神を見ることができるようにしてくれました。すべての思考や推論は空回りし続けるしかなく、壁の向こう側に達しない限り、けっしてそこから抜け出ることはできないとわかりました。ですから私の結論は、壁は神ご自身の暗闇だということでした。その暗闇がある日、光に道を譲った——それが暗夜に起きたことだったのです。

要するに、この新たな意識状態は、自己の内部を省みると、常に神に出会うという状態です。それが意味するのは、通常の自己意識から一種の神意識への移行が起きたということです。こうなると、意識の対象はもはや単なる自己ではなく、神でもあります。私はいつもこれを「我々」意識のようなものと考えていました。なぜなら、神と私は強力なチームを組んでいると感じて——知って——いたからです。私たちは何一つ勝ち取ってはいませんが、少なくとも喪失を共にし、そして最後には、すべてを失い、一緒に消えてしまったのです。

その合一状態において神は、存在または合一の中心の最も深い体験であっただけではなく、内省的意識の最大の対象にもなっていました。暗夜の順応のプロセスの中で、私たちは意識の対象としての自己を感じなくなり、あとに残った深い感情は、個人的虚無感でした。その中に、私たちが自己と呼べるようなものは、もう何も見つかりませんでした。しかし、この喪失から出現するのは、神の内に見出し得る自己、もはや神と離れては知られることのない自己です。そこで最終的に啓示されるのは、神と自己との合一です。そしてこの啓示とともに、新しい生が始まるのです。

この変容から二十五年ほどたって、私はさらなる変容を体験しました。それは合一の中心も、精神の内省機能も共に——すなわち意識の両方の支柱を——捨て去るという、より根源的な変容です。その変容のおかげで、私は魂の暗夜における初期の体験の基本的な不完全さを理解できるようになりました。初期のプロセスでは、神が意識の客体的な極である、対象としての「私」(自意識の対象としての〝私〟)、または自己の中心——「自我中枢」と呼ばれることもある——を乗っ取るかに見えます。けれども神は、意識の主体的な極である「私」はそのまま残します。したがって、合一状態にあるのは、主体と客体の合一であり、相互に分離したものではないとしても、私たちは我と汝をもつことになります。もし「私」という極が覆い隠されてしまえば、合一はおろか、自分が誰であるかも知ることはできないでしょう。何のために残されるのでしょう? 私の見るところ、合一は、のちの変容のため、つまり、内省的な「私」意識を永久に停止するために絶対不可欠なのです。伴侶としての神と共に、私たちはこの地上的な生を全《まっと》うし、そうすることにおいて、次なるもの、合一を超えた「一なる生」に備えるのです。これは次のように言うようなものです。無自己がある前に自己がなければならない。あるいは、無合一がある前には合一がなければならない。

結局は乗り越えられるべきものなら、最初から「合一した自己」などなしで済ませられないのか？　そのほうが近道じゃないか、と考えたくなるかもしれません。しかしそのような企ては、自我‐自己を超えて、初めて真の自己ないし合一に出会うのには成功するかもしれませんが、そこまでです。ですから、近道はありません。合一の相手〔神〕に実現してもらわなければ、自己を超えて進む可能性はないのです。

霊的な旅におけるこの中間地点は、魂の暗夜の終わりです。魂の本質と機能は合一の中心にすっかり順応し、原初の計画どおりの均衡を保って働いています。家の中には大きな沈黙と静寂があり、その深奥の中心から、神が支配しています。ついに私たちは全体となり、解放され、いわば、合一状態の充足を体験する準備ができたのです。

〔原註〕

＊1　聖ヨハネ聖人はこのターニングポイントを「霊的婚約」と呼んでいます。

❖第三段階

第Ⅲ段階は合一生活の「絶頂段階」と呼べますが、それにはいくつかの理由があります。第一に、それは変容のプロセスの頂点と、新しい動きの始まりを意味します。頂上に到達したからには、必ずターニングポイントがあります。観想生活とは、静止することのない継続的な活動ですから、必然的に新しい方向性が視界に入ってきます。それゆえこの段階は、古い生の終焉および新たな生の開始という二つの、しかしひとつながりの動きを含みます。まず、魂は内に引き込まれて吸収され、破壊され、焼き尽くされます。その後、外側へ向かう動きとなり、中心から力強く押し出され、結果として、私たちは自己を超えた外へと動かされます。この動きの二面性とその過程を描写できれば、この時期が合一生活の中でもつ本質的意味をとらえ直したことになるでしょう。

これを絶頂段階と呼ぶもう一つの理由は、ここが観想の旅の中で、何も欠けたものがないと思われる唯一の期間だからです。この間は、永遠のヴィジョンを別として、それ以上望むものは何もないように思われます。かくして私たちは、完全で雲のない合一状態の喜びに出会います。そこでの生は、このうえなく完璧です。と同時に、私たちは前方の状態を垣間見ることになります。それは、私たちが立っているところから見ると、天国そのものに見えます。その垣間見た光景のあまりのすばらしさに、そして、この世と次なる世界との間のあまりの格差に、私たちはもう死んでしまいたいと思うか、さもなければ、もうそんな光景を垣間見るのはごめんだと思うことでしょう。しかし、私たちは、すぐにあの世に行く運命でないなら、この世の生において新しい方向性を与えられなければなりません。

私たちがそれまでいた段階は、沈黙と暗闇の平坦地でしたが、そこを離れた今、暗闇は中心にある光に道を譲ります。それはあたかも中心の強さと力が自らをあからさまに開示し、溶かし吸収する炎として強さを増しているかのようです。中心がもつ磁力はあまりに強いため、身を任せ沈み込んで、神の中に没するよりありません。時にこの欲求は非常に差し迫り、抗《あらが》いがたくなるため、日常的な義務に集中することが難しく感じられ、忘れっぽく、注意散漫になるかもしれません。しかし、いったん没入すれば、私たちは完全な忘却の状態に入ります。その中で、苦痛のない凝視によって、対象をもたないヴィジョンの中に私たちの全存在が吸収されます。このとき、神と自己との間のいかなる区別も跡形なく消え失せ、そのヴィジョンがすべてになります。ですから、絶頂段階には二面的な特徴があると言えます。そこには完全な没頭――「没入」と私は呼んでいます――

がある一方で、その背後には、この没入する能力に対する不断の気づき――あるいは、中心がもつ持続的な磁力への気づき――があるのです。

背後で持続するこの意識状態は〝静穏《せいおん》の念禱《ねんとう》〟によく似ており、そこでは神との合一の意識が深く持続しているばかりでなく、内的な静けさもあります。この状態は合一生活の間中、ずっと続きます。しかし、この時期に私たちはさらに深いレベルにまで没入する能力に出会います。それは、〝一致（合一）の念禱〟〔prayer-of-union　完全な、あるいは半ば法悦的な合一状態〕に似ています。そこでは知性も感情も沈黙しており、この凝視の明晰さの中で、自己は意識から失われます。

合一の中心部においては、魂と神とは区別できません。というのも、この中心の外側では、自己の表層的性質はすべて以前と同じまま残っており、沈黙に没入していないときの心は、全面的に自己から成り立っているからです。したがって、自己のすべての側面が、中心に従い、その周りに統合されている間は、それらは中心――そして神――からはっきりと区別することが可能です。心と記憶が吸収され、自己の表層的性質が心から消えるのは、ヴィジョンの深みに没したときだけです。そしてすべての境界が消失すると同時に、どこで「私」が終わり、どこで神が始まったのか、言えなくなります。そのとき、「没入」は、私のものと汝のものとの境界線が溶け去ることを意味します。しかし、そのような体験の中に、「私は神だ」または「神は私だ」と人に思わせたり言わせたりするようなものは何もありません。なぜなら、「私」のあらゆる感覚が消え去っているからです。しかし、通常の基本的習慣状態では、「私」は中心においては見分けられないというだけです。というのも、我と汝の区別がはっきりと意識され続けるのは、中心の外側――とりわけ頭の中――でのことだからです。

この期間中の〝没入〟または完全な〝一致の念禱〟は、実を言うと、現れてはすぐ消えるような一時的体験ではありません。そうではなく、私たちはこのとき、没入してよいときにはいつでも没入できる、あるいはそうでないときでも没入し得る力を与えられています。この絶頂段階では、引き込もうとする磁力がそれほどまで強くなっているのです。しかし、この時期には、上記の二つの特性とは別に、未来の状態の一瞥《いちべつ》という一時的な体験もあります。これについては後で触れることにしましょう。

というわけで、この段階を特徴づけているのは、没入する力と言えるでしょう。私自身はこの力を、前進のために自発的に捨て去るまで、三年以上もっていました。この前進を促す（または引き起こす）ものが、合一生活全体の中での大きなターニングポイントになるでしょう。しかし、このターニングポイントについて説明する前に、ちょっと立ち止まって、〝一致の念禱〟（没入）が合一生活の基本的習慣状態になり得るかどうか、問うてみる必要があるかもしれません。知性と記憶が絶えず沈黙の中に吸収されるようなその状態の中で、会話や仕事ができるのでしょうか？　これがこの世での永続的な存在様式になりえるでしょうか？　それとも私たちは天国に行くまで待たなければならないのでしょうか？　十字架の聖ヨハネは、もちろん、この世で諸機能が永続的に停止することはあり得ないと言っていますが、その理由については説明していません。彼は『霊の賛歌』

第二六の歌にあるように、これを当然のこととみなしているだけです。私は、それは大きな間違いだと思います。なぜなら、やがてこうした意識が、実際にすばらしい現実になるからです。

そもそも、全面停止と言っても、微妙に程度の差があります。そして低次の穏やかな停止の場合は、この状態の中で仕事をすることはきわめて容易です。しかし、それは一人で沈黙してできる仕事でなければならず、知的な努力や記憶をほとんど必要としないものに限られます。多くの会話や知的精神的没頭を必要とする社会活動にそぐわないことは言うまでもありません。心の完全な沈黙へと絶えず引っ張る力が、あまりにも大きくて手に負えないからです。それどころか、私たちがその力に抵抗しようとすると、ますます強く、しつこくなります。強力な流れに逆らって泳ごうとするようなものですから、しまいにはヘトヘトになり、エネルギーがなくなって、諦めざるを得ません。そこでは、その流れに身を任すしかなくなるのです。

会話や何らかの活動の最中にエクスタシー状態に入ってしまったと言われる神秘家たちの話がありますが、彼らはもうそれ以上抵抗できないところまで流れに逆らっていたのではないでしょうか。そして、そこで、精神的沈黙の中に落ち込み、それに身を任さなければならなくなったのでしょう。彼らは自分が言われた何かによって圧倒されたのではなく、むしろ言われないこと——偉大な沈黙そのもの——に圧倒されたのです。この沈黙はまさに観想的凝視です。それは知性を吸収し、精神を圧倒し、静止に至らせる「不可知」を見ることです。

観想的凝視とは、単に内面に目を向けて中心に神を見るということではありません。内面に目を向けるためには、神はまだ客体でなければなりません――たとえそれが形をもたない茫漠《ぼうばく》としたものであったとしても。一方、観想的凝視では、神は、いわば主体です。なぜなら、自己意識はもはや不可能で、神の意識がすべてだからです。この凝視は、まばゆいばかりの光に似て、自身以外のあらゆるものを見えなくします。ですから、その光は自身の外にあるものを何も知ることなく、ただ自身だけを見ます。この「見ること」は強度の停止状態ですが、程度が低ければ、沈黙と孤独の生活を送りながら、この状態を保つことは可能でしょう。このように生活している人たちからの話を聞けないわけは明らかです。もしその状態について書いたり、話したり、講義したりするとなれば、そこから出ていなければならないからです――少なくともこの段階では。しかし、もしこれが合一生活に常に付随するものでないなら、絶頂段階にある観想者は、自分がしたいとき、またはそれが許されているときにはいつでも、没入することができます。したがって、この段階の観想者は、二つの状態に挟まれた細い境界線上で生きているのです。

この際、あえて言っておこうと思いますが、私はこの完全な合一状態（絶えざる観想的凝視）がやがて（二十年後に）永続的状態になることを発見しました。それはいかなる活動によっても変化を蒙《こうむ》らないものです。〝静穏の念禱〟が合一生活を構成する基本的状態であるのと同じように、〝一致の念禱〟もまた、「自己と合一を超えた生」を構成する基本的状態になります。しかしながら、このことが起きるには、さらなる意識変化、つまり、自己意識を完全に放棄することが必要です。それがなぜ合一生活のこの特定の時期に起きないのかは、私にはよくわかりません。すでに述べたように、この段階でそれが永続的状態になる人の話は聞いたことがありませんが、だからと言って、それが起きなかったとか、起き得ないということではありません。そうした人々は、どうやら本も書かないらしく、何も後に残さないのです。そして本を書く人は、そのような出来事のことを書きません。したがって、よく目にする説明とは反対に、次のように考えるべきでしょう。諸機能の全面停止は、霊的結婚または変容的合一の後に続く時期がもつ永続的特徴ではない、と。

この説明の一つとしては、自己はその先の段階で、前進のために絶対不可欠と思える難題と試練に耐える必要があるということです。諸機能の全的な停止は、自己意識が永続的に停止される――沈黙の中に置かれる――がゆえに、自己のない状態です。しかし、自己意識は神が与え給うた生存メカニズムですから、喪失が早すぎると押しつぶされてしまうかもしれません。私たちはまず、合一生活の試練を通じて、〔自己を〕消滅まで育て上げなければなりません。前にも言いましたが、合一の相手〔神〕への十分に試練を経た信頼と放棄がなかったなら、合一的自己を完全に置き去りにすることはできません。これがどういう仕組みで働くかは、後で説明しようと思います。しかし、今は、私たちはまだ完全な合一状態への慣らし段階で、その効果と恩恵が幾分わかり始めたところなのです。

その習慣的永続状態は深く、意味深いものです。あたかも私たちの存在の最も深い面に、堅固な「何か」があるようです。それは、私たちの存在にしっかりとつかまり、この深みを沈黙と静寂の内に保っています。このとき、この内部からの握力は強大な力として感じられ、それが激しく燃える炎の力であることが徐々にわかってきます。この炎は静寂から生まれます。それは沈黙の平坦地から現れながら、あたかも外へ動くかのように激しさを増します。それは小さな中心部には収まりきれません。そんなことをしたら、私たちは消滅し、死んでしまいそうです。けれども、その炎が私たちを消滅させることはなく、炎は内部にとどまります。それは、力、強さ、燃えさかる愛、現存そのもの、そして私たちの実存の命綱となります。ですから、私たちは、その炎に向かって内側に引き込まれると同時に、それによって外へと突き出されます。これは一時的な体験ではありません。というのも、その炎は合一生活の全期間を通じて間断なく燃え続けるからです。

その炎にまつわる問題は、それにどう対処するかということです。私たちがじっとしていれば、それは消えずに私たちを焼き尽くすでしょう。もし私たちが外に向かって動くなら、こんどはそれを適切に表現するという、さらなる問題に遭遇します。差し迫った解決法は、永遠のヴィジョンをもつために死ぬか、それとも大いなる愛へ帰還するほうへ動くかです。魂は、神の愛を確かめ、それに答えるためなら、人間に耐えられるあらゆる試練と苦しみに耐えたいと願います。たとえば私は、このとき、自分が蛇とマラリアがはびこるジャングルに足を踏み入れるさまを思い描きました——何のためらいも、恐怖もなく、自己のことは少しも考えずに。私がそうしたのは、特に神のためというわけではなく、自分のためということはさらになく、ただこの合一を実践したい、これに賭けたいという思いからでした。なぜなら、この合一の実践の中でこそ、真の栄光が顕れ、神の御顔が仰げるからです。そしてその実践が厳しいものであればあるほど、そのヴィジョンは明晰になるのです。

ですから、苦しみを望むことは、苦しみを愛することとは何の関係もありません。反対に、苦しみは祝福への道、つまるところ、祝福そのものです。それと同時に、苦しみと試練は、愛に応えたいという激しい欲求を満たします。すなわち、この合一に貢献したいということです。それはすべてを与える献身、いや、人間の限界を超えても、すべて以上を与えたいという献身を望みます。こうした理由から、私が思い描いたそれからの人生は、むち打たれ、穴の上に吊るされ、綱の上を渡る生、堆肥の上のヨブのような人生でした。言うまでもなく、それらに耐えて身体的な偉業を成し遂げたいということではなく、私が望んだのは、それがどんなことであれ、愛と信頼を極限まで試されることでした。

この若者らしい願望を今顧みると、それらが予言的なものであったことがわかります。というのも、私のそうした願望のすべてが実現したからです。いつもロープの端に神の御顔が現れて、またしても私は救われることになりました。この段階の魂は、神がそのあらゆる願望を満たしてくれるような、神に由来する力をもつ、と十字架の聖ヨハネは言います。けれども私は、それはあべこべだと思います。神が、何としてもその魂のうちに成就させようと意図されたことを、魂に希求させるのです。私たちの願望と、その結果現実になるものが合致する理由を説明するには、これしか方法がありません。私たちは自分の力だけでは、神に何を頼めばよいのかわかりません。私が思うには、神は、私たちが正しい、適切、正当などと考える願望にことごとく逆行することによって、私たちを前進させるのです。絶頂段階が終わると、観想者は鮭が川を遡るように前進します。遡流のときほど、鮭の生涯で激しく困難な時期はないでしょう。静かな安らぎに満ちた川についに到達すると、鮭の運命は成就し、死んでしまいます。むろん、観想者の場合、死ぬのは自己意識の最後の残滓《ざんし》です。

しかし、今のところ、私たちはまだ絶頂段階にいて、川を遡るエネルギーを蓄えているところです。このようにエネルギーを蓄積しているときに、炎が前方の道を照らし、ターニングポイントを示します。それは、私たちを外へ向かって前進するように突き出します。この地点で、私はそれまで一度も見たことのなかった神の一面に出会いました。神が前進を促してくれたのです。

私が見たのは、永遠の活動としての神の在り方でした。それは「神が活動する」という以上のことを意味し、それはまた、神とは何であるかということでもありました。つまり、神とは「活動」そのものなのです。それ以前に長く、私は存在としての神は見ており、そして後には「あらゆる場」としての神を見ていました。その他にもいろいろ、神の本質が開示されるような洞察を経験しましたが、それらに共通していた一点は、いずれもその時の状態にふさわしいものだったということです。それぞれの状態の中で、それらは前方の道を照らす光の役を果たしました。私がその永遠の運動を見たときの様子は、キリスト昇天のときの使徒たちの体験と共通するところがあったかもしれません。キリストが雲の中へと消えていくとき、彼らは長い間見上げて立っていました。私が思うに、彼は完全に消えたのではなく、別のもっとわかりにくい見え方で見えていたのです。使徒たちはそれが現実だと信じられない思いで立っていました。この新しい「見方」のすばらしさに驚き、呆然としていたのです。二人の天使が使徒達の恍惚状態を破らなければなりませんでした。彼らに動き出さねばならないことを教えるためです。なぜなら、キリストは再び来られ、次は栄光のうちにキリストを見ることになるのですから。ですから、タボル山〔訳註：前にキリストの変容が起きた場所。キリストが昇天したのはオリベト山〕のヴィジョンに必要なのは、じっと立っていることではなく、動き続けることなのです。

永遠の活動がもう一つ暗示するのは、聖霊はいつも内部で活動しており、私たちを最終目的地に向けて動かしているということでした。変容の動きは、今や終わりましたが、神に終わりはないので、聖霊は魂をさらなる目標に向かって動かし続けます。ですから、私はこの道の先にまだ何かがあることを、確かに知りました――この絶頂状態を超える何かがあることを。けれども先に進むことは困難でした。なぜなら、そこには道が見えなかったからです。十字架の聖ヨハネは、かつて霊的生活の地図を描いたとき、それをカルメル山への登攀《とうはん》と表現しました。その頂上で、彼は書いています。「ここにはもはや道はない。なぜなら、義人にとって、法はないからだ。彼自身が法である」。これは完全な合一状態の果てしない自由と、人が選択できるのは前に進むことだけだということを裏付けるものです。つまり、ここからはもう特定の道はなく、人は単独で進まなければならないのです。この地点まで、私たちは安全な道によって神に導かれ、神との合一から引き出される大きな自由を与えられました。今や、人はこの自由を行使しなければなりません。合一生活を実践しなければならないのです。それは一見簡単そうですが、これほど難しいことはありません。

私たちは前方への道を知りません。そしてあまりの自由さに、精神と霊魂はひるんでしまいます。今まで経験のないことです。安全な道を探しても見つからず、道が現れることもないので、山頂に座り込みます。自分から一歩を踏み出すことができません。それは非常に危険な状態です。私の場合は、命綱をつけて、用心深く踏み出しました。そしてある日、前述した飛行機の乗客のような扱いを受け、パラシュートも何も着けないまま押し出されたのです。叩きつけられたりしなかったことは、合一状態の奇蹟の証です。まるで繭《まゆ》から出た蝶のようでした。最初は飛べることを知らないので恐怖がありますが、突然自分が飛べることを発見し、これが変容の意味なのだ、飛ぶことが成熟の本質なのだとわかるのです。

ここまで、ターニングポイントがこの絶頂段階で生じるありさまと理由、すなわち、神の活動が私たちを内側に引きずり込むのは、ひとえに私たちを外へ押し出すためであることを述べてきました。それは知的活動でも、意味のある活動でもありません。それはむしろ、不可思議な力の動きであるとともに、不可知の測り知れない知性の活動です。それ以外に私たちの中で活動している者はいません。私たちが動けるのは、神が私たちを動かすからにほかなりません。というのも、神から外れては、いかなる動きもあり得ないからです。しかしこの動きの中で、私たちはたくさんの発見をします。神が私たちの中で働いておられること、神がなされた変化、そして完全な合一状態が及ぼす効果について。この状態は、それ自体としては本来シンプルなものですが、伝えることは困難です。説明しようとすると、多くの場合、実際よりも複雑なものになってしまいます。けれども、神との合一という賜物について語ろうとすることほど、人生に役立つことはないでしょう。

私が学んだことの一つは、深奥の中心において生きる経験は、それまでのどの観想体験よりもすばらしいということです。現存の感覚、心に湧き上がる愛、安らぎの感覚などとは比べ物になりません。感情などというものは、どんなものであれ、存在の最深部にある堅固で強烈な「見る」生にはかなわないのです。このように見通しのきくところから見ると、以前の体験はどれも表面的で、当てにならないものでした。今となれば、それらの中には、常に自己の要素が含まれていたことがわかります。過去を振り返ると、自己がすべての経験に手を出して汚していました。そうした自己が少しでも残っているかぎり、神を純粋に体験することはあり得なかったのです。私が思うに、内的な経験において、自己が何も反応したり妨害したりしないことは稀《まれ》です。このことがわかった私は、自己が中にいることが見られたり感じられたりするような神体験なら、もういらないと思いました。そしてここで、私が求めているのは、実はもっと高度な体験だということがわかりました。もしも、いかなる自己も混ざらない純粋な神だけを所有できないのなら、何もほしくありませんでした。私たちは、純粋な「見ること」に目覚めるとき、それ以下のものは何ももたなくなるでしょう。美しい宝石をもっていれば、それ以下の石には興奮しなくなるものです。神は、神についてのどんな体験よりもすばらしいのです。確かに神を所有した今なら、自分の体験を手離すことができます。このように、底において神を見ることは、体験生活の終わりです。この「見ること」と較べれば、それ以前のすべての観想体験は味気なく思われます。言い換えれば、神を所有すれば、それだけで十分であり、この所有以外のものはすべて、無価値なのです。

この洞察を得て、私は自分の内的体験生活が飽和点に達したことを感じました。それは、仲介や自己の混入なしに、神をあるがままの神として知るための必要条件から来たものでした。つまり、神は神からの贈り物や恩寵よりもすばらしいということと、神の純粋体験に最も近いものは「非 - 体験」だということを体験的に悟ったのです。神を所有することがすべてでした。神は絶対の沈黙と静けさの中で見られるすばらしい現実でした。そのヴィジョンを保つためには、自己も同じように沈黙と静寂の中にいなければならず、つまり、もはや存在しなくなるのです。神自身という、神からの不動の贈り物は、中心、強さ、力、見ること、燃え続ける炎です。この合一の強度こそ、この内的な静寂の中にとどまる力なのです。どんな大きな霊的誘惑があっても、そちらへ動くことはありません。そんなものからは何も得られないのですから。

私はかつて友人に言ったことがあります。もしも再び、神の現前を体験することがあったら、私はそれを放棄して逃げ出し、何か気晴らしを求めるだろうと。彼女は私が天国から神を追放してしまったかのように、ショックを受けて動揺しましたが、私が放棄するのは自己の体験だけだということを理解しなかったのです。神は常に恩寵を授けてくれますが、自己がそこに立ちふさがっているかぎり、恩寵は自己のフィルターを通されることになり、自己によって歪められます。そしてついうっかり、神をではなく、自分の体験（自分の自己）を愛することになってしまいます。神を一度も体験したことがなかったら、誰がいったい、自分の全生涯を神への愛に費やしたりするでしょう？　そんな話は聞いたことがありません。幸いなことに、神はそれをお求めになりません。その代わりに、神は私たちが自己なしで生きられるようになるまで、これを「自己」と呼ぶことを許し、自己を通して、自己の周りで、自己の上で働いてくださるのです。

私は、自己が純粋なヴィジョンを妨げているありさまを見たとき、これからの人生で再び自己に汚染された神体験や、自己満足をもたらす何らかの体験をするよりも、赤裸の信仰の中で過ごそうと決心しました。私は底にとどまることに満足していました。そこには沈黙と静寂があり、その中で自己の最も深い面は神と見分けがつかず、自己は忘れられ、神がすべてとなります。この沈黙の中から、新しい生、新しいエネルギーが現れました。それはまったく甘美さも歓喜もない、強力な愛の炎でした。その愛の炎は、結合の相手である自己を焼き尽くすまで、けっして消えることがありませんでした。私はこの炎を「エネルギー」と呼びますが、それはそのようなものとして体験されるからです。最初、私はこの炎のエネルギーが、神にも私にも属すると誤って考えましたが、やがて、ある事実を発見して困惑させられました。私はけっしてそれを使うことができず、働きかけることも制御することも、増やすことも減らすことも、それを外部に表現することもできません。結局、それは私のものではなく、私のものだったこともないのだとわかりました。しかし、その炎は、まさにこの段階に発火点をもっています。神の深い沈黙と静けさからその炎が発生することが、合一生活のターニングポイントをなしているのです。

このときのもう一つの発見は、情愛のシステムの変更に関連するもので、十字架の聖ヨハネは興味深い観察を行なっています。彼は、完全な合一状態の中で、魂は、たとえ憐れみの業《わざ》をなすときですら、もはや同情を感じないと言います。それはもう悲しみやみじめさを感じないし、「魂を感動させる喜びの感情」もなくなるのだと。魂はあまりにも充満していて、すでに「十全な成長」または成熟に達しており、もはや「まだそこまで達していない他の霊魂のように、これらの新しい霊的恵みによって成長する」ことはないのだ、と彼は言います。これらの感情は成熟していない段階に属するものです。しかし、「これらの霊魂は、以前にはその徳のうちに、人間の弱さから来るものをもっていたが、今は、ただ強いもの、変わらないもの、完全なものだけをそこに保留している」（『霊の賛歌』第二一の歌）のです。徳の実践に弱さと不完全性が含まれるのは、感情がからむせいですが、これに対して、本物の憐れみまたは慈愛の行ないは、そうした感情的な動きをまったく欠いています。魂を働かせているのは今や、存在の真の中心であり、感情という個人的自己の中心ではありません。感情は自己の中心から生じるので、これを自分の存在の中心と取り違える人が多いようです。真の中心は、ご存じのとおり神ですから、それは情緒的な中心とははるかに隔たっているのです。

真の徳は感情から生じるのではなく、中心の強さから生まれます。その活動には感情を必要としません。変容の間に、ある変化が起きますが、それによって、行ないは感情や知識経験ぬきの自発的なものになるか、知的理解から出ていても、感情によるものではなくなります。十字架の聖ヨハネはこれを、「悲しみに値するものを完全にわきまえているが、悲しみの情はおぼえない」、「憐れみの業は行なうが、同情の悲しみは感じない」天使たちと同様だと理解しています。

この情緒的変化の発見は、私にとっては一つの驚きでした。以前に感情的反応を呼び起こしたような状況が生じても、深い内的状態にはなんの変化もなく、静まり返ったままでした。私はこれをすばらしい恵みだと思い、頼もしい防御になると思いました。内部の炎は、まるで中心の扉を警備している燃える剣のようで、どんな妨害物も侵入させませんでした。何度も扉は叩かれ、揺さぶられました。時には全世界が内部に突入しようと謀略をめぐらしているように思えることもありました。けれども、どんなに悲劇的で、恐ろしくひどい目にあっても、魂は屈することがないのです。これは驚くべきことで、まるで奇跡のような体験でした。

それは少しも動じない状態ですが、十字架の聖ヨハネは何度となく、合一状態のときの喜悦について言及しています。そこで彼が述べていることは、上記のことと矛盾しているように思われるかもしれません。合一生活は確かに喜ばしい状態です。明らかな喜びの感情がないことさえもが喜びです。けれども私たちは、二つの喜びの違いを区別しなければなりません。一つは、自己を中心とする能動的な感情的喜び。もう一つは、私たちの真の中心から来る、受動的な、注ぎ込まれる喜びです。後者は、けっして敷居を越えることはありません。すなわち、あふれ出して感情や感覚や自己の低次の側面に関わることはけっしてないのです。能動的喜びと受動的喜びを比較すれば、違いをはっきりさせるのに役立つかもしれません。

能動的な感情は具体的、局所的で、たぶん、制御可能です。それらは欲望、価値観、期待など、心から発するものです。一方、受動的な感情は、非具体的、非局所的で、心から発するものではなく、制御もできません――これが、注ぎ込まれる恩寵を描写できない理由の一つです。十字架の聖ヨハネはいくつかの章節で、この注入を、息または呼吸にたとえていますが、それは適切な比喩でしょう。なぜなら、空気は非局所的で、自己から生まれることなく、感情でもなく、境界をもたず、心に関連しないからです。手でつかむこともできません。彼によれば、この呼吸は魂の中の神の息吹です。そこでは、魂の息が神の息と思われるほどに、両者の区別はありません。私たちがこれを愛、喜び、祝福、安らぎなど、何と呼ぶにしても、それは両者にひとしく属するのです。この呼吸と情動性との隔たりは、平静と激情の隔たりのようです。この注入（呼吸）の中に感情は入ることができません。なぜなら、感情にはその能力も深さもなく、源泉に接することができず、全面的に自己に由来しているからです。そしてまた、神も感情をもちません。私たちは、初心者が感じる愛と、熟達者が感じる愛とは同じだと思いがちです。けれども、大きな変容が生じるときには、私たちをあらゆる点で成熟させる内的な変化が起きています。ですから、初期と後期とで、感じられる愛と喜びは、まったく性質が異なります。使われている語が同じなだけです。

ここで、情動のシステムがどのように変化するかという個人的な実例を挙げれば、役に立つかもしれません。また、合一状態の中で物事がどのように働くかという説明にもなるでしょう。

私は一年以上、人に雇われて働いていたことがあります。雇い主とはよい関係で、自分ではよい友達のつもりでした。ある日、彼女が不在のときに、私は一つの決定を下しました。それは結果としては関係者全員にとってもよいものでしたが、彼女は何も言いませんでした。一カ月ぐらいしてから、彼女はこの決定のことを持ち出して、私が出過ぎたことをしたと言いました。話はそれだけで終わらず、次第に怒りと興奮がたかまり、言葉で私をけなし始めました。見たところ、彼女は抑え切れない強い感情に押し流されているようで、理性的な思考からも、普段のふるまいからも、その状況からも、明らかに外れていました。話が終わったときには、私は解雇されていました。

私はこの現象を黙って観察していました。自分のためを思うつもりも、自分の内部を見たいという気持ちもなかったのですが、気が付くと、いつのまにか中心がいちばん上に来て、完全に姿を現していました。その出現または現存そのものが、私に静かな強い喜びをもたらしました。けれどもそのとき最初に考えたのは、その友人のことでした。彼女が明らかに不愉快そうだったので、私は話し合いたいと思いましたが、一言も言わせてもらえませんでした。それから何年間か、もしや彼女が仲直りする気になってくれたかと、何度も訪ねてみましたが、話したくないと断られました。それ以上彼女のためにできることはなかったので、もう会いに行くことはありませんでした。

合一状態がどんな役に立つかを示す例は、たくさん挙げられます。ここで大切なのは、それがどんなに深い喜びに満ちた状態かを示すことです。それは禁欲的な無理や無配慮などとはまったく違います。それどころか、自分の身をよく気遣うならば、最大の気遣いは他者に向けられることになるのです。そこには怒り、復讐、嫉妬、強欲など、自己中心性を示す諸々の感情はありません。

悲しみや、哀れみ、慈愛は見られますが、これらは感情から発する行為ではないのです。時には、情動への動きもあるでしょうが、深く進むことはありません。何らかの方法で、中心が自動的にチェックしているので、それらは敷居から中へは入れないのです。そうは言っても、この状態においても、魂はまだ苦しむことがあります。けれども、その苦しみは特殊なものです。それについては、次の段階でお話ししましょう。魂はまた、その存在の全レベルの限界まで試されることがありこれも実際に起きることです。魂はたぶん、暗夜の深い痛みと極端な情動性からは逃れることができ、極端へと向かうこともほとんどないでしょう。したがって、情動のシステム〔訳註：effective system「効果的システム」となっているが、affective systemの誤植と思われる〕は依然として生きているのですが、ただそれは大きく修正されているのです。

ひょっとすると、この状態の特徴を最もよく表わす言葉は、「強さ」かもしれません。中心において、絶えず受動的に感じられる内的な強さです。この強さの中にすべての徳があります。はっきり言えば、この強さが徳なのです。けれども、私たちがここで知って実践する徳は、以前知って実践していた徳とは違います。以前の徳は、活動、規律、決定、犠牲など、私たちがすることでした。しかし、ここでの徳は、そもそも受動的です。なぜなら、その内的な強さ（徳）は、私たちの最も深い意志が神に融合することによってもたらされるからです。そしてそこで行なうべきは、何が起きようとも、合一の中心にとどまろうとすることだけです。

私たちは、この強さのおかげで、私たちを中心から引き離して打ち倒そうとする外的環境のまっただなかで、力強く立つことができます。魂は、ただひたすら静かにその中心にとどまり、神との合一と平和を保ち、忍耐、辛抱、信頼、放棄、さらにはそれ以上のことを実践します。ここでは、すべての行為は神に対して受動的です。なぜなら、すべての行為は、偽りの中心（感情）から発するのではなく、真の中心（神）から発しているからです。外面的には、私たちは不愉快な環境を修正または緩和するために、自分にできることをするように見えるかもしれません。けれども徳は私たちがすることの中にあるのではなく、「神の中に力強く立つ」という内的姿勢にあります。合一生活においては、この姿勢が、まさに魂の本性になるのです。魂はそれ以外の生き方を知りません。それは魂の最も深い習性となり、私たちが意識するかしないにかかわりなく持続します。私たちは神と共に生きることしかできません。選択の可能性はまったくないのです。

この合一を常に意識の最前面に置こうとして、魂はその合一の強さを行使したいという一種の情熱のようなものを抱き、そのためにあらゆる試練や苦難を歓迎したり、少なくとも待ち受けたりするようになります。試練が大きければ大きいほど、強さ（徳）を行使でき、合一の自覚も高まるからです。試練の中には忍耐と平静だけを要求するものもありますが、書物にあるようなすべてを、また、そのうちの一部を要求するものもあります。自分の合一生活全体が危険にさらされていると感じるほど疲労困憊させられて、絶えず徳を奮い起こさなければならないような長期的試練もあるかもしれません。しかしながら、こうした試練が解決して重荷が取り除かれるとき、私たちは安楽な生き方にほとんど満足できなくなっていることに気づきます。そしてさらなる試練を求めるようになります。とりわけ、新たな存在レベルを経験させてくれるような試練を望みます。こうして、困難な生に慣れてしまうと、物事がうまくいくと失望を感じるほどになります。いずれにせよ、合一の強さ、すなわち徳を行使することが、この状態の要件だと私は確信しています。

ふと思ったのですが、この状態で、人目を避けて静かに安定した生活を送るとしたら、魂はこの状態を行使する機会をほとんど得られず、また行使できても変化に乏しいものとなるでしょう。そのため、彼らはその恩恵に気づきにくくなる、あるいは自分がその状態にあることにそもそも気づかないことすらあるかもしれません。そうした魂にとってこの状態は曖昧で、探求されることも実践されることも少なく、その独特の強さと奇跡的な性質が気づかれることはけっしてありません。言い換えれば、合一状態がその真の姿を現さないため、多くの人はこの状態に到っても、そのことを認識できず、一体になることもできず、その状態の実在性を垣間見ることとすらほとんどありません。試練のみが合一の啓示を伝えてくれるのです。それゆえ、私たちが経験する最も恐ろしい試練は、人間への最大の啓示――存在の中心にある扉の彼方にある純粋なヴィジョン――が現れてくる前触れです。この「扉」とは、私たちの目に映る神のぼんやりとした姿のことであり、扉が開くことによって明晰な視野が広がるのです。

この状態のもう一つの特徴は、この状態の充足から生まれる創造性の開花で、それはこの状態を表現したいという欲求から生じてきます。魂が自由と新たな深みと洞察を得たことによって、世界を見る目も新たになり、臆することなく、それを外部に表現しようとします。しかし、その状態は、独創的で創造的でまったく新しいものなので、それを適切に表現する手段を見つけるのは容易ではありません。私の場合は、創造的満足を見出しませんでしたが、そもそも私は特に創造的というわけではなく、そうした才能に恵まれた人間でもありませんでした。私の才能といえば、手をつけたすべてのことを不器用にやり遂げていくうちに、神の恩寵によってうまく着地できるということぐらいでしょうか。創造的才能は少しも持ち合わせていませんので、その状態の創造的特徴をさらに詳しく述べることはできませんが、これだけは言えます。創造性は合一生活の一部であり、その状態の内的恩恵に由来するものです。必ずしも生まれつきの才能によるものではありません。

これまで、私たちはこの絶頂段階における合一状態の特性について、いくつか見てきました。心の深みを覗き込むことは、それ以前のすべての体験（それは、明らかに自己がからんでいるものでした）を超えるものだということを、私たちは学びました。私たちは、もう自己の混入なしに神を見ることしか望まないため、これらの体験を置き捨てていきます。情動システムの修正についても少し述べました。そして精神の明晰さが主役になって、行動が感情からではなく、「知ること」と「見ること」から発するようになることを見ました。これは私たちが、偽りの中心（感情）から決別して、真の中心（神）にしっかりと根ざした結果です。合一生活のターニングポイントは、中心に大きなエネルギーの炎が出現することです。それは徳の源泉であるばかりでなく、徳そのものです。この合一の完全な強さ――魂が神に固定されていること――を明らかにするには、絶えず試され、あらゆる種類の試練を受けなければなりません。なぜなら、中心の扉の向こうにある「あのもの」が啓示されるのは、この実践によるからです。
お話ししたい発見は他にもありますが、そのいくつかについては、話を進めながら取り上げることにしましょう。とりわけ次の段階では、「実践がすべて」ということを取り上げます。今のところは、十字架の聖ヨハネに戻りましょう。先に進むためには、完全な合一状態のいくつかの側面について指摘しておく必要があります。完全な合一生活について彼ほど多くを語った人はいないでしょう。歴史上のどの聖人、神秘家、瞑想的著作家もかないません。ここで私は、十字架の聖ヨハネのすべてに注目しようとは思いもしませんし、私が選択したものを正当化するつもりもありません。もちろん、聖人の著作をすべて読破したり、ご自身で熟読してもらうほうがよいのは言うまでもありません。

聖ヨハネの言葉に取りかかる前に、少し予備的な事柄を述べておいたほうがいいかもしれません。まず、聖ヨハネが合一状態について述べた高尚な見解や、熱のこもった説明に同感しにくいと感じる観想者がいるなら、それは、彼がこの方面の記述に重きをおいて、より安定した、実際的で長期的な効果や恩恵には比重をかけていないからなのです。したがって彼は、自分の描写する体験に等しい、絶頂に達した人と見えることでしょう。ただし、彼が自分の個人的体験だけを描写しているわけではないことも覚えておかなければなりません。彼は、いろいろな人から情報を得ていたのです。

霊的指導者であった彼は、自分の生活のほかに他の人たちの体験についても、よく知っていました。神学と聖書を学び、神秘家たちの著作も読んでいました。また、彼は長いカトリックの伝統を基に書いています。とりわけ、合一状態をこの世で到達可能な最高地点とみなす見地から書いています。ですから、彼が魂の偉大な完全性、無敵の徳、栄光ある神化について語るときは、外からの目撃者、学者、詩人、著作家として語っているので、必ずしも魂が現実に体感したことを表わしているわけではありません。実際、魂は自身に夢中になってはいません。暗夜以来、その無価値さと貧しさを疑ったことは一度もないのです。魂に魅力を与えるのは神のみだということ、そして、魂の強さ、善良さ、美しさは、すべて神に由来するものだということを、魂はよく知っています。聖ヨハネは私たちに次のように述べています。「完全な愛の特質は、自分のためには何ものもとらず、何ものも自分に帰さず、すべてを愛人に帰することである」（『霊の賛歌』第三二の歌）。ですから私たちは、魂が自身を見る見方と、十字架の聖ヨハネがこの絶頂段階に到達した魂を見る見方とを遠近法的にとらえることによって、この状態についての彼の高尚な見解を調整しなければなりません。

『愛の生ける炎』では、前段階の要約部分のほかに、旅のこの期間を特徴づける一過性の体験の描写に第一の関心がよせられています。これらの体験は、以後の状態を垣間見させる前触れとして重要ですが、それは聖ヨハネが来世でのみ実現し得ると感じていたものです。私は、この未来の状態にとりわけ興味を抱いているので、これらの体験には後で触れることにしますが、その前に、この段階の基礎を支えている、より安定した要素について指摘しておきましょう。それには『霊の賛歌』がふさわしいでしょう。同書の第二二の歌から終わりまでは、霊的結婚とそれから先の時期を取り上げています。すべてを指摘することはできませんが、最も長期的影響をもつと思われるいくつかの特徴に焦点をあてることにしましょう。

まず私たちは、合一状態とは常に「深い静謐、平安、変わることのない善」が存在する状態であることを告げられます。そこでは「意志の愛に満ちたまなざしがつねに神に注がれ」ています。霊魂は今や神のほうに向かうことが常態となっているため、その最初の活動からすでに、神のために働いています。「自分がそうしていると考えることも自覚することもなしに」(第二八の歌)です。つまり、魂はもう、常に受動的に中心を意識し、中心によって働いているので、神に気づくために精神的努力や積極的保守を必要としないのです。それはあたかも、神のことを忘れて初めて、私たちはより主体的に神に目覚めていることができるというかのようです。

この状態では、魂は「まだ罪を知らなかったときのアダムに似て」います。なぜなら魂は悪を知らず、どこにも悪を見出さないからです。それは「非常に悪いことを目で見、耳で聞いてもそれが悪であることを理解しないであろう。なぜなら、悪の習性を、もはやもっていないので、悪と判断するよすががないのである」(第二六の歌)。これは真実の、洞察に満ちた観察です。そこで私は、この魂が悪を判断することができない理由をいくつか示唆したいと思います。第一に、魂は今、他の人々の中に神(彼らにとって最良のもの)を見ますが、彼らが彼らにとって最もためになること(彼らのうちにある最高の価値)に逆行するのを見て悲しみます。魂がそこに見るものは、悪ではなく、無知、無分別、霊的未熟さです。これは、キリストが自分を殺す人々について言った言葉、

「彼らは自分が何をしているのか知らないのです」と一致しています。魂に悪を裁く能力がなくなると、いろいろな意味で、世間において弱い立場に置かれます。このことは、魂が他者に苦しめられなければならない理由の一つです。いやむしろ、犠牲になるべく運命づけられていると言うべきかもしれません。魂は、他者の善性を信頼して、絶えず裏切られるでしょう。その魂の善性と美徳は、他者から愚直な弱さと解され、つけこまれることでしょう。その魂には深みと洞察力があるので、他者のことを敏感に察知することができますから、そのような敏感さをもたない人たちよりもずっと苦しみます。しかし、この苦しみは前進に不可欠な要素なのです。

無垢のこの状態に見られるもう一つの特徴は、魂に与えられる「新しい知識」に由来します。その知識によって、魂が自分の人生に起きる出来事を見ると、すべては神の意志か、神が自分のために計画されたものとなります。つまり、その魂にとって、何事も悪ではなくなるのです。この認識は、その魂の意志が神の意志と持続的に一致しているという、深くゆるぎない確信から来るものです。この受容の驚くべき点は、その積極性と、苦しみであれ何であれ、どんなものがやって来ようと、逃げたり拒絶したりすることなく引き受けてしまうということです。個人としてイニシアチヴをとる代わりに、すべてを神の意志として見ることによって、これらの魂は、「何をなすにあたっても、大胆さと決意とをもっている」（第二九の歌）ようになります。失敗したり、物事がうまく行かなかったりしたときでも、これらの魂は必ず窮地を脱します。これが不屈の霊魂の状態です。

十字架の聖ヨハネは、この無垢の状態を「原初の不知の状態」と呼びます。これは、世俗の事物に関しての無知ですが、神の道についての祝福された無知なのです。彼は、しかし、こう指摘します。「学問についての獲得された知識は失われておらず、むしろそれは魂に浸透する超自然的な知識によって完全なものにされる。弱い光が明るい光と混じるとき、明るい光が優勢になるのと同じように」（第二六の歌）。この自然的知識と超自然的知識の混和が、この状態に達した人たちを、純粋に学問的尺度で見た場合よりも聡明で知的に見せるのです。知性はこの状態の中で高く舞い上がります。そして元々は知識が欠けている場合ですら、超自然的な照明によって満たされ、増加され、強められます。魂に深い洞察と独創性の深みを与えるのは、聖なる光です。それは、目に見えるものの彼方を見る力です。

この状態によって才能と創造性を強められたところに、この照らされた知性が結びつくなら、非凡な個人の出現を期待できるでしょう。このことは、大学で学位を得ていない多くの聖人や神秘家たちによって証明されています。しかし実際には、魂はただ「完全な成長」を遂げ、人間としての成熟に達しただけなのです。それは、最初から意図されていたものになっただけです。言い換えれば、変容は、その魂を正常に成熟させ、神の原初の設計どおりになったのです。つまり、最初から意図された以上でも以下でもない、ただの普通の人間に。

しかしながら、皮肉なことに、いわゆる世間の正常な人たちの中に置かれると、これらの魂は風変わりに見えます。十字架の聖ヨハネが、世俗の人々は神に真に身をささげる人々を悪く言うと言ったのは、この事実に注意を促していたのです。世間は彼らのことを「その遁世《とんせい》や、行動は行き過ぎだ。そして重要なことに役に立たず、世間が高く評価していることに無感覚だ」(第二九の歌)というのです。私はこれは妥当な批判だと思います。こうした人々は社会に適合せず、いずれ、キリストのように犠牲を払うことになるでしょう。

聖ヨハネはしばしば魂の神化について言及していますが、第二六の歌で、その神化は深奥の中心にかぎったことで、「表面においてではなく、霊魂の内部でのことだ」と述べています。表面的にはほとんど変化はありません。変容は外的特徴には関係がないのです。表面的に対して特別の外見を見せることはありません。魂が変容の後に特定の型をとることはないのです。この内部の状態について知っているのは、神とその魂だけです。外見に現れるものは何もありません。変容した魂には、人好きのするものもあれば、そうでないものもあるでしょう。けれども、一つ共通するのは、自分が好かれるかどうかを気にかけないということです。これらの魂は、「人がなんと言うか、自分のすることがどんなふうに見えるかなどということを気にせず」業《わざ》をはたすと言われます。聖ヨハネはこうも付け加えます。「何かをなすにあたって、これほどの大胆さと決意とをもっている霊的な人々は数少ない」(第二九の歌)。つまり、社会的役割や任務を引き受けるのをやめて自分自身になろうとする大胆さをもっている人は、ほとんどいなかったということです。そこで、神化した魂とは、何があっても、どんな状況においても、それ自身でいられる魂のことで、本来的、完全、自然、自発的、そして大胆な魂です。神は、意気地なしも、卑劣漢も、ロボットもお創りにはならなかったのです。

十字架の聖ヨハネは、「魂は神化され、神と一つになるとき、そのすべての行ないは神のものになる」と言ったとき、危険を冒したことでしょう。神的なものは、行為を湧き出させる深い内的な源泉ですが、行為そのものではありません。病人を看病したり、にんじんの皮をむいたり、あるいは祈ったりする外見にも、神的なものはありません。善意が行為を神的なものにするわけでもありません。聖ヨハネが語っているのは、中心にある源泉のことです。私たちの行為はそこから出てきます。前にも述べたように、合一生活で最も重要な気づきは、魂がその存在の最も深いレベルで神と一つだということです。そして魂は、今やこの深みから行動し、生きているのです。それはこの中心から行動しようとする、まさに統一された強い感情です。しかしだからと言って、私たちの行為がいつも正しいとか、精神がもはや誤った判断に屈することがないと保証されているわけではありません。ときには、注入された愛の影響のもとでなされる私たちの行為に神々しい雰囲気が生じることがありますが、その場合にも、その行為に何らかの神性があると主張するのは難しいでしょう。私にとって、神の行為は、魂が何もしないときにだけ生じるものです。神はその魂に少しも知らせず、協力させずに、その魂を通じて業《わざ》を行なわれます。押し寄せる群衆の中で、キリストは突然振り返り、「私に触れたのは誰か?」とたずねました。知ることも、前もって同意することもなしに、彼から力が発しました。これこそすばらしい媒介、真の神の御業《みわざ》です。

合一状態の指標としては、魂の中心にある強さへの絶えざる自覚がありますが、聖ヨハネはこれについてよく言及しています。彼がこの強さを示すのに何度も用いているのは、「ひとすじの髪の毛」という象徴的表現で、これは神に合一しようとする意志のひたむきさを意味しています。第三一の歌で、彼はこれを「目」のひたむきさと結びつけています。「目」のひたむきさは、合一状態の一心不乱さ（不断の気づき）という特徴を表わしています。ひとすじの髪の毛と目は共に、魂の「知性と意志における神との合一」を意味します。「知性においては、目をもって象徴されている信仰を通じて、意志においては、髪の毛が象徴する愛を通じて、神に服している」。さらに、このひとすじの髪の愛の強さは、「愛の髪の毛で霊魂内に固定された諸徳は相互にきわめて秩序正しく固定されているので、一つがそこなわれると、他のすべてが消失する」ほどです。一つがそこなわれるとすべてが消失するということは、全か無かの法則を思い起こさせ、合一の結束が固く、解きがたいことを証言しています。これは明らかに、自己と神、あるいは自己と世界の間に緊張がある状態ではありません。それは、相対立するものが妥協したり、単に均衡を保っていたり、調和したりしている状態ではありません。全か無かが意味するのは、私たちが恒常的に神と合一しているか、あるいは神とまったく合一していないか、ということです。魂は完全に強く合一した状態で生きるのであり、その合一の強さに格付けはありません。私たちが一つにされるのに、多い少ないはあり得ないのです。そう、この神との合一は全か無であり、可能なかぎりの強い結びつきの中で生きることこそ、合一生活のもう一つの特徴です。

思うに、魂のこの状態は恩寵によって強められると聖ヨハネが信じたのは、この解きがたい絆のためでしょう。つまり、魂は非常に強く神に結びつけられているので、もう神に逆らうことはできないのです（第二二の歌）。万一、この髪の毛または絆の強さが破られるなら、合一状態は解消され、変容プロセスを逆戻りしてしまうことでしょう。それは、蝶が繭《まゆ》に後戻りして幼虫になってしまうようなものです。私はそういうことが起こるのを見たことがありませんし、多分この段階の驚くべきところは、それが起こらないことでしょう。もし神ではなく魂がこの合一状態を保持するとか維持しなければならないとかいうことになると、崩壊してしまうのは間違いありません。この合一が強く守られるのは、ひとえに神のおかげです。そしてそれが解けてしまわないのは、神が魂に与えた約束のおかげです。これこそ〝霊的結婚〟が意味するもので、後戻りはありません。いったんなされたことが解消されることはないのです。魂は神の生を共有しています。そこには、魂が自分のものと主張できるものはありません。なぜなら、魂自身は、以前通り、まったくの役立たずだからです。

神は約束と忠実さで魂を解放し、自由と自信と安心と独立を与えます。しかし、神はこれらの贈り物をするとき、いつも伴侶である魂を救済しています。けれども、魂がこの救済を体験するためには、完全に、かつ熱烈に生き、あらゆる危険を冒さなければなりません。ロープが尽きたところで、手足を使って這い出し、限界点に達し、あるいはその結合が解かれる危険さえ冒さなければならないでしょう。さもなければ、神の変わらぬ愛と忠実さ、そして神の救いの恩寵で強められるという意味は理解できないでしょう。転落することや、罪を犯すことや、足場をなくすことを恐れおののいて生きる人々は、自分がそれをしないということを確かめるために人生を無駄に過ごし、神をほとんど信頼せず、合一状態の賜物を有効に使うこともしません。彼らは、この状態で得られる救いの恩寵を体験することがないため、恩寵によって強められるという意味を理解できないのです。とはいえ、危険を冒せるかどうかが、合一生活の指標ではありませんが。

神学的問題としては、恩寵によって強められるとは、魂がもはや罪を犯すことも神に背《そむ》くこともできなくなることを意味すると考えられています。しかし、実のところ、魂にそのようなことを期待するのは無駄です。この霊的結婚には、真の同等性はありません。この結婚においては、夫が常に妻を救い、事態を収拾し、間違いを正し、毎日最初からやり直してくれます。実際に詳しく見れば、それはほとんど滑稽な状態です。魂は、ますますこの合一に不要になり、神がますます全体を占めるようになり、ついに、魂は、この状態について聖ヨハネが語った真実に目覚めることになります。「二つの意志は、ただ一つの意志、ただ一つの愛（神のそれ）となる」（第三八の歌）のです。

この結婚は、最初は「私たち」という雰囲気で始まるかもしれませんが、次第に「私」は溶けてなくなり、残るのは神だけになります。しかし、自己が徐々に剝がれ落ちていく啓示は少しずつなされます。なぜなら、人は神と合一している自己を一夜のうちになくすことはできないからです。合一状態の目的とその本質とは、この自己の消滅を最終的にもたらすことです。それはすべて、さらに決定的な変容への準備なのです。しかし、私たちが恩寵によって強められず、神が私たちをけっして独りにしないことを体験によって悟っていないなら、私たちが自己から解放されることはありえません。それは、すべてがなくなってもまだ神がいるということを、神が何度も繰り返して私たちに示さなければならないとでもいうかのようです。そこで、これから先の道は、合一生活によるすばらしい賜物を行使し、あらゆる危険を冒し、人間の持てる力を最大限に働かせ、日々、生活の一刻一刻を神に救済してもらうことになります。

この道は第三六の歌にはっきりと示されています。そこで魂はより完全に「あつい繁み」、すなわち神の豊かさの中に入りたいと願います。そのためには、魂は「無数の試練や苦難」を受けるでしょう。なぜならそれが、「神のこころよい上知の深みにより深くはいるための条件」だからです。これはまったく新しい方向への鍵となるものなので、第三六の歌の一節を全文引用しておくほうがよいでしょう。

神の上知に真に渇く霊魂は、まず、どれほど苦しみに渇くことだろう。それによって十字架の繁みのなかに入るために！　それがためにこそ、聖パウロはエフェゾ人たちに、艱難にあって落胆しないようにいましめ、雄々しい人となり、愛のうちに根をおろすようすすめた。そして、それはすべての聖徒とともに、かの奥義の広さと長さと高さと深さを理解するため、いっさいの知識をこえるキリストの愛を知り、みちみちる神によって、みたされるためであるといった。上知のこれらの富のなかに入るための門は十字架であり、この門はせまい。そして、この門から入ろうとする人は少ない。しかるにこの門から来る愉悦に憧れる人は数多い。（ドン・ボスコ社、東京女子跣足カルメル会訳）

そのときの前進の道は愛（charity）です。愛とは自己を与えることですから、まさにその本質上、苦難を意味します。神の伴侶となった魂は、最後の残滓にいたるまで自己を与えることができるようになります。なぜなら魂は、神以外に失うものが何もないからです。このときの献身（苦しみ）には深い喜びが伴っています。それは表面的、感情的なものではありません。常に目の前に神が存在する喜びです。合一生活において、これに匹敵する喜びは他にありません。実際、他にあるのは労苦と悩みだけです。合一生活のその他の部分にひきかえ、この愛または無私の献身は、神聖な愛をはかる尺度になるでしょう。この愛さえあれば、魂は神の深みへより深く入っていくことができるのです。

しかし魂が苦しみを望む理由は、これればかりではありません。この段階で起こる激しい願望、そして愛の源泉となっているのは、神が魂を愛してくださったのと同等に神を愛することです。つまり、受けたと同じだけ与え、お返しすることです。「何となれば、愛する者は、自分が愛されているのと同じほど愛していると感じるのでなければ満足できないからである」。「また彼は、自分が神に愛されるのと同じほど神を愛していると感じるのでなければ、天国に満足することもないであろう」。こうして、愛を返すために、魂はあらゆる試練をくぐりぬけ、あらゆる体験を失い、苦難によって愛を証し、そして残りの人生を、見返りを求めずに与えることに費やすでしょう。魂はそれほどまでに、愛をもって愛に報いたいという願いに夢中になっているのです。この同等の愛への願望は、この絶頂段階に特有の問題で、解決しにくいものです。実際、あまりにも難しいので、はたして解決などできるのだろうかと私には思われます。十字架の聖ヨハネは、いくつかの解決を示していますが、それは次のようなものです。

神はご自身の他は何も愛されず、また、ご自身に対するものと同等の愛を他のものにもおもちになる。神は被造物を被造物自身のゆえに愛されるのではなく、被造物の内にあられる神ご自身のゆえに愛されるのである（中略）。神が霊魂をお愛しになるとは、これをいわば、ご自分と同等なものとなして、ご自分のうちにお入れになることである。それで、神は霊魂を、ご自分を愛されるその同じ愛をもって、ご自分のうちで、ご自分とともにお愛しになるのである。

——第三二の歌

この同等性を理解するためには、神が私たちを愛するのは、神がご自身を愛するのと同じだということを理解しなければなりません。また、魂が神を愛するのは、神ご自身の愛なのです。「私」が神を愛するのではなく、神がご自身を愛するのです。言い換えれば、神が私の中に愛するものは、神ご自身です。私の中で神を愛するのもまた、神ご自身です。この洞察のもつ真理を完全に悟ることは、自己の完全な放棄に非常に近いものです。というのも、「私」が神を愛するのでないなら、私に何の用があるでしょう？　どうして私が必要なのでしょうか？　このことの意味を完全に理解するとき、私たちは自己の最終的な消滅に非常に近づいています。この消滅と共に合一はなくなります。ですから、もはや愛の同等性は必要なくなるのです。かくして、愛の同等性についての問題を解決する一つの方法は、同等性をまったくもたないことです。そこには、神が神ご自身を愛する同等性しかありません。

この段階ではまだ、〝合一する自己〟なしで済ませることはできません。その理由は、私が思うに、まだそれを本当に発見していないからです。その発見が本当になされるのは、合一生活の特別な賜物を行使するなかで、あるいは私たちがこの段階を超えて、恐れることなく完全に愛することができるようになった時点でのことです。この絶頂に達したばかりのころ、私たちは自分の最も深い中心にある真の自己と神とを区別できていません。自己がまだ残っていることを私たちに知らせるのは、この中心の外側にあるすべて――肉体、精神、感情、意識そのもの――です。それらのすべての部分は、今や中心の周りにまとまっていますが、中心そのものではありません。中心において神と結びつく自己の側面は、神への意志です。一方、この中心から放射される他のすべての面は、おそらくもっと表面的ではありますが、なおも同じ自己です。この絶頂段階では、自己についてのすべての感覚が完全になくなる一時的な体験がしばしば起こります。観想に関する書物の著者たちは、無自己が来るべき状態になることには触れていませんが、その理由はわかりません。私もやはり、それに気づかない一人でした。単なる自己の喪失どころではない、これほど驚くべき状態のなかで、現実生活を続けていくことができるなどとは、とても思えませんでした。この世でこうした状態が可能だと、たとえ教えられていたとしても、一体どうしてそんなことが起きるのか、どうやってそこに達するのか、思いもおよばなかったことでしょう。十字架の聖ヨハネは、はっきりと言っています。「ここには道がない」と。それが意味するのは、私たちには先のことは何もわからないということです。道はなさそうです。

別のところで聖ヨハネは、神は魂から何も得ようとは望まれない、なぜなら、魂が神にお渡しするどんなものも、神がすでにもっていらっしゃるものばかりだからだと言って、愛の等しさの問題を片付けています。神が望まれるのは、魂を賛美することだけであり、魂は神がそうされるに任せるよりほか、何もできません。しかしこの解決では、神の愛に対して自己が同等にお返ししたいという自然な欲求が無視されています。自己は、自分の愛が神の愛にかなわないことを知りますから、この真実の認識は行き詰まりをもたらし、神との合一生活のターニングポイントとなります。この地点に達するまで、変容のプロセスはすべて神がなされることでした。しかし、ここで方向が変わり、魂は何かをするチャンス、最後の一滴まで与えるチャンスをもつことになります。魂は、外へと突き出す内からの推進力に身を任せることにして、自分のうちに収めきれない愛ゆえに、自己を超えて出て行きます。そこで問題が解決されるのです。

第三八の歌はこの新しい方向の正しさを証《あか》すものであり、この時点で魂が抱く二つの大きな願望について語っています。それは、「本質的な光栄」を受けること——すなわち神との直面——と、愛を与えることです。彼は、この時点で、与えたいという願いが受け取りたいという願いより大きい理由を説明します。

すべてのことの究極の原因は愛であり（それは神の御意志の内に存在する）、その特質は与えることであって、受けることではない。しかるに、本質的光栄の主体である知性の特質は受けることであって、与えることではない。それゆえ、愛の酩酊の内にある霊魂は、神から受けとるであろう光栄を第一のものとは考えず、むしろ、自分自身の利益など省みることなく、真実の愛によって、自分を神に明け渡すことを最優先する。

愛の成就を前提とする示現《ヴィジョン》は、来世でしか受けることができないので、魂が最初に願うのは愛を与えることです。こうして、合一生活の前に、まず「与えること」（つまり、愛）が来ます。それとまさしく同じように、次の「合一を超えた段階」の前には、ヴィジョンや「受けること」があります。

この歌で、聖ヨハネはすでにその先にある生を思い描き、与えること（愛）によって私たちは先に進むと告げています。しかし、ヴィジョンを得るために、私たちは死んでいる必要はありません。人は体の中にいるのであって、体からできているのではないのです。そして肉体の中で垣間見られることは、肉体の中で理解することができます。もしこれが真実でないのなら、誰もそれを理解して私たちに告げることはできません。神または天国はどこか離れたところにあるのではありません。

神を見るのに、私たちはどこかへ行ったり、動いたりする必要はないのです。神を見るには、私たちは準備しさえすればいいのです。そしてこの準備こそ、合一生活にほかなりません。

彼は、「焼き尽くしてしかも苦しませない炎」についての解説の中で、その先にある「新たな変化」について少し語っています。

霊魂がいかに神的火と適合一致していようとも、ある程度の苦悩や損傷に苦しむことは避けられない。まず、至福に満ちた変容の必要が、常に霊に感じられる。次に、弱く、堕落しやすい感覚は、このような愛の激しさと高さとに必然的に圧倒される。

——第三九の歌

この時点での合一状態に明らかに欠けているのは、ヴィジョンと、これほど大きな愛を包含する能力です。このことによって、私たちは、その合一状態が不完全なわけと、完全無欠の変化がこの先にあることを知らされます。それは「霊魂がこの世で経験していた変化とは非常に違う」のです。

私たちの目下の変化が不完全である理由を説明して、聖ヨハネは、炭と火（魂と神）は一つであっても、その「火は炭を燃焼しながら、これを消耗し、灰と化す」からだと言います。つまり、自己と神との間に真の同等性はなく、自己はやがて灰の山になってしまうのです。伴侶のうち、弱いほうは、炎によって焼き尽くされ、焼かれる物が何もなくなっても、炎は燃え続けます。これが、その先で起きることです。これほど簡潔に合一生活を説明したものを私は知りません。それはまた、私たちがなぜ、いかにして、以後の変化に辿り着くかの説明でもあります。この合一には、まったく同等性がありませんでした。実際、合一した自己が消えて灰になることが、合一生活の完全な成就なのです。しかし、何もなくなったとき、「過去のもの」の灰の山の中から、「在るもの」の偉大なヴィジョンが生じます。しかし、聖ヨハネによれば、そのヴィジョンをもつためには、神はどうしても霊魂を強め、ふさわしいものにし、必要な能力と剛健さを与えなければならない、つまり、人間の限界を拡張しなければならないのです。限界をつくり、束縛のもとになっていた自己は、強化されることも、拡張されることもできる自己でしたが、自己がなくなれば、あるのは無限のみです。

さきほどから参照してきた第三八と三九の歌は、一時的な体験の描写です。これらの体験が重要なのは、一つには、まだ合一が不完全なときに欠けている要素をはっきりと浮き立たせ、さらには、それ以上の状態を指し示す役割を果たしているからです。その体験の気高さは、魂を前へ推し進める勢いと雅量を与えるがゆえに、魂の学習にとって重要な意味をもちます。この体験は大きな目的にかなったものです。それらは報酬や賄賂ではなく、むしろ真理を垣間見させ、人に神性への潜在能力があることを啓示するからです。つまり、神をもっと完全に、神がご自身を知られるように、知る能力があるということを示すのです。

これらの体験がこの生活の可能性を示していることを、私たちはなぜ予見できないのか、その理由を理解するのは困難です。この時期以前には、そうした体験や前兆があれば、必ず、それは今ここで知られているよりも、もっと高度な状態が来ることの先触れと解釈されました。静穏の念禱、合一、暗夜など、霊的結婚に先立つすべての体験は、さらなる状態への準備または予告でした。けれどもこの絶頂段階で垣間見たものを、私たちはどういうわけか、天上的な至福の実存に属するものだと思いがちです。もちろん、そんなことはありません。

私の場合、こうした高度な瞥見《べっけん》によって、自己を永久的に喪失しなければ、純粋なヴィジョンにはいたらないということを教えられました。私は自己として体験したすべてを喪失しなければなりませんでした。それでもやはり、私には、この地上的な条件の中で、どのようにしたらそれが生じるのか、わかりませんでした。しかし、一つだけはっきりしていたのは、観想生活には、変容と霊的結婚以上のものがまだあるはずだということでした。人は神について、もっと知り得るはずです。私は前方にそれ以上の何かがあると直感しました。それが何かはわかりませんでしたが、それを見つけるためなら、喜んですべてを捨てるつもりでした。こういうことについて、私は悲観するような人間ではありませんでした。

ここまで来た他の人たちが、合一を超えた先の状態についての直感をなぜ共有しないのか、私にはわかりません。もしかしたら、この絶頂段階での充足感のせいかもしれません。それは一方向に可能なかぎり遠くまで進んだという感覚で、変化は終わったという認識が伴っています。[*1] そしてまた、根底で常に合一しているという状態は、それだけでもすばらしいものです。永続的に神を見たいという願望と、受けた分だけ渡したいという欲求を別とすれば、そこには深い喜びと安らぎがあります。暗夜に較べれば、この新しい状態に入っただけで、私たちにはすでに天国の一部のように感じられます。この充足感と、距離感の欠如が、私たちにこうした前兆は来世にふさわしいと思わせるのでしょう。要するに、それらは、はるか彼方にあるものを示しているように見えるのです。そこに到る道は見えず、変化させられるべきものがまだ残されているとは、想像すらできません。つまり、頂上にはある種の達成感があるのです。ここからさらに前進する道は、神に対する白紙委任です。けれども、これは簡単です。神を信じて裏切られるはずがないことは、すでに暗夜で示されていますから。

たとえ十字架の聖ヨハネがこの世でこの後にある変化を予見しなかったとしても、観想について書いたほかの誰よりも、それについて多くを語った人物という栄誉を与えられてよいでしょう。『愛の生ける炎』には、他の著作に見られない特徴があり、それは一時的体験についての多様な描写です。この一時的体験が永続的なものになったと考えれば、この後の状態の姿が浮かび上がるでしょう。この状態を概説するのも価値あることでしょうが、それは本書の目的ではありません。最大の関心事は、いかにしてそこに達するかということなのです。

とはいえ、本章を終えるにあたって、『愛の生ける炎』に記された最後の体験に目を通すのは適切でしょう。それは、その本の最後に出てくるというだけでなく、彼が記録しようとした最後の体験でもあるからです。それは観想生活における彼の最後の言葉だったかもしれません。私が述べているのは、「目覚め」の体験と呼ばれているもので、それは神を「ありのままに」見ることです。そしてそれは「あなたは私の胸の中で目覚められる」という章句への解説の一部です。彼は私たちに、たくさんの目覚めがあるにしても、この目覚めが最も偉大なものだと言っています。このヴィジョンの注目すべき点は、神がすべてのものを動かし、同時に、すべてのものが神の中で動くありさまを見ること、そしてこの「共通の運動」ゆえに、すべてが神のように見えるということです。以前は、神は被造物すべてに内在して動かしている力として見られました。しかしここで、魂はそれ以上のものを見ます。万物が、神の中で生き、動き、自らの存在をもちます。そのありさまを見ると、造られたものと造られざる者との間には、運動と存在の一性《いっせい》があることがわかります。彼はこの目覚めについて、こう語っています。

霊魂は、これらの事物が被造物であるかぎり、神とは異なるものであることを知り、かつ、自分の力と本源と活力とをもって、神のうちにあるのを見る。霊魂は、神がその本質においては無限のへだたりをもちながら、神ご自身がすべてのものであることを深く悟るので、これらの事物をそれ自体においてよりも、神の本質において、いっそうよく知るのである。これがこの目覚めの大きな愉悦である。

――『愛の生ける炎』(山口・女子カルメル会改訳)

ここでわかるのは、造られざる者〔神〕の内部にある被造物は、神から分離しているわけではないということです。むしろそれらは一つであり、一つのものとして動いているのです。被造物は造られざる者ではありませんが、それにもかかわらず、神は両者であるように見えます。被造物は神の中にあり、神と一《いっ》だからです。神は不動の動者です。というのも、「神は実際には動かれない」のですが、「魂は、神がつねに動いておられるのを見るようにされる」のです。それは、すべてが神の内に含まれ、「すべてのものが神によって神の中で動いている」からです。十字架の聖ヨハネはこの運動の一致を地震になぞらえています。「大地が動くとき、その中のすべての物体はまるで軽いもののように動く」。被造物は、広大な創造者の内部では、まるで塵の小片です。すべては永遠の運動の巨大な流れの中で動いているようです。

神が動くように見えることは、聖ヨハネに驚くべき不可解なことという印象を与えます。「神は不動の御者」だからです。しかしながら神の運動とは、神の内的な運動、すなわち創造性と行為です。神の外には何ものも存在しないため、神がどこかへ動いていくとか、神がまだいなかったところに行くということはありません。したがって、神が動き回り、行ったり来たりするということはないのです。神はどこか遠く離れた天国にいるのではなく、常にここに（いたるところに）存在するのです。そして私たちは神の中にいます。神は動きません。しかし、神が私たちを動かされるので、私たちは動きます。この運動を、聖ヨハネは「目覚め」と呼びます。この目覚めは、まるで神になるように見えるので、その事実は聖人を驚嘆させます。けれども、同時に、それは私たち自身になることなのです。

このことから、神は三重の運動であるように見えます。神は自身の内部で、行動し、創造し、存在を維持するために動きます。神の創造において、神は生命の本源として、生き、動きます。逆に被造物はすべて神の中で動きます。ですから、神は不動の動者で、私たちは動かされるものです。

しかし、聖ヨハネはたずねます。どのようにして「もろい肉体に結ばれている霊魂がこれほど深い交わりに耐えられるのだろうか」と。彼の答えは、神が「霊魂の本質を護《まも》り」、弱さを支えられるからで、それは次のようなやり方です。

霊魂はそれが肉体においてであるか、それともその外においてであるかを知らない。これはその右手をもってモーゼを護られた神の、まことに容易に行なうことのできる不思議である。

どうやら、そのヴィジョンを得る条件は、無形性または無実体性の感覚らしく、これは実際、のちの変化を特徴づけ、恒常的な状態になります（これがどのように作用するかについては『自己喪失の体験』に書きました）。十字架の聖ヨハネが「これはたやすくなされ得る」と言うのは、これがあり得るばかりか、簡単であることを示しています。本当はこういうことです。このヴィジョンはかつて自己だった灰の山から生じます。それは魂が二度と眠り込むことのないような性質の目覚めなのです。

十字架の聖ヨハネが『生ける炎』の最終的な体験を描写しないままにしておいたのは、適切でした。これは「神ご自身が魂に息を吹き込むこと」ですから、これについては、どのように描写しても描ききれず、まったく不可能だと彼は感じたのです。けれども、『霊の賛歌』(第三九の歌)によれば、この息吹の中で、魂は自分自身の息と神の息の区別ができなくなるということです。そして私たちの息が、もはや私たち自身のものでなくなるとき、すべての二元性は決定的に崩れ、すべての言葉は崩壊します。いわば息が切れたとき、神の息だけが残ったというようなものです。それは沈黙です。そして、この最も偉大な観想者は、沈黙の息で、その仕事を終えました。それが私たち皆への、彼からの最終陳述です。

〔原註〕

＊1　聖ヨハネはこの完成の感覚について証言しています。第二〇～二一の歌を参照。

❖ 第三段階と第四段階の間

純粋なヴィジョンは、自己が関与するすべてのもの——魂の諸機能、感情、反応、さらには中心の扉すら——を超えたところにあるということがはっきりわかった今、それ以前の観想体験はすべて純粋さが劣り、汚れたものに見えます。こうした理由から、私はこのとき、もし自己意識を超えた神のヴィジョンが継続的に得られないのなら、もう、どんな神体験も求めまいと決心しました。いったん自己の正体を見抜き、それを超えるまなざしが得られると、純粋なヴィジョン以外には心を奪われなくなります。誰でもそうでしょうが、私も神を永遠に見ることは、来世まで保留されていると思い込んでいました。そして私はすぐに死ぬ運命になかったので、私がしなければならないことは、この現在の生を——自己を含めて——受け入れ、それを最大限に利用することでした。それゆえ私は、自発的に体験生活に別れを告げ、素朴な信仰をたずさえて先へ進むことにしました。

私はここで、いかなる体験をもたない信仰は、人が真理、神の現実に達するいちばんの近道だと思いました。自己はあらゆる体験に絶えずその触手を伸ばすかもしれませんが、少なくとも裸の信仰（まったく無欲の信仰）には手を触れることができないでしょう。

この信仰のあり方は特別です。それは信念または、ある思想体系に対して、知的に同意することではありません。さまざまな感情や体験を生じさせるものでもありません。私たちが強い意志によってしがみつく精神的構築物でもありません。そうではなくて、神が「私の」自己の中にあるのではなく、神が神ご自身の中におられるという真理への信仰です。それは見た後にやってくるもので、見る前にはありません。変化の前には、信仰は私たちの精神、意志、体験——すなわち自己——に依存していましたが、変化した今では、信仰（すなわち神の真理）は、神ご自身以外の何物にも依存しないのです。

さらに言えば、それはもう成立した真理なので、私たちがこの信仰をなしで済ませたいと思ったとしても、それなしで生きることはできず、たとえ一生かけてそれから逃れようと試みたとしても、逃れられません。信仰が知性に頼っているかぎり、私たちは常に疑いと不信にさらされます——所詮、疑うことが知性の本性なのですから。このことから私たちは、真理をつかんでいるためには、知性を超えなければならないことがわかります。そしてこの把握を、私は成熟した信仰とみなします。一言でいえば、体験や知識とは違って、信仰に自己はありません。

自己のない裸の信仰の真の美しさと意味を初めて垣間見たとき、私はぐるりと一巡したという感をもちました。変化を経て、私は今、スタート地点に戻ったのです——素朴な信仰をもつ、ごく平凡な一人の人間として。唯一の相違は、私のもっている信仰が、幼虫ではなく蝶になったということです。見て、体験し、変化することによって信仰が成熟しました。自己からは、もう解放されいかなるかたちでも依存していません。この信仰とは、絶えず真理をぼんやり見ることです。その真理とは、中心の扉の向こうにあるヴィジョンであり、この世では自己によってぼかされていますが、来たるべき生では自己を超えて開示されるのです。

裸の信仰の中で神を所有することは、必ず自己が関与するいかなる神体験にもまさると悟ったおかげで、私はハネムーンのような合一生活の絶頂段階を超えて進むことができました。私はそれ以上体験を求めようとはせずに、飛ぶ準備をしました。つまり人間としての冒険的成熟生活を受け入れて、「もはや道のない」未知の領域に飛び込む準備です。最初、私は紐を結びつけて飛び降りました。それゆえ、もし神がその紐を切って、私に合一生活の新たな次元への洞察を与えてくれることがなかったなら、この成熟した生を誠実に受け入れることはなかったかもしれません。それは、こうした観想生活での道標の一つでした。

それが起こったのは、ある晩、私が今にも眠り込みそうなときのことでした。いつものように、私は静かな中心へと沈み、神をじっと注視しました。そのとき突然、異常な動きで知らせを受けたのです。どういうわけか、私の時が来たと告げる動きでした。私はそのころ、純粋なヴィジョンを得るためにあらゆる体験を放棄する覚悟でしたが、神がこのほんの少々の捧げ物にどのように応えてくれるか、確信がもてませんでした。どのみち、私がどれほどの体験をなしで済ませられたでしょう？　心が充足しているときには、いくらでも捧げることができましたが、妥協してしまうときもありました。そのため、これからどうなるかと私は懐疑的でした。しかし、中心で突然動きを感じたとき、私は自分が何かを発見しかけているということを直感的に知りました。その動きは、注意深く観察するように私に告げました。私が神をじっと見つめていると、神はゆっくりと後退し、徐々に小さくなって、最後には小さな光の点だけになってしまいました。ヴィジョンの最後の痕跡を失いたくなかったので、私は息もせずに、長いこと熱心に見つめていました。

　私の人生で神が消えてしまうように思えたのは、これが三度目でした。最初は九歳のときで、その体験は私の人生で最も衝撃的なものでした。打ちのめされた私を救うためには、奇蹟が必要でした。二度目は、本書に記した「魂の暗夜」に入ったときで、苦痛はあったものの、冷静に対処することができました。そして三度目が今回です。

　ショックからか不信からかわかりませんが、私はこの消滅をまったく動じずに、何の反応もなく見守りました。だいぶ経ってから、神が本当に消えたのではなく、地下に潜っただけで、光の点として残っていることがわかりました。まるで暗がりの中でも目の見えることがわかったときのようでした。しかし、その後、その光の点は爆発し、私という人の形象のすべて（どうでもいい外殻は含みませんが）に広がるように見えました。私は神がまさに私の生命であり、息吹であることを悟りました。また真の自己であるキリストは、内なる力、神への意志、新しい人間（蝶になった状態）の本質だということもわかりました。神は、観想の中の対象としてのご自身を引っ込めただけのようです。それは日常のレベルでもっと主体的にご自身を顕わすためでした。それと同時に、すべての暗夜の本性が明らかになりました。それは、私たちが人格的存在としてもった最も深い主体的体験を引き継ぐために、神が次第に地下に潜っていくことでした。これが変容のしくみです。

この体験には特別な意味がありました。なぜならそれまでずっと、私にとってキリストは恩寵と同様に、客体としてとらえるにはあまりに主観的なものであり、それゆえ知性や感情の対象とすることを拒み続けてきたのですが、長年抱いていたこの直感がその体験によって確証されたからです。その小さな光の点である聖霊が、外に向かって爆発したとき、キリストが真の主観的自己として啓示されました。その自己は中心に聖霊をもつ器でした。聖霊はキリスト自身の内的観想の対象として残っていました。このことはキリストこそ真の主観的自己であり、私の中で神を見たり、知ったり、愛したりしていた主体であったこと、そして、それが神と一つになっていたことを教えてくれました。

キリストが主観的なものとしてあることは、その啓示を別とすれば、知的レベルで理解するのは困難です。これは主観的自己としてのキリストが歴史的なキリストではなく、かたちのない神秘的な永遠のキリストであり、恩寵のキリスト、変容、そして聖体だからです。キリストは神が人間として現れた姿であるゆえ、人間として現れない聖霊よりも私たちにとって主観的です。聖霊は、客観的静止点である中心部の光としてとどまります。したがって主体の器としてのキリストと、内部にある客観的焦点としての聖霊は、一体ではありますが、神についての二つの異なる体験であると言えます。

キリストを意識に基づいて知ろうとしても、客観的に知るにはあまりにも主観的です。知性に基づいて、キリストが私たちの人格的、主観的体験であることを信じようとしても、信じられないでしょう。私たちは歴史的なキリストのイメージや観念にとらわれているため、彼を自分の主観的、神秘的、内的現実と同一視しにくいのです。ほとんどの場合、私たちはキリストを自分自身の外に認めるだけで、内的にはまったく知りません。私たちはしばしば、彼を静止点、存在の中心、聖霊とみなします。それらは一つなのですから、これは差し支えありません。しかしそれではまだ、私たち自身の中で神が純粋に人間として現れるには到りません。この二元性を克服して自分とキリストの同一性に気づくことができなければ、どのようにしてキリストが真の自己として、私たちの中に、今ここに顕われるのかを、理解することはできないのです。

この体験によって、私はキリストからの最大のメッセージは、神と合一した自己として、私たちの人間性をしっかり受け入れることだと理解しました——また、そうしなければ、私たちが自己を超えて純粋なヴィジョンへと到ることはできないということも。神としてのキリストの離れ業はまさにこれでした。人間としての顕現を完全に受容し、人間としての生を、死に到るまで完全に生きたのです。新しい人（キリストと合一した自己）がすべき行ないも、同じように、この人間的な次元を受け入れ、死に向かって、それを完全に生きることです。というのも、この道は、私たちの最終的なヴィジョンへと通じているからです。当時、私はこのすべてをはっきりと見たのですが、それがどのようになされるのかはわかりませんでした。自己を受け入れることによって、どのようにして自己を超えられるようになるのか、わからなかったのです。

もちろん、数年後には私にも、神と合一した自己の動きは、すべて自己の消滅と溶解に向かっていることがわかりました。父なる神に戻るには、自己または合一の中心も放棄されなければならず、それは、神が主客を超越したすべてとなるためのように思われました。この放棄は、十字架上でのキリストご自身の体験でもあります。したがって私たちの本当の自己が死ぬとき、キリストはもう一度、彼の自己を捨てるということになります。黄泉《よみ》（巨大な空洞）に下るのはキリストであり、再び昇るのもキリストです。人がふだん自分の「自己」だと考えるものは、そのような離れ業を行なうことはできません。キリストだけが私たちにこの道を切り抜けさせてくれるのです。彼だけが私たちを救い、安全に父のもとへと連れ戻すことができます。したがって、最初の運動は自己がキリストに変容されることであり、第二の運動は、キリストが神性に帰ることです。

当然ながら、随分経つまで、私にはこれらのことが少しもわかりませんでした。私たちが恐れと無知から後ずさりしてしまうといけないので、神はゆっくりと計画をお示しになるように思われます。それでも、私はこの体験から非常に大きなことを学びました。私は、この洞察を与えられたおかげで、自己を完全に受け入れ、紐をつけずに前進できるようになりました。どこに向かっているのか、あるいはそれがどのような終わりを迎えるのかはわかりませんでした。重要なのは、神と共に動くということだけでした。

その体験を道標として、過去のさまざまな体験からきっぱり決別することになりました。私はあたかも人生の一つの部分が終わって、新たに始まりを迎えなければならないかのように感じました。初めは喪失感のようなものがありました。世界は空虚で、目の前のすべては荒涼としており、先行きを心配すべきか否かもわかりませんでした。これは本当に前進なのだろうか、ひょっとしたら後戻りなのではないだろうか、と。

結局のところ、それまでの準備が心配を無用にしてくれました。そして、無私の献身生活に進もうという大きな決心が湧き起こりました。これは神から受けた恩寵へのお返しとして、「捧げる」チャンスです。愛の不均衡をつりあわせることができます。こうして私は、この新たな主観性が日常の最も平凡な環境の中でどのように働くかを理解するために、前進していくことになりました。

❖第四段階

観想について書かれた文献の多くは、ここで終わります。あたかも、変容的合一と霊的結婚の後、それ以上の変化ないし変容は存在せず、もはや言うことは何もないというかのようです。婚約、結婚、そしてハネムーンまでは過熱報道がなされても、ハネムーン後の生活について語る人はいません。ここで生活は落ち着き、日常生活という現実が始まります。もっと成熟した段階に入ることについて何も語らないならば、合一生活が同じ流れの変容体験の中で続いていくかのような、ずっとハネムーンが続くかのような誤った印象を与えるでしょう。

どんな状態であれ、それがどれほどエクスタシーや喜びに満ちたものであろうと、いつまでも続きはしないことを認めなければなりません。それはいやおうなく、平凡で見栄えのしないものになります。変容は終わり、結婚とハネムーンは終わったという事実に、私たちは向き合わなければなりません。そして今は、こうした体験のことは忘れて、変容的合一を超えた新しい生活の中へと勇気をもって入って行かなければならないのです。これからは、子供が胎児期を振り返るように、変容プロセスを振り返ることになります。繭の中での生活はまったく安全でした。変容のメカニズム自体、一つの道でした。しかし、いったん蝶になれば、この安全な道は終わり、蝶はほとんど自力でなんとかしなければなりません。新しい未知の空間へ飛び立たなければならないのです。成熟した合一生活を十分に実践するために出発しなければなりません。

この新たな次元へ踏み出した瞬間から、私たちは、すでに変容を超えた生活を始めています。ほとんどの人は、その生活がそれ自体に向かう一段階であることを理解していません。それは、さらなる変化と変容への準備となる重大で決定的な段階です。誰もこのことに気づいていないため、この段階について報告されることはほとんどありません。正しい展望の中で見られることがないので、ほとんど理解されていないのです。展望をもつためには、距離が必要です。つまり、振り返ってそれが何であるかを見るには、その前にその段階を通り過ぎていなければなりません。これは木を見て森を見ないのと同じ原理です。森を見るためには、私たちは個々の木を超えた視点をもたなければなりません。蝶は自らの変容プロセスを振り返って語ることはできますが、蝶の全段階の中でまだ超えていない部分については述べることができません。しかしいったん超えて次の段階に進めば、成熟した合一生活を振り返って、それをその真の展望のもとに見ることができるでしょう。そして、そのプロセスの中にいたときにはできなかったようなやり方で、それを理解できるのです。

成熟した合一生活とは、キリストの活動的な生活を再現することです。彼の生は死へとつながるものでしたが、その死は特異なものでした。というのも、それは肉体的崩壊以上の意味をもち、そればかりか、復活（自己を超えた永遠のヴィジョン）へとつながるものだったからです。そこで、成熟した合一生活とは、このキリストと結びついた自己（合一的自己）の死への準備なのです。合一の中心は非二元的で主観的ですが、私たちが自分と神との合一を回顧できるという点では、やはり意識の対象です。それはちょうどキリストがしたのと同じやり方です。他のところでも述べましたが、神と合一した自己の死は、意識の省察の対象としては、神も自己も死ぬことであり、それに続いて、純粋な主観性としての神が誕生します。それは、存在するものすべてを知るときの神独特の方法、自らを見る目としての神です。十字架と復活の間で起こるのは、客体としての神から主体としての神へ、という変遷なのです。

たいていの文献では、観想生活は低調な結末を迎えます。つまり、魂は、社会福祉や社会改革あるいは、布教や慈善活動の世界へ飛び込むことになるのです。保護された繭の中で歳月を過ごした人は、再び社会に参加して、シャツの袖をまくりあげて仕事に取りかかり、最終的に神と人のために何かをするのだと言われています。こうしたことを書いた人々は、蝶は生きているかぎり、幼虫(毛虫）たちの群れに戻ることはできないということを理解していません。蝶は特別な幼虫になったのではなく、まったく違ったものになっているのです。

蝶が戻っても、幼虫たちには彼が誰だかわかりません。もう部外者《アウトサイダー》になってしまったのです。

蝶が与えようとするものを、誰もほしがりません。彼が得た新しい知識に興味を示す者はいないのです。蝶が彼らの這い回る生活について、何らかの見通しを示そうとしたところで、怒りをぶつけられ、詐欺師呼ばわりされたうえに、引きずり下ろされるだけでしょう。死へ追いやられることさえあるかもしれません。蝶はあふれんばかりに充足して戻ったのに、退けられ、無視され、誤解されるのは、困惑させられることでしょう。みんなによいものを持って帰ったのに、何もあげることができないサンタクロースのようです。ここにあるのは、成功の物語ではありません。この合一生活には何の輝きもないでしょう。それは楽ではないはずです——実際、キリストが幼虫たちの間で過ごしたのは、わずか三年でした。けれども、こき下ろされ、悩まされ、捨てられる道を行くことは定めなのです。拒絶が待ち受けています。それが新しい運動の本質であり、私たちはここで完全な合一生活の実践を要求されることになるでしょう。

観想に関する書物には、この状態に達した人は自ずと有名になり、認められ、受け入れられ、あがめられ、いずれは列聖されるという幻想が多く見られますが、このような幻想は一掃されるべきです。とんでもないことです。キリストもそうではありませんでした。キリストを振り返るとき、私たちの視野からは、彼がすぐに窮地に置かれたという現実が消えています。彼は少数の弱い友人たち以外には、認められても受け入れられてもいませんでした。そして、もしも彼が神でなかったならば、私たちは二度と彼の話を聞けなかったことでしょう。キリストの正当性が立証されたのが、生前ではなく、死後だったことを忘れてはなりません。

神と隣人を愛するのに、幼虫には幼虫なりのやり方がありますから、蝶のやり方はどこが異なるのか、あるいはその相違を生み出す変容プロセスには何があるのかを問題にするべきかもしれません。第一にあげられるのは、蝶には並外れた自由と独立性があるということでしょう。蝶は「自分自身が自らにとっての法」なのです。人、物事、地位、制度にとらわれず、恐怖もありません。人を喜ばせたり、印象づけたり、役割を果たそうと躍起になることもありません。もし蝶が正直に発言する機会を与えられたなら、みんなから飛び掛かられて追い出されてしまうでしょう。けれども蝶は反逆者でも、革命家でも、改革者でもありません。何でなくても、ただ幼虫たちの中にいるというだけで、十分に厄介なのです。要するに、彼はこの世の社会や思考法には、ほんの少しも、適合しないのです。

蝶の目標は、神や隣人のために生きることではなく、むしろ神や隣人と生きることです——神を喜びとし、隣人を悩みとして。魂はその全存在を活用するために、神と共に前進します。何物も拒みません。何からも逃げません。困難を引き受け、失敗や試練に出会っても、へたることのない不屈の精神で堂々と向き合います。前方の道が成熟した大人の生を実践することだとわかるには、猛烈な信仰と洞察が必要ですが、それによってまた、私たちの唯一の目標は、私たちが創造において計画されたとおりのものになれるよう最大限の努力をし、目の前の生活に勇気をもって対処することなのだとわかるでしょう。すでに学んだように、私たちが神に何か捧げるとしても、神がまだお持ちでないものを捧げることはできません。また、私たちが神に何をしたところで、神よりうまくできることはありません。しかし、私たちは、合一生活をその可能な極限まで生きることはできます。これは簡単そうに聞こえるかもしれませんが、実際、これほど難しいことはないのです。

成熟した合一状態とは、利他的な状態あるいは、他者のために生きる生活のことではありません。私たちが他者の中に愛するもの、他者の中に見る善は、神です。実をいうと、人間同士の合一はありません。それは、人々と神との合一を通してのみ生じます。したがって、私たちは神と一つになることによってのみ、互いに一つになれるのです。それ以外の、精神、肉体、感情その他による合一は、まったく表面的なものです。相手が何をしようと、私たちにどう接しようと、相手がどんな人であろうと、私たちが無条件の愛で互いを愛せるようになるのは、神の内で合一しているからにほかなりません。ですから、ここでいう愛は、本当は他者に対する愛ではなくて、他者の「中の」神の愛なのです。私はこの愛が、キリスト者の愛の本質だと思います。というのも、「私たちの敵を愛する」以外に道はないからです。これこそ、キリストが私たちに突きつけた究極の課題です。

愛の名で行なわれていることが、単なる外面的な仕事、または私たちが他者のためにすることでしかないことがあまりにも多いと思います。キリスト者の愛と人間としての品位による行ないとを区別することは重要です。後者は信者であろうとなかろうと、地上のすべての人に課せられた義務です。たとえば飢えた人に食事を与えなさいという命令は、宗教や、人種や、政治的信念を問いません。それはキリスト者に限られたことではありません。

個性の行使がこの状態での主要な活動ですから、合一生活という文脈において「能動的」という語が示す意味を正しくとらえることは重要です。すでに示したように、善行と隣人愛が中心または目標ではありません。観想者も他の人たちと同じように、他者の要求には反応しますが、何かを得るためとか、自己満足のために何かをするのではありません。彼は自分が人のためにすることをさして重要とは思いません。なぜなら、自分がなし得るどんなことも、一時的で表面的なものにすぎないことを知っているからです。その行為は魂の深い部分に永続的な影響を及ぼすようなものではありません。恩寵や光や内的なヴィジョンを与えることはできないのです。他の人の魂の深みに入り込むことも、彼らを変容させることもできません。彼自身には力がないのです。彼の行ないは、合一の中心から引き出されたものですし、そこには功徳と価値がありますが、それでも、彼は他者にとっての神にはなれません。善の仲介者にしてくださいと祈ることはあるかもしれませんが、自分でその祈りを実現することはできません。そしてこのことについては、どんな幻想も抱きません。おそらく、最も崇高な愛が生じるのは、私たちが非常に純粋かつ完全になり、神の愛の仲介者になったときなのでしょう。そのとき神の愛は、私たちの知らないうちに、あるいは何かをしたという自覚なしに、私たちを通して他者へと伝わっていくのだと思います。

キリストは何かの業《わざ》を行なうときに、それは自分の力によるのではなく、父の力によるものだということを、はっきりと認めていました。したがって、キリストの行ないは彼自身のものではありませんでした。キリストは社会事業に関与しなかったということも付け加えてよいかもしれません。聞こえはよくないかもしれませんが、彼の奇蹟は彼が神から遣わされたことを人びとに信じさせるという目的をもっていました。その目的は、単に病や社会的悪を癒すということだけではなかったのです。もしもこれが目的だったなら、すべての人を治療していたはずです。それどころか、世界を癒していたでしょう。しかし、これは彼の使命、メッセージではありませんでした。実のところ、彼は、社会の悪に対して万能薬とならなかったがゆえに拒絶されました。彼の王国はこの世のものではなかったのです。

私はキリストを、何よりもまず神秘家として見ています。彼は、常に神のヴィジョンをもち続け、そして他者に分け与えるという使命をもっていました。このように見る人はほとんどいません。人々は自分の忙しい生活——内的ヴィジョンのない、それゆえキリストなしの生活——を正当化するために、キリストの善行を利用してきました。すでに述べたように、自分の義務や責任を果たし、他者の権利を尊重し、救いの手を差し伸べることは、人間として当然のことです。それはべつにキリスト教徒に特有のことではありません。

要点は、蝶は先行者だということです。彼は、「活動的な」生活にありがちな皮相さや、自己中心的な関心を見透かします。他者に対する彼の情熱は、ヴィジョンの仲介者になりたいということだけであり、そのヴィジョンは神のみが与えられる、ということを彼は理解しています。自分にそのヴィジョンを与える力がないことは、彼の苦しみです。自分の全人生を神と共に強烈に生きながら、他の人たちに神を伝えることができないというのは、恐ろしいことです。ここには、外面的な仕事には何の安らぎも見出せないという苦悩があります。実際、内的なヴィジョンを適切に表現できないことは、この状態に特有の苦しみです。というのも、そのヴィジョンを分け与えることができなければ、少しも満足できないからです。そして誰もこのヴィジョンを欲しないため、一人で耐えるしかなく、そこに苦しみがあるのです。

内部の炎をきちんと表現できなかったり、それを明示できず、受け入れてもらえなかったりすることで、この無自己の段階はまったく不満足なものになります。それは個性の成熟段階ですが、個人的な満足や報酬、個人的な成功という意味での自己実現の段階ではありません。それはむしろ無私の達成の段階です。言い換えれば、すべてを与え、何も受け取らない段階です。それではいったい、この世は何を与えることができるのでしょう？　この世は全体に何かを付け加えることができるでしょうか？　存在の最も深い次元よりも深いところへ進むことはできるでしょうか？　この段階まで来たからには、これからどう進むかが、ここでの特有の問題です。それは空中に道を探すようなものです。けれども蝶は、さらに先があるはずだと知っていて、やがて前方に向かうもうひとつの道を発見するのです。

この段階で起きる主要な動きがあり、私はそれを「開かれた心《オープン・マインド》」と呼びます。これは非常に重要なことなので、次の章で特別に扱うことにします。この「開かれた心」を別とすれば、この段階での前進の道は、苦悩、試練、そしてあらゆる種類の苦難を乗り越えていくことです。こうした苦難のおかげで、私たちは合一生活を実践することができるのです。したがって、こうした難題はこの状態に特有のものであり、異なる文脈においては理解できないし、他のどの段階でも知られてはいません。

　蝶は高く飛べるようになったので、それまでとは違った視界が開け、異なった光景を見ます。残念ながら、それを地上に縛りつけられている幼虫たちと分かち合うことはできません。最初のうち、蝶は、自分は他とは違うのだという事実をなかなか受け入れられません。何が内部の炎を共有することを妨げているのか、あるいは、なぜ他の人たちはそれを受け入れることができないのか、理解できないのです。これによって、彼は絶えず「自分では何もできない」という認識に引き戻されます。できるのは、神の恩寵を伝える者となれるように祈ることだけです。

　内部の炎を表現できない自分の無力さを繰り返し認識するうちに、やがて彼は、この炎が自分のものではないということを理解するようになります。彼はそれを手渡すことも、それで他者の道を照らすこともできません。彼はそれを自分の目的のために使うこともできません――たとえそれがどんな良い目的であろうとも。この認識から、彼はこの炎がまったく別の目的をもっていることを悟ります。それは彼が表現できないというまさにそのことによって、彼を焼き尽くす炎なのです。あたかもその炎は、自己がその炎を適切に表現しようとして絶えず探し回ることで、自己を消滅させようとするかのようです。それゆえ、その人生は、満たされることのない献身の生となります。自己は苛酷な外的作業によって燃え尽きるのではありません。そうではなく、外的なものによって自己が使い果たされることはないという、まさにそのことによって、自己は内的に燃え尽きるのです。炎はなおも燃え続けます。私たちは、いつかその炎についての真実と適切な表現を見出せるのではないか、ひょっとしたら、世界を燃え上がらせることができるのではないかという希望に駆り立てられて、外へと推し進められます。そのとき、知らないうちに、私たちは燃やされています。そして合一的自己は、その炎に呑み込まれて消滅してしまうのです。

仮にその炎が外部まで達して完全なはけ口ないし表現を見つけるなら、内的な燃え尽き、すなわち内的な成就はないでしょう。というのも、いったん外に出れば、その炎は消散し、見えなくなってしまうからです。ほんのいっときでも、それを完全に認知するという大きな満足が私たちに許されるなら、それは起きるかもしれませんが、そんなことは、その炎の目的ではありません。その目的は、世界に火をつけたり、私たちの外的生活で何かを成し遂げたりすることではないのです。目的はただひとつ、合一の相手を内部において消尽させることだけです。先に述べたように、この炎は強烈な生き方です。神のために生きることではなく、神と共に生きることです。それは完全に主観的な体験です。どういうわけかまだ十全ではない可能性を最大限まで発揮して生き抜こうとする全自己的な体験なのです。

当初、この炎は私にも神にも同等に属しているものと私は思っていました。ですから、それが私のものではなく、かつてそうであったこともない、と知ったときには、訳がわからなくなりました。けれども、このことを知ったとき、それを表現したところで自己表現に過ぎず、その結果もたらされる満足感は、神ではなく自己のものになってしまうだろうということも理解しました。こうして、自己がどんなに努力をしても、自身では本当に神を表現できないということがわかったのです。神だけが、ご自身を表現できます。これが意味するのは、合一的自己は神を適切に表現するものではないということです。はっきり言えば、自己は神を表現することなどこれっぽっちもできないのです。私はこれこそ、キリストが十字架上で合一的自己を放棄しなければならなかった理由だと確信します。なぜなら、こうした自己のない方法によってしか、キリストは神の適切な表現になり得なかったからです。キリストは自己をなくしたからこそ、自己が残存しているかぎりもたらすことができなかったことを、私たちにもたらすことができたのです。

ひとたびこの段階に完全に入り込むと、この深い自己の焼却の中で、神のある神秘的な計画が明かされてきました。そして、自分が本当になすべきことは、その炎を外部へ表現しようとあくせくすることではなく、静かに座ってその炎が短時間で、つまりすばやく、私を焼き尽くすにまかせることだとわかりました。問題は、私にそれができなかったことです。後日、私はある開口部（その炎を表現するチャンス）を見て、「これだ！」と心の中で思うことになります。そのとき私は天使たちが足を踏み入れたがらない場所に突進することになりました。当然のことながら、すべては無駄になりました。あらゆる計画、仕事、努力が、私の面前で砕け散りました。そして私は内部ばかりでなく、外部でも焼き払われたのです。

もう一つ直感されたのは、物事がこんなふうにずっと続いていくことはあり得ない、ということでした。遅かれ早かれ、何かが与えられねばなりませんでした。たとえすぐに死ぬ運命ではないとしても、この炎と一緒に永遠に走り続けることはできません。時々、自分が聖火を次のランナーに渡すために走り続ける、オリンピックの聖火ランナーのように思えました。ただ、誰も現れないものですから、私は走り続けるしかありませんでした。あるときはこんな考えも浮かびました。神は人類を誕生させた始めから、常に聖火ランナーを走らせている。そのランナーは、幾世代にもわたって走り続けているので、地上の最後の人間が死ぬまで、人間の神への愛は消えないのかもしれない、と。

最終的には、その炎は絶対に外へ出ることはないので、いつか爆発するしかないだろうと考えました。そのとき何が起きるのかはわかりませんでしたが、何かすばらしいこと、可能なあらゆる表現を超えた究極の表現になるだろうと確信しました。やがて、この爆発は実際に起きましたが、私が予期したようなものとはまったく違い、フッといっただけでした！　静かな一吹きで、炎は消えました。しかし、これと共に、合一の中心も全部消えてしまいました。残ったのは、絶対的な静寂と沈黙でした。動きもなければ、空虚感もありません。なぜなら、もはや「内部」がないので、空っぽにされるものもなかったのです。しかし、この後に起きたことは、また別の話です。

私が強調しておきたいのは、その合一段階とは、実は多くの人が思うような変容の成果を表現するのに適した段階ではないということです。自己が十分に発揮され、多くの活動が行なわれるとしても、この活動は比較的表面的なもので、無駄になります。私はこれを自己達成の段階とか、内的満足の段階と見るよりも、神が自らを実現する段階と見ます――そこでは、私たちが知らないうちに、むしろ自己に反して、神が自己を消滅させているのですから。

私は、キリストに差し迫る死を告げたのも、この同じ内部の炎が焼き尽くす運動だったに違いないと思います。どうもキリストは、自分の肉体的な死よりも、最終的終焉の本質のほうがずっと大切だと見ていたようです。真に神の媒体となる方法は、これしかありませんでした。この世の業《わざ》によっては達成できなかったことを、死後に達成するのです。彼もまた、ある偉大な計画が明かされるのを見たでしょう。そして、父への帰還において、自分の自己——神聖な、合一的自己——を超えなければならないことを知ったでしょう。キリストの死は確かに爆発でした。その反響は永遠に続くでしょう。それは神性の内への爆発、神の完全な主体性の内への爆発でした。

キリストの現世での問題は、合一状態における私たちの問題と似通っているように思われます。それは他者に火花を起こさせ、炎を伝え、世界を照らすという問題です。その炎は外部から生じるものではないゆえに、内部から生み出す方法を見つけなければなりませんでした。聖霊が一つの炎として、内からの光としてやってきて、その役目を果たしました。というのも、私たちがキリストの主体性を知ることができるのは、この光においてだからです。キリストに人間としての自己が残っているかぎり、それは常に私たちにとって客体にとどまるでしょう——すべての自己が客体であるのと同じように。ですから、彼は、自身の主体性を現すために、その自己を放棄しなければなりませんでした——私たちと一つであることを明らかにするために。すると聖霊は、この主体性を照らして、私たちに示し、私たちが理解できるようにします。したがって、聖霊はキリストから私たちへの贈り物、キリストは聖霊から私たちへの贈り物です。どのように見ても、それはすべて神ご自身の人間への贈り物です。それは私たちの上に降り注ぎ、あふれています。実のところ、私たちがどこを向こうと、どこを見ようと、いたるところで、神はご自身を顕わしておられます。

合一段階の実践は、ささやかながら、キリストの活動的生活と同じパターンをたどるもので、十字架上の自己の死にまで従います。真の自己と人間性を受け入れた私たちは、自分の人生を、内なる深みを表現し、ヴィジョンを他者に伝えようと全力を尽くすことに費やします。キリストのように、私たちは拒絶され、理解されません。私たちは一人で行かなければなりませんでした。そうしているうちに、私たちは内部の炎によって焼き尽くされ、とうてい理解できないような仕方で死に向かっています。したがって、この段階の目的は、私たちを十字架へ連れて行き、そこで合一的自己を放棄し、それを超えさせることです。

私が思うに、自分の自己（個性）と人間性を否定する人たちは、それがすべての人間が通り抜けなければならない通路だということを認識できません。彼らは自分が創造された目的の通りのものになれないばかりでなく、自己を超えたところにある真の運命に出会うこともできません。自己を超えるためには、まず自己が必要で、キリストの自己と合一した全体的自己が必要です。幼虫は毎日のように死にますから、中には繭の状態を切り抜けられないものや、出た途端に死んでしまうものもいるでしょう。しかし、蝶の成熟段階を全うし、定められた生を十分に生きられるものもいます。そして、神のみが知る十分さまで生き終えたならば、蝶は死に、永遠のヴィジョンに達するのです。

もしこの段階を通らずに自己を超える方法があるとしても、それがどんなものか私にはわかりません。私たちが向こう側に達するために自己を通過しなければならない、またはそれを超えなければならないというのは、理にかなったことのように思われます。さもなければ、その存在は明白なのに、それを回避して存在を否定することになり、自分を欺くことになるでしょう。私は、自己を通じての道こそ、キリストが指摘した特別な「道」であり、この救済の道を示すことがキリスト特有のメッセージであり、使命だったと確信しています。キリストの使命に対しては、確かに違った見方があるでしょう。幼虫は高いところから見ることができないので、キリストの使命について限られた解釈しかできません。幼虫の解釈に厄介な問題があるとすれば、それは、常に自分たちの限定された見方を他者に押しつけることです。

厳密に言えば、内なる炎にまつわる問題を「苦しみ」と呼ぶことはできません。それはむしろ、困惑させられる状況といったほうが適切で、これは合一段階の中で最も継続的に見られる特徴でしょう。しかし、ここでは、別のタイプの深い苦しみがあります。経験に基づいて、私はそれを「傷心 a broken heart」と呼んでいます。それはこんなふうに生じます。

皆さんご存知のとおり、個人的満足度にはいろいろなレベルがあります。私たちはたった今、内なる炎を表現できないこと、またはそれを外部に出せないことによる不満感について話しました。蝶と幼虫の間にも不満感があります。なぜなら、両者の間には対等なやり取りはあり得ないからです。どちらも相手がもっているものをほしがりません。したがって分かち合いは表面的な、ありがたみのないレベルに限定されます。これに次の事実が重なります。つまり、見たり知ったりするレベルが異なるので、蝶の洞察は理解も評価もされないのです。蝶が孤独を運命づけられているわけがわかります。純粋な人間のレベルにおいて、個人的な満足は皆無なので、これは非常に孤独な状態です。そして一定の時期を過ぎると、この孤独は背負いがたい十字架になるかもしれません。中心には深い喜びがいつもありましたが、人間の心のレベルでは、確かに喜びが不足します。その不足があまりに過重になると、ついに心は真二つに割《さ》かれてしまいます。このとき、私たちは心を「剣で貫かれた」女性〔訳註：幼子キリストを神殿に奉献したとき、シメオンがキリストの受難を預言し、聖母の心も剣で刺し貫かれるようになると言い、その通りになったこと〕と同じ状態に置かれます。それが体験的に理解できる状態です。

　その「刺し貫かれた心」は、単純なものではありません。それは、私たちの人生で最も大事なものを共有できないこと、自分の中の最良のものを拒まれること、受け取ることなく与え続けること、軽視され、踏みつけられ、裏切られた——つまり刺し貫かれた——繊細で忠実な心が混ざり合ったものです。心は自分自身の内にこもらなければならないので、この荷の重さだけで壊れてしまいます。要するに、それはこの世に真実や永続的満足をなんら見出すことができないので、ますます強くヴィジョンに思いこがれるのです。しかし、驚くべきことに、荷が重くなればなるほど、そのヴィジョンは明晰になります。私は実際に、これがまったく真実であることを発見したゆえに、「傷心こそヴィジョンへの道」と言うことができます。

ここには、神の意志に適合できないという問題はなく、合一の崩壊も、中心での苦痛もありません。これは暗夜ではありません。けれども、人間の心が消滅しつつあることは、自己にとって深い傷であり、人間存在の根源に達する死の一撃です。私たちはキリストと聖母の苦しみの御心について聞きますが、それが消滅する自己の現実だということはわかっていません。それは人間的基準からすれば悲劇ですが、聖なる消去であり、人間の心を神にゆだねよという呼びかけなのです。したがって、深く継続的な交わりという感情的喜びは切り捨てられ、中心における喜びだけが残ります。そこでは、人やこの世ではなく神が私たちにとってのすべてになります。このように、自己がさらに消滅することが、合一生活のまさに核心であり、その真の目的なのです。それは神のみと生きる結果、つまり、違った理解の仕方をする蝶になった結果です。要するに、蝶はまったく違う風景の中で暮らすことになるのです。しかしこれは、神との合一のために支払うべき代償であり、私たちの人間性と全自己に、心からのかかわりを強いることになります。

ある日、私はこの「傷心」について、特別な洞察をもちました。それは、私が真剣にこれから逃れることを考えていたときのことです。そのとき、私はすべての重荷を下ろし、生活スタイルを変えて、もっと満足できる生き方を探すことを考えていました。傷心のために自分の中の一部が死にかけていることがわかり、病的な心理状態に行き着くだけなのではないかと考えたのです。結局のところ、人間としての満足感がどれほど奪われても、人は生きていけるものなのでしょうか？　どの程度からが、心理的不健康の範疇に入るのでしょう？　人は、どれぐらいの喪失を耐え忍ぶことができる、または耐え忍ぶべきなのでしょう？　決めかねたすえに、私はすべてを神にゆだねました。するとその瞬間、恐怖とはいかないまでも、困惑させられるような現実がやってきました。私は自分が実際に個人的存在としてはあらゆる意味において消滅しつつあることを悟りました。そのとき同時に、内なる炎が燃え上がったのです。それはまるで、天国の扉を守る天使の燃える剣のようでした——どんな恐怖も入らせまいとするかのように。それは私の自己です。この大きな炎の内部に、一つの小さな、チカチカする、頼りなげな炎がありました。それは私の自己です。それが消えかけているのを見て、私は恐怖を覚えましたが、どんな恐怖も入り込むことを許さない大きな炎が、私に指示しました。自己を死なせなさい。それを手放して、もう何もしてはならない。すべてをあるがままにまかせなさい、と。私はそのとき、自己の消滅は、すべて神の不思議な計画の中にあるのだとわかりました。それは神の聖旨《みむね》なのだ、神の聖旨であるからには、万事うまく行くだろうと。そこで私は、この重い心を運び続けることにしました。神が与えた十字架を取り去れるのは神だけだということを知っていたからです。生涯ずっと逃げ続けて抵抗することもできたかもしれませんが、そんなことをしても、何の益にもならなかったでしょう。私たちの約束の場所は十字架でした——それは人間の心だったのです。

私はそれまで、それ以上の自己の喪失があるなどとは知らなかったため、こうしたことすべての本当の意味が皆目わかりませんでした。しかし、知るべきことはすべて知っていました。つまり、神が一切を仕切っておられるということです。それは神のなされる業《わざ》です。私はただ、恐れることなく神のなされるままにすればよいだけでした。そして自分の身（自己）を捨てて、神を信頼すればよいのでした。これがすばらしい旅への準備だとは私は思ってもみませんでした。これによって、新しい生と新しい意識状態に入ることになるとは、知らなかったのです。私は中心の扉の向こうにある継続的なヴィジョンが、日ごとに近づいてきていることに少しも気づいていませんでした。

私は実のところ、結合された自己が破壊されるとは信じていませんでした。そのため、この段階の終盤においてすら、こう書いていたのです。「私にとって自己の破壊はあってはならない恐怖だ。私は自己が破壊され得るとは信じない」。その意味は、いかなる崩壊も結局は再統合に到る、ということです。たとえ私たちが粉々になり、残りの人生をずっとその状態でいたとしても、それらのかけらは消えることはないと思われたからです――もし消えてしまったら、何が残るでしょう？

この問題に関しては、十五歳のときの体験にしばしば立ち返りましたが、当時は、自分でも気づかずに、破片または非合一の状態にとどまっていました。一時、私は神との非常に強い合一の中で抱かれるのを感じたので、もしも神が私を下ろして、手を離し、どこかへ行ってしまうなら、私は粉々になってしまうと思ったほどでした。私は自分がいつもどおりの取り乱した心と不満足な意志で、落ち着きなく探し回る状態に戻るのを見ることができました。それは、一言でいえば自然と恩寵との全面戦争です。あのように力強い合一を知った後で、こうした分裂した状態に戻ることは、ほとんど恐怖でした。後でわかったことですが、神は私をたいそうゆっくりと、優しく下ろされたので、私は粉々になる体験をせずにすみ、いったいどうやって、神様はこのようにおできになったのだろうと驚いたほどでした。どうやらこの体験の間、私たちを高め、強める恩寵が、ずっと与えられていたようです。そしてこのごくわずかな恩寵が積み上げられて、徐々に永続的な合一状態がもたらされるのだと、私は思います。これは知覚できないほど微細なレベル――私が恩寵の神秘的レベルと思うところ――で起きるので、その状態が永続的なものになってしまうと、私たちには、この合一が本当はどれほど強力で堅固なものであるかを理解できないことがしばしばです。ですから、時には、自分が今にも崩壊しそうだと感じるのはよいことです。比べて見さえすれば、その合一は神が私たちを抱いてくださるからだということと、神からの恩寵がなかったら、私たちは、かけらにすぎなかった出発点に戻るしかないことがわかるでしょう。

この理由から、私は、不統一または崩壊は、結局合一に戻ることになるといつも思っていました。それ以外は考えられませんでした。さらに、たとえ最終的な自己の喪失があったとしても、この合一は「解かれることがない」と付け加えておきたいと思います。粉々になることはないのです。そうではなく、自己である中心全体が、一つのかけらとなって神の中に入るのです。なぜなら、自己のバラバラな断片は、神との合一の中には入れないからです。神の全体性の中に、全自己が入ると言ったほうがよいかもしれません。その結果、断片状態の自己のままで、あるいは自己をまとめないうちに先に進もうという未熟な企ては、失敗せざるを得ません。そうしたことは見たことがありません。「全か無か」の法則のように、完全に、すべてにおいてか、さもなければまったくしないかのどちらかです。

この合一段階については、私は日記に多くのことを書いていました。それを読むと次のことが明らかになります。合一の中心が破壊できないことは明らかなので、私は真の自己は神性に似ていると思いました。この世のすべてのものが取り去られても、中心は触れられることなく生き続けます。さらに驚いたことに、その中心は、あらゆる殴打、試練、猛撃を受けても、疲弊することはありませんでした。そこで私は、それはきっと神の聖域に違いないと思いました。この世のどんな反対勢力にも持ちこたえる難攻不落の要塞――確かに、地獄の門もかなわないでしょう！　この真の自己である神性が破壊され、やがて消滅してしまうことがあり得るとは、まったく考えることもできませんでした。

前にも言ったように、合一の中心はヴィジョン（観想）の対象であると同時に、自然に起きる気づきでもありました。感情や第六感のように、見なくてもわかるものです。中心にある神の全的なヴィジョンを隠していたのは、扉やヴェールのように覆いかぶさっていた真の自己でした。私は中心において真の自己（キリストと合一した自己）を垣間見たことはほんの少ししかありませんでしたが、それは、中心の要塞、内なる砦、生きた炎だと、いつも考えていました。したがって、神の一部としての自己は破壊されるはずがなく、来世で永遠の観想の中に入るときに、それを置き去りにすることができるとは、考えたこともありませんでした。私はこのヴィジョンを見る「主体」について考えたことはなかったのです。どういうわけか、この疑問は私の心に浮かびませんでした。けれども私は今、これは、生ける者が問い得る最も大きな、最も重要な問いだと理解しています。

そのままだったら、私は自己について三十分も考えることなく一生を終えたことでしょう。それは、一つの独立したテーマとして私の興味を引くことはなく、そして主観的現実としてはあえて考えるまでもないものでした。幼少の頃からずっと、私は自己が私の存在の全体だと思い、基本的には主体の限界だと考えていました。このような考えをもっていながら、自己の崩壊を体験することになるとは、皮肉な運命でした。また、私が旅の途中で苦難に出会うことになったのは、こうなることを予期していなかったこと、またはその背景的な知識が不足していたせいだったかもしれません。けれどもこのために、私はいっそう神に助けと洞察を求めて頼ることになりました。そして結局、それは私のためになったかもしれません。けれども、一つわかっているのは、もしも合一的自己の脱落が普通に予想されていたり、または頻繁に起きたりする事だったなら、私は本書も前作も書いてはいなかっただろうということです。それは、まったくの驚きであり、混乱でした。それは、それ以後の人生で語るに値することはもうないだろうと思わせるほどの並外れた一面をもっていました。しかし、大切なのは、他の観想者たちに警告することでも、その問題について議論することでもありません——そんなことをしても結局は、何らかの既定の結論に落ち着くだけでしょう。そうではなく、それを通常予期されることの中に含めてもらうこと、それを神秘神学の現行システムに組み入れてもらうこと、その展望を検討し、とりわけ、そのような事件に備えることが大切なのです。

私たちはここまで、魂がこの段階で出会う二つの苦しみを見てきました。魂は、内なる炎を分かち合うことも、適切に外へ表現することもできないために苦しみます。また、個人的な満足が得られないことにも苦しみますが、それは永遠のヴィジョンによってしか満たされることがない深い孤独です。他にも忍耐を要する苦難はありますが、それはあらゆる人に共通する試練と苦労です。そして私の苦難に何か違いがあったとすれば、それはただ、数と種類の多さでしょうか。こうした試練をざっと並べれば、それは聖パウロの災難の現代版のように見えるかもしれません。強盗に遭うこと三回、車の大破一回、何度もの解雇、等々。私は石を投げられたことこそありませんでしたが、その代わり、卵を投げられました。実際、私は愛する生徒たちから卵を投げつけられたのです。しかし、これらの試練が不名誉なのは、私が立派な理由のためにそれらに耐えたとは言えないことです。聖パウロのように、自分の人生を神と共に強烈に生きることもあり得たかもしれませんが、自分の苦しみに何らかの価値があるという認識から満足感を得ることができませんでした。実を言うと、私はそれらを無駄だと思いました。なぜなら、それで何かが成し遂げられたわけではなく、どこへも行き着かず、そして明らかに、人のためになるわけでもなかったからです。

もしこうした試練に何らかの意味があったとすれば、それらはやがてありふれたものになって私にとって挑戦しがいのあるものではなくなったため、私が多様性や変化を求めるようになったことでしょう。六メートルのハードルでも、毎日それを飛び越えていたら、慣れてお定まりの日課になってしまいます。すると、何か新しいレベルに入れないかと、いろいろ試したり探求したりすることになるものです。

私の出会わなかったトラブルが一つだけあったとしたら、それは存在の深奥の中心部でのトラブルでした。この深みでだけは、自分が真に生きていると感じました。この中心の外側では、人生は比較的表面的でユーモラスなもの――シェイクスピアの言う「舞台」――に見えました。私がそれに愛着を覚えることはなかったと思います。ときには、そうしようと努力してみたこともありましたが。試練や苦労があまりに絶え間なく繰り返されたので、やがて、水がアヒルの背中を流れるように平気になりました。そしてこうなったとき、私は何らかの神秘的な終末に達したことを感じました。この地点で、自己は明らかに用済みになっていました。そして自己に挑むものが何もなくなったとき、私たちは「自己なしの生」という、生の新しい次元に入る準備ができたのです。

しかしながら、この移動が可能になる前に、あらゆる障害を当然のように受け取ることが、魂にとって習慣となり、無意識の生き方になっていなければなりません。なぜなら、たとえ自己が消えたとしても、人生の試練や苦労は続くからです。私たちはまだ獅子の前に投げ出される可能性があります。けれども、自己がないなら、どこから勇気や、決意や気力がやってくるのでしょう？　自己がなくなれば、世界が突然変容し、問題や苦しみもすべて終わると考えるのは、幻想にすぎません。それどころか、それらは以前より悪化するかもしれないのです！　質問はこうです。これらの試練に耐え、それらを乗り越え、このまったくお手上げの状態の中で生き続けるのは、何者なのか？　こうした問いに対する答えは、この状態を生きなければ見つかりません。そして、前もってそれについて何か言えるとしても、それは信じがたく、伝えることはさらに困難です。

私たちが知っておくべきなのは、人は自己がなくなっても、自己があるときと同様に、困難や障害に遭遇するということだけです。違いはただ、その処置が無意識にできるほど、すっかり習慣になっているので、どうやって生きようかとか、別のふるまいがあるかとか、考えなくなっていることです。自己なしに生きるためには何が必要か、わかっている人はほとんどいません。その準備は妥協を許さない徹底的なものでなければなりません。そして内なる中心が、火や圧力によっても動じない確固たるものであることが証明されなければなりません。そうでなければ、神は私たちを強力な流れに預けることはできないでしょう。その水は、私たちを別の次元の生へと連れて行きます。それゆえ、この合一の段階が終わりつつあるという一つの徴《サイン》は、どんなものも——それがたとえ最大の試練であっても——もはや合一した自己に挑みかかることは不可能になるということです。これは私たちが長い道のりを辿ってきて、とことん走りきり、神へのゆるぎない信頼をもって事を成し遂げたということを示しています。神への信頼はゆるぎなく、信頼の必要性すら超えるほどになっています。神と共にある生活は、もはや当然のこととなり、私たちの生は全体的なものになっているので、そこでは、神のことを考えなければならないということさえ、信頼の不足を表わすほどです。

これらはみな、自己の喪失がまったく世俗的で実際的な日常生活のレベルで生じることを示しています。それは何かすばらしい洞察や悟り（せいぜい一時的なものでしかない）によってもたらされるものではありません。自己は、心理的なトラウマになるような出来事によって失われるのでも、エクスタシー状態の中で失われるわけでもないのです。自己は単に「透かし見られる」ものではなく、それは「生き抜かれる」ものです——その最後の一滴まで生きられるのです。いったんこの終わりに到達すれば、自己の不在を実感する瞬間がやってくるでしょう。そしてこの不在に慣れる時期が来て、自己意識のシステムがもう二度と戻らない終了を迎えたことにも慣れるでしょう。しかしこれらすべては事後のことで、自己を日々終わらせることとは関係がありません。

そこで、合一生活の本質は、感知できないほど徐々に自己が死んでゆくことです。この死が可能になるのは、自己がしっかりと神に固定されて、十分に生きることに何の恐れももたず、やってくるあらゆる苦しみ、心痛、試練を受け入れられるからです。自己の死のメカニズムは、自己と神との生活の中に組み込まれています。私たちはすべてを差し出し、神がすべてを取り、すべてがなくなったとき、神のみが残ります。この合一生活がなかったら、私たちは自己を放棄することはとうていできないでしょう。十分な安心、愛、信頼、さらにはそうする理由すらないことになるでしょう。

これまで、私たちは合一生活の試練と苦労について考えてきましたが、無私の献身についてはまだ何も言っていません。それについては特有の定義と課題があります。無私の献身とは、それぞれの状況や関係の中で、何が正しく最善であるかに則《のっと》ってなされる行動ではないかと思います。それは、自分がどう感じるか——情緒や感情——に則ってなされる行動とは違います。自分を捧げるとは、イエスマンであることや、平和や個人的満足のため、または他人から認めてもらうために譲ることではありません。ある状況では、何もしないことが隣人のために最善かもしれません。たとえば、頼ることが当人のためにならないときには、頼らせてはなりません。他の人が、自分の心理的安定のために私たちに寄りかかろうとするとき、それを許すなら、彼らの独立と自由を奪い、吸血ヒルのように、相手のエネルギーを奪ってしまうことになるでしょう。愛や慈愛として通っているもの、あるいはセラピーと呼ばれているものにさえ、この種の心理的吸血行為が潜んでいる場合があります。あるいは、感情転移とか、グル症候群として知られているものもあります。

雛鳥《ひなどり》は、母鳥に巣から突き出されるまで、自分が空を飛べることを知りません。禅の修行者は、師に目の前で戸をピシャリと閉められるまで、自分の目が見えていることを知りません。こうした慈愛は無情に見えるかもしれませんが、実は叡知に基づいた、時宜を得た行ないであり、とりわけ他者のためを思う無私の思いやりなのです。もちろん、私たちが他者のために長く苦しみ、忍耐し、沈黙を守ったり、耐えがたい状況を我慢したりしなければならないときもままあるでしょう。しかし私たちはそれを、感情的に巻き込まれて、あるいは他に方法が見つからないという理由で行なうのではなく、深い洞察に基づいて行なうのです。そこには個人的な利得への関心はありません。ですから、無私の献身とは、より高い原理に則り、何よりも他者のためになることです。それは他者を私たちの自己よりも優先することではありません。そういう選択は必要ありません。より深い自己は十分に管理されているので、考慮にのぼることはなく、「私かあなたか」の選択は必要ないのです。

いずれにせよ、無私の献身と合一生活におけるあらゆる試練は、徳が試されるため、徳を実践するためにあります。あるとき、私はふと、徳には多くの種類はないのかもしれないと思いました。なぜなら、中心の強さの中では、すべての徳が一つに見えるからです。十字架の聖ヨハネはそれを、「ひとすじの髪の毛」の強さがそれらを一つに固定しているので、ただ一つの徳、ただ一つの強さしかないと述べています。

私たちはその徳にラベルをつけるかもしれませんが、それは、他のすべての徳を一番よく表わすものだったり、最もマスターしたいと思うものや、自分に欠けていると感じるものだったりします。私の場合、この領域で私が最もマスターしなければならないことを表わすラベルは、忍耐だと感じました。なぜなら、本当に忍耐強くいられるなら、非難や批判や毒舌などに傾くことはないはずですから。その代わり、そこには超然とした公平さと慈愛とがあるでしょう。一言でいえば、内的な動きがまったくないのです。私はあるとき、忍耐の本質について、興味深い発見をしたことがあります。

一人の三歳児がかんしゃくを起こしていました。その子は金切り声を上げ、ひどく泣きわめいていました。十五分くらい続いたでしょうか。普段なら私はそういうところから離れるか、音楽をかけるなどしていたでしょう。しかしこの日、私は静かに座って、何もせずに自分の内部の反応を観察することにしました。まず、内部には、どんな感情の動きもないことに気づきました。そして、金切り声が私の思考をすべて奪い去っていました。実際、私は静かな、動きのない状態にいたのです。しかしそのとき、一つのヴィジョンが見えました。私の体の中の小さな神経すべてのつなぎ目が動揺させられてゆるみ、鎖の輪がほどけるように分解してゆきました。そのとき私に思い浮かんだのは、忍耐は、そしておそらくすべての徳は、私たちの神経と大きく関わっているのではないかということです。そして徳の本質は、完全な無神経状態——つまり平然としていること——ではないでしょうか。神経がなかったら、何が私たちを悩ますことができるでしょう？　身体性を超越したそのような状態は、天国の状態に近く、実際、人は無傷で影響を受けることもなく、火の上を歩いたり、死を通り抜けたりすることもできるでしょう。私はこれを理想的だと思いました。そしてそれ以来、徳を実践するときには、自分の神経系にもっと注意を払うようにしました。というのも、今や私はそれらのつながりを確信していたからです。こう付け加えてもいいかもしれません——中心の強さによって、神経系を観察することが可能になる、それは中心が非感情的なものだからだ、と。この観察には、必ずある身体的気づきが伴い、それは、徳の実践において大きな助けになると私は思います。他者を傷つけたいという思いや欲求はなくても、この善意を反映するために、私たちはどれほどしばしば、自分の神経系と戦わなければならないことでしょう。ともあれ、私はこれを良い修行だと思いました。そして、ひどい騒ぎの只中に完全に神経系を静止させて座っていられたその日、長い道のりを歩いてきたものだと感じました。

残念ながら、こうしたことに習熟しても、世間的には何の価値もありません。私が学校で教えていたとき、生徒たちが授業中に窓からこっそり出入りしても、私は目の見えない人であるかのようにまったく気づかず、いつも物笑いの的になっていました。こうした悪ふざけは、注意を引こうとするためのもので、無視すればやがて彼らも飽きるだろうと私は考えました。それは結果としてその通りでした。けれども、私のほうは、勝ち抜くだけの忍耐力を持ち合わせていたとしても、学校側はそうではありませんでした。結局のところ、私は生徒たちの不作法を黙認したという理由で解雇されました。学校を去るとき、私は次のように提案せずにはいられませんでした。教師の代わりに、動物園の飼育係を雇ってはいかがですかと。

これがどう無私の献身と関係するのかと思われる人もいることでしょう。私が見たように、忍耐は――または私たちが実践したいと願うどんな徳も――自己に対する死の一撃であるだけでなく（その一撃がなければ、自己は感情を発散させるか、他者をかき乱そうと手を出すでしょう）、神経系に対する死の一撃でもあるのです。神経系は、やがては、人間の本性の中で最も賢明で、最良で、正しいことの認識に従うものにならねばなりません。こうした無私の行為には、何の報酬もありません。その真価を認めない人は確かにいます。また、私たちが正しいことをするしかないときに、正しいことをしても何の報酬もありません。こうして、私たちは、それ以外のことをすれば不自然だという地点にやってきます。もうよい習慣が覆されることはなく、もう自己に帰ることもありません。これ以降、私たちは無私の状態に向かって着実に進んでいく以外、選択肢はありません。

徳や無私の献身の実践または試練に関しては、無数の例が挙げられるでしょうが、それは本書の目的とするところではありません。私たちが目指してきたのは、合一状態が実際どのようなものになるかを概観することでした。魂はそこで、あらゆる試練、挑戦、苦難、苦痛に耐えて、もう一つの変容に向かう準備をされ、強められます。その変容は、意識の根源的な変容ですが、それは合一生活が終わりを迎えるとき、つまり、自己が脱落して神がすべてになるときに、結果として生じるものです。

この章を終えるにあたって、十字架の聖ヨハネがこの段階について何と言っているか参照できれば、ぴったりの注釈になるでしょう。ところが何と、私たちの願いに反して、彼は何も言っていないのです。彼はまだハネムーンの段階にいて、そこでの一時的な体験を物語るだけです。それらは確かに、自己を超える実在の瞥見《べっけん》ではありますが、どうやってそこに到達するか、あるいは、内なる炎の神秘的な作用が、この世でどのようにしてこれをもたらしてくれるかについては、彼は何も語ってくれません。私もそうですが、彼は、いったん自己が死の中に置き去りにされれば、そのヴィジョンを見る主体は何かということを、あらためて問う必要がなかったのでしょう。しかし、彼は、それが置き去りにされることを疑っているようにはまったく見えません。彼の詩の一つに、自己の死滅へのこの熱烈な願望が表われています。

私はもはや自分の中では生きられない。
そして神なしには生きられない。

神も私もないならば、
いのちは何になるだろうか？
それは千の死になるだろう。
私の真のいのちを求め
死なないゆえに死ぬのである。*1

自己の最終的な死と、覆いなしに神を見たいという願望を、これほど適切に表現したものを見つけるのは難しいでしょう。彼が「死なないゆえに死ぬ」と言うとき、彼は自己の死のメカニズム——消耗することなく焼き尽くす生きた炎——そのものに、その指を掛けているのです。それはこう言っているようなものです。「私は生きるがゆえに死ぬ。私は神と共に生きるがゆえに自分自身に向かって死ぬ。そして神と共に生きるとは、私たちがすべてを捧げなければならず、神はそれをすべて取り尽くし、最後には何も残らなくなるということを意味する。こうして、自己はまさに与えるという行為において、死ぬのである」と。十字架の聖ヨハネは求めていたヴィジョンを完全に得ただろうと、私たちは安んじて信じられますが、残念なことに、それが最終的にどのようにして生じたのかという説明も、私たちがどうやったらその同じ目的地に到達できるのかという地図も、残してくれませんでした。
他方では聖テレジアが、この完全な合一段階の向こうまで連れて行ってはくれないまでも、それを内的生活の七番目の、最高の住居とみなしています。彼女は霊的結婚を成し遂げた後、私たちにこの段階が及ぼす効果について語ります。まず何よりも、内部の神についての絶え間ない受動的な気づきがあります。マルタとマリアが一緒になったように〔訳註：ルカによる福音書、第十章三八〜四二〕、活動的なのか観想的なのか、見分けがつかない生活がやってきます。その状態で注目すべきは、「自己忘却、苦しみの希求、迫害の中での深い内的喜悦、奉仕の心、大いなる孤立、悪魔の欺きを恐れない」[*2]などです。また、七番目の住居が、前の二つの住居よりも目立たないことも注目に値します。そこではより深い次元の暮らしに落ち着き、それ以前の恍惚とした状態や体験は止みます。要するに、変容の驚きは終わり、目的は達成され、彼女の以後の生活と旅からわかるように、全力で合一状態を外に向かって表現していくようになったのです。少し批判させてもらうなら、彼女には将来の展望がありませんでした。もしあったなら、彼女の祈りの「鳩小屋」の中にいる人々のために、七番目の住居を十分に活用できたでしょうが、彼女には、合一生活の実践が、その状況に結びついたものだとは思い浮かばなかったようです――特別の使徒的任務をもつこと以外にもあるとは。誰もが教祖的存在になれるわけではありませんが、そのような困難の一切を自ら欲し、受け入れ、積極的に活動していくことに駆り立てる内的エネルギーは、すべての人に共通です。

　聖テレジアや他の聖人たちが、その先の変容、つまり、もっと根源的な意識変容になぜ出会わなかったのかという疑問には、神のご意志ではなかったとしか答えられません。聖人たちにこのさらなる動きに必要な剛健さや、気前よさや、精神力が欠けていたのだろうかと思う理由はありません。

彼らは神に何も出し惜しみしませんでしたし、求められればすべてを捧げたことでしょう。ですから、なぜ彼らがそうするよう求められなかったのかということについて、答えはありません。ただ、それ以上の動きがすぐ目の前にあり得たことは、確かな事実です。神秘家たちに高次の体験と見なされている記述はたくさんありますが、その中で次のものが上記の可能性を示しているのではないかと思います。

この霊的死の状態において、恍惚状態になった魂は、本来の実存性における感覚をすべて失う。しかし、再びわれに返ると、自分が被造物として別個の存在であることを認識すると同時に、神の三様性をも認識する。（中略）次の一点に注意しなさい。恍惚の絶頂において、神性から精錬の光が魂に向かって放たれ、魂を純化する。魂はこの理解しがたい光に目をくらまされ、自身のことも、自分の個性のことについても記憶をなくし、体は無気力に、精神は不活発に、まるで死んだようになる。これを不思議に思う必要もない。なぜなら、恍惚とした魂は、もはや自身の存在のうちにはなく、至高の存在の中に見出されるのだから。[*3]〔訳註：ハインリッヒ・ゾイゼ、『範典――福者ハインリッヒ・ゾイゼの生涯と著作』より。ゾイゼはドイツの神秘主義者。エックハルトに師事した後、ドミニコ会に所属。一三六六年没〕

この叙述から、神と自己との二元性のない、合一を超えた状態が存在することは明らかです。二元性は、神秘家が通常の意識状態に戻ったときに再来するだけです。このことから、意識が人間の二元性の体験の原因になっていることと、そのような意識は永遠の生の中に入る余地がないということがわかります。究極の真実は、それ自身と「他者」の区別を知りません。なぜなら他者は「まるで死んだよう」、つまり、生命がなく、自己がないからです。ここには、魂と神との間に独自性《アイデンティティ》の問題はありません。魂は「霊的死」を経験して、死にました。魂がなくなってしまえば、残っているのは神だけです。

神秘家が通常の意識に戻り続けるかぎり、彼の高次の体験は一過性または一時的なものにすぎません。しかし、彼が通常の意識状態に舞い戻ることがなくなったとき、彼は新しい存在様式への境界を越えているでしょう。彼は永続的な無自己の状態に出会っているはずです。

ゾイゼによって描かれた体験は、合一生活の第三段階で出会う典型的なもので、私たちの旅の中間点です。私の場合、この体験が道標となって、体験生活を捨てることができました。なぜなら、そのとき、自分のそれまでの体験がいかに自己に染められたものばかりだったかがわかり、本物を見てしまってからは、それ以下のものを受け入れられなくなったからです。

この「霊的な死」という体験が再び現れるのは、この第三段階の後、すなわち無私の献身の生活を何年も送ってからのことです。ただし、そのときは、それがもうすぐ永続的な状態になるという可能性とともに現れてきます。つまり、魂はもう二度と普通の意識に戻らないのです。合一生活の最終段階を画し、旅の最後の段階を最もよく表わすのは、この差し迫った可能性です。これについてはのちほど改めて述べることにして、今は、ゾイゼの描写に戻りたいと思います。

この種の神秘的体験について読むとき、私たちは神秘家が完全に無意識で床に横たわっている――彼自身の言葉でいえば「死んだ」と感じている――と思いがちです。しかし本当は、彼は十分に目覚めているのです。ひょっとしたら、生涯で一番よく目覚めているかもしれません。いのちがない、「まるで死んだよう」というのは、個人としての死だけを指しています。というのも、結局のところ、その神秘家の「真の生命」は実は残っていて、彼は至極元気なのですから。個人的生命の撤退が彼を完全に動かなくさせるという事実は、彼の準備がまだできていないことを示すにすぎません。まだ自己が多く残りすぎていて、まだ長い道のりを進まねばならないという事実を示しているのです。言い換えれば、彼の通常の状態と無自己の新しい状態の隔《へだ》たりが大きすぎるために、後者が永続的な状態になることができないのです。ですから、彼が後戻りできない線を越えるためには、その前にもっと完全に自己を空にしなければなりません。合一生活の第四と第五の段階は、この準備であり、第三段階と最終段階を仲立ちします。そして、一時的な無自己体験と、無自己が永続的になることの違いを明らかにしてくれます。私の知るかぎり、観想に関する文献で、この準備段階について説明したものはありません。これを明らかにして、理解してもらわなくては、永続的無自己の状態を現実として受け入れてもらうことはできないでしょう。

しかし少なくとも、旅の第三段階にいる神秘家が、その恍惚状態がこの世で永続的なものになることに思い至らない理由が理解しやすくなるでしょう。明らかに、彼にはその準備ができていなかったのです。にもかかわらず、神秘家たちは、そのような体験が現世で永続的なものになるだろうかと問い、思い巡らしました。聖ベルナルドゥスはこの質問にこう答えています。「私にはわかりません。こうした体験をした者は、進み出なさい。というのは、わたしの見るところでは、そうしたことは不可能だと思えるからです[*4]」

しかし、ゾイゼはこの話を引用した後、無自己状態、つまり、完全に「自己を捨てた人」が、この世で永続的現実になることは確かにあると言います。けれども、他の本を書いた人々からの答えを見ると、「進み出る」人はすぐに腐ったトマトを投げつけられそうな印象を受けます——はりつけにもされかねません。なぜでしょう？　それは、本人にそのつもりがなくても、自分は罪のない人間だと言うことになるからです！　言うまでもなく、自己をもたない人間は、堂々と「私には罪がない」と言おうとしているのではありません。彼には、そんなことはできません。本当は、「私」は存在しないと言おうとしているだけなのです。そこに「誰も」いない以上、誰が罪人で、誰が罪人でないかという問いはあり得ません。そんな不適切な問いに正しく答えることは不可能なのです。にもかかわらず、人々はこの問いを発し続けるでしょう。なぜなら、彼らは自己を身体的存在から切り離すことができないからです。あるいは罪と自己を区別できないのです。彼らは自分の中に見るものを、他人の中に見ます。そこには橋を架けることのできない恐ろしい理解の断裂があり、それは、自己が残っているかぎりしつこく残るのです。

ともあれ、無自己が永続する状態に出会った人から話を聞けない理由が、もう少しでわかるところまで来ました。彼らは黙っているか、黙らされるかなのです。まったく単純なことです。

しかし、合一を超えた永続的状態が否定されるときでも、この種の一時的体験に「危険」が潜んでいると見なす人々に対応しなければなりません。その体験が危険とされるのは、それが、人は来世において、自分自身についての意識がなくなる、あるいは、神とのいかなる分離をも意識しなくなるということを示唆しているからです。魂の機能や力も失われ、つまり、彼が自分自身について知っていることはすべて永続しません。それは、個々の魂は永遠ではないと言っているのと同じです——それはむろん、「魂」の定義にもよりますが。

「自分」という個人についての感覚や知識がなくなることが恐ろしいと感じる人もいるでしょう。恐ろしいのは、それが、彼らにはまだ歩むべき長い道のりがあって、キリストの死と復活への近道はないということを意味しているからです。しかし、無自己という在り方が脅威になりえるのは、骨抜きにされたキリスト教や、安易な信仰の道や、中間点を最終目的地と取り違えた観想の道にとってのみです。実際は、「死んだような」魂が永続することは、考慮されるべき体験なのです！

有名な神秘家たちの中にも、この状態について何も書き残さなかった人がいますが、だからといってそれは、他の人たちもその状態を知らなかったということにはなりませんし、また、その状態が伝統から逸脱するものであるという証拠でもありません。無自己は実際のところ、伝統の中でのさらなるステップなのです。もしそれが知れ渡っていないとしたら、それは今まで適切に理解されたことがなかったゆえに、カーペットの下に隠されてきたからです。

現代の状況が皮肉なのは、東洋の西洋化に伴って、キリスト教徒が東洋のマーケットを席巻するようになりましたが、彼らはそうするうちに東洋がキリスト教には知られていない神秘的、観想的な次元によく通じていると信じるようになったことです。やがて東洋の神秘が薄れていき、自分たちの中からもっと熟達した人物が現れるようになったとき、どういうことになるか、わかっている人はほとんどいません。キリスト教の根幹は、まさに神秘的であり、その真理の現実的体験は、地下で秘かに世代から世代へと受け渡され、まるで眠れる巨人のように、もっと圧制的でない時代に目覚めるために横たわって待機しています。教会の暗黒時代にも、観想者の共同体とその無名の神秘家たちは、キリスト教神秘主義の泉によって、途切れることなく養われてきました。彼らはキリストの啓示の充足の光を灯し続けてきたのです。それは、それまで東洋で知られていたものの上をゆき、ほとんどのキリスト教徒にすら知られていない啓示です。その光は、いつか私たちすべてを包むことになるでしょう。

ヒンドゥー教徒にとって啓示とは、神（すなわち真の自己）との一体性を主観的に悟ることでした。これはまた、キリストから私たち全員への第一のメッセージでもありました。なぜなら、私たちは、ここからよい人生を始めることができ、これがなかったら、誰もキリストについていくことができないからです。しかし、この合一生活の実践において、私たちはキリストと共に、十字架上の死へと進み、真の自己放棄をします。これが、私たちを復活へと導いてくれる唯一の動きです。自己の死には二つの意味があります。個人としての自己の感覚と、合一の相手である人格的神の感覚が、両方ともなくなる、またはそれらを超越することです。そしてなくなるのは意識の対象としての神と自己ばかりではありません。[*5] 驚くべきことに、意識の主体としての自己の感覚もなくなるのです。復活の栄光は、キリストが神を純粋な主体として認識したことであり、また、自身を父の顕現にほかならないすべてとして認識したことなのです。

私の見るところ、キリストが十字架上と復活の前に知ったような自己を超える動きが、仏教徒に与えられたさらなる啓示です。それは自己意識作用の停止ですから、それによって結合の中心が消滅します。なぜなら、それは意識の中心であり、この時点まで、神を体験するための媒体だったからです。自己意識の消滅は、すべての観念や感覚を超えているゆえに、「一なること」も、合一も、非二元性も、もう存在しません。それは人格的主体や自己のあらゆる感覚を超えています。しかし東洋の啓示はここで終わります。仏陀は自己を超えた状態に関しては沈黙を守っていたと言われています。彼はその現実を言い表わすことができず、それに光を当てませんでした。彼がそれを何になぞらえたかは、何も知られていません。しかし、キリストは、この沈黙を破って虚無の中の光となり、私たちに存在のもう一つの次元である復活を示しました。そして、そこでは、神がご自身を見るように「見る」ようになると啓示しました。

このように、キリストは東洋の啓示を無効にすることなく、それらを組み入れています。彼は二つの偉大な伝統を和解させ、それらに付け加え、完成させ、自らと結びつけて、一つの究極的真理の啓示をもたらしました。キリストはそうすることによって、この究極的啓示への道を正し、いわば、近道を教えたのです。その「道」とは、私たちの人間性や自己意識（それがつまるところ人間を動物から分かつのですが）の状態を拒絶するのではなく、キリストがしたようにそれを受け入れ、その可能性を最大限に実現することです。

東洋にも神の啓示があったとは初耳だという人もいるでしょう。けれども、キリスト教の観想者にとっては、何も新しいことではありません。合一の中心としての自己という考えは、最初から彼らの間でよく理解され、実感されていました。しかし、仏教的な無我については、キリスト教の伝統でも体験されてきたことは明らかですが、適切に定義されていません。それは十分に理解されなかったせいなのです。しかし、理解されなかったとしても、自己を完全に喪失するという真実は、表われ続けるでしょう。なぜなら、それは観想の運動に内在するものであり、キリストと共に最後まで歩むよう定められた人たちにとって、すばらしい現実だからです。

しかし、自己を超えた状態が重視されず、ほとんど知られていない理由は、もう一つあります。キリストは復活後、なおも肉体の中にとどまりました。さらに五十年地上に生き続けることが彼の使命に役立ったなら、それもできたでしょう。しかし先に触れたように、彼が私たちの中で主体となったことを理解するためには、彼が客体として現存するのをやめることが不可欠でした。このようにして、私たちはまた彼の生を生きることができ、彼とともに死に、彼と共に甦《よみがえ》ることができるのです。これこそ、キリストがこの世に絶えず主体として現存し続ける本質であり、彼の真の「一」性なのです。

キリストが早く昇天してしまったことは、まさしく復活後の地上での生に、あまり重きを置かないことを意味しています。なぜなら、世俗の生活と社会は、復活後の状態には向いていないからです。人がこの社会のジャングルを切り抜けるには、合一的自己が必要であり、しかもそれは申し分のない自己でなければなりません。キリストが私たちに何よりも求めるのは、この合一的自己ですなぜなら、この真の自己の死と超越のメカニズムは、この自己を行使できるかどうかにかかっているからです。大いなる計画は、すべての人をこの合一状態へと導くことでした。いったんそこまで達すれば、あとはキリストが引き継いでくれます。自己を超えるのが自己でないのは明らかです自己が脱落するときに残るのは、キリストの主体性です。したがって、自己が死滅するとき、再びキリストの旅が始まります。それは同じヴィジョン、同じ復活なのです。

これが意味するのは、復活後の状態にとって、この世はふさわしい場所ではないということ、そして、多くの人が晩年に、キリストとまったく同じように、人生最後の状態としてその状態を迎えすぐに通り過ぎてしまうということです。生き続ける目的は、一つしかありません。それは、合一生活が真に究極的に目指すものは復活だということを証すことです。キリストによる地上での合一生活も、その証明のためでした。同時にそれは、キリスト自身の体験を及ばずながらも検証・再現し、キリストの死の本質を明らかにする助けともなります。そうすれば、私たちは、復活のときに生じる驚異的な認識に参加できるでしょう。これ以外に、自己を超えた状態がこの世に存在する意味や目的はありません。実際のところ、ここまでキリストと共にやってきたと主張するときは、必ず出会うことになる反論や非難の集中砲火から十分身を隔てておく方がいいでしょう。つまり、この世でもはや失うものがないようにしておいたほうがいいということです。

合一生活の模範として挙げられた聖人や神秘家たちがこうした非難を免れることができたのは、間違いなく神のご計画でしょう。彼らの使命は、神と合一した生活がいかにすばらしく価値あるものかという、キリストからのメッセージを改めて強調することでした。そしてこの使命を果たし終えた後、彼らは口をつぐんでいます。これは彼らがそれ以上進まなかったことを意味するのではありません。単に、彼らにはそれ以上のことを言うつもりがなかったということなのです。そしてこれについて私には異論がありません。

ここまでの活動的段階を要約するなら、内なる炎や合一の中心を真に言い表わす表現手段はないという発見が、その特に目立つ点だと言えるでしょう。人は、精神、感情、創造力、身体などのエネルギーについては表現することができますが、私たちが中心で出会うエネルギーについて、適切に表現することはできません。この段階での苦しみの多くは、これを表現し損なうこと、または表現できないことに由来します。しかし、やがて私たちは、初めから一度も自分のものではなかったものを表現しようとしているだけなのだということ、そしてどんな表現も自己と混ざり合っているために、不完全なものにならざるを得ないということに気づくでしょう。かくして私たちは、自己がもはや存在しなくなってしまったとき、神の純粋な媒体になることしかできないとわかるのです。この段階で、神は私たちが思いもおよばなかったやり方で、自己を焼き尽くし消滅させますが、実際には、それは感知できない合一的自己の死なのです。

けれども、自己が排除される方法が、もう一つあります。これは、新しい動きの発見に伴って起きますが、私はそれを「開かれた心《オープン・マインド》」と呼びます。これは独立した一つの段階ではありませんが、次の章で特別に触れておきたいと思います。この新しい動きについては言うことがあるので、見て行くことにしましょう。

［原註］

＊1 「神を見ることを切望して苦しむ霊魂の歌」より。*Collected Works*, trans. Kavanaugh and Rodriguez.

＊2 アビラの聖テレジア *Collected Works*, translated by Kieran Kavanaugh and Otilio Rodriguez (Washington: Institute of Carmelite Studies, 1976)

＊3 Henry Suso, *The Exemplar: life and writings of Blessed Henry Suso*. Ed. Nicholas Heller, trans. Ann Edward (Dubuque, Iowa: Priory Press, 1962)（参考『ゾイゼの生涯』神谷完訳、創文社、一九九一）

＊4 Suso, *The Exemplar*（ゾイゼ『真理の書』神谷完訳、創文社、一九九八）

＊5　他のところに書いたように、キリストは父との主体的合一（非二元的）を意識していましたが、いつも父のことを、他者（または自身の対象）として言及しました。彼は何度も言っています。自分は何もしていない。父が力を与えたまうのだと。父によって遣わされ、父の聖旨を行なったのです。キリストは絶えず父に祈りました。つまり、父はキリストの意識にとって対象でした。

❖ 第五段階

大学で二年間過ごしたところで、私は突然、自分が何ひとつ学んでいないことに気づきました。情報はどっと入ってきましたが、真の変化は何も起きず、私は以前と同じ心をもつ同じ人間で、まったく成長していませんでした。学びが変化をもたらさず、成長の道となっていないなら、大学にいても時間の無駄でした。

成長と変容の時期を振り返ってみると、こうした行き詰まりに遭遇するのは不可解で、当惑させられることでした。しかし、難局を迎えていることを知った以上、その意味を見つけなければならず、同時に、大学という環境の中で成長が可能なのかどうかも確かめる必要がありました。

暗記と事実を統合することは別として、大学では真にやりがいのあることに、何一つ出会いませんでした。これはどういうことかと解き明かそうとしていたとき、ふと精神の基本構造はコンピュータのようなものかもしれないと思いました。コンピュータに入力されるデータは、それぞれふさわしい場所に収まります。あらゆるデータがきっちり収まり、そうであるかぎり、変化は不可能です。したがって何のチャレンジもありません。

私特有のメンタリティ、私の基本的な精神構造は、大学に入るよりずいぶん前に、過去の経験や影響によって形作られていました。ですから、私の考え方の大部分は、価値観や判断とともに、かなり習性化した反応になっていました。質問が問われる前に、答えがわかっていることがほとんどでした。なぜなら私の思考の枠の中で答えを予測できたからです。入ってくるデータや情報は自動的に解釈され、調整され、この形成済みの枠の中に組み入れられていきました。その枠に適合しないものは、当然ながら私にはまったく理解できませんでした。このことから私は、自分が成長しない理由は、新しい情報を取り込むことに困難を感じないからなのだと結論づけました。それゆえ私の停滞は、本質的な問題であり、周辺的なものではなかったのです。このことは十分理解したものの、こんどはこの既存の枠を変化させて成長する方法を、見つけ出さなければなりませんでした。つまり、成長をもたらす特別な課題を見つけ出さなければならなかったのです。

思考の枠が前もって形成され、十分にパターン化されていると、非常に大きな安心感や自信を覚えるものです。それはすべてのことに対する答えをもっているからです。一つ例を挙げましょう。ある教授からこんな問題が出されました。「もし科学の力で試験管内に生命を創り出したなら、神はどうなりますか?」私にはわかりきったことでした。結局のところ、私たちが壊すことのできるものはすべて、作ることができるのです。肉体は四六時中それをやっています。肉体の外でこのプロセスを模倣したところで、何か大きな違いが生じるでしょうか？　それは人類のめざましい進歩になるでしょうか？　そして、それは神が存在しないことの証明になるでしょうか？　あるいは、学者が試験管の中に入れるもの、元素、分子などを作ったのが神ではないという証明になるでしょうか？　私はそれが神の存在に対する反証になり得ると考える教授の単純さに驚き、教授は逆に、そのような命題は何の反証にもならないと言った私に驚きました。私たちは、明らかにまったく違った精神の持主でしたが、彼はなんとか自分の科学的精神の中に神を収めようと苦労しており、それが彼にとっての課題《チャレンジ》、すなわち成長への道でした。一方、私はといえば、愚かさゆえかもしれませんが、どこにも努力目標を見つけられませんでした。

私がもう大学をやめようと決心しかけたころ、一人の学生仲間が、ある人気教授のことを熱っぽく賞賛しました。その教授は文学と哲学を教えていましたが、講義を聞こうと学生が殺到して、教室に入りきれない学生が廊下にあふれるほどでした。単位をもらえなくても、ただ講義を聞ければよいと、窓の敷居に座る者さえいました。結果として、これが、私が履修した中でいちばん有意義な授業になりました。最初の入門用の前置きを聞いただけで、私は前進の道が見つかったと思いました。個人的な行き詰まりから脱け出す方法が見つかったのです。彼は率直にこう語りました。

「ただ課題の本を読んで、言われたことをやるだけでは何のチャレンジにもなりません。真のチャレンジというのは、登場人物を理解するとき、個人的な視点、ふだんの自分の考え方、判断の仕方から踏み出して、登場人物自身の考え方や人生観を通してそれができるかどうかにあるのです。われわれはともすれば、自分の観点や基準によって登場人物を解釈し、判断しようとします。それでは自分の考え方を補強するだけで、何も学んだことになりません。自分のふだんの思考法から踏み出すのは容易なことではありませんが、それこそが私の授業で取り組んでほしい課題なのです」

　最初から、私は山のような障害にぶつかりました。それは私の偏見や反抗的精神のせいではなく無意識的な一途さのせいでした。私はそれまで気づいていませんでしたが、自動的に判断する習慣がついていたのです。まず、他の人の精神――たぶん同じように枠にはまっている――を覗き込むために、自分の精神の枠から踏み出すことなど、私にできるかしらと思いました。確かに、これは考慮に入れていいチャレンジでした。そして、私の中の何かが、活発に反応しました。

　こうして新しいタイプの気づきが始まりました。私が「開かれた心《オープン・マインド》」と呼ぶものに向けての、何年もかかる長く苦しい徒歩旅行です。ゴールの「開かれた心」に向かう訓練は、洞察に満ちた、得るところの多い持続的運動だったと思います。これこそ、私が探し求めてきた、空間を通り抜ける道でした。そして、それは知的訓練として始まったものの、結局は恩寵を仲立ちしてくれるものとなりました。「開かれた心」を求めての苦闘は、合一生活に不可欠です。なぜなら、それは自己と、自分の無意識的な思考や判断の習慣から脱け出ることを意味するからです。それはある意味、個人的な意識の内容を捨てることですが、最終的に個人的な「私」意識を超えるための準備として必要なことのように思われます。

どの人間も、意識的であれ無意識的であれ、個人的な人生観、特定の物の見方、あるいは参照枠（呼び方は何でもかまいませんが）をもっていることは銘記しておくべきでしょう。私たちの判断、評価、選択、行動は、これに従ってなされます。私たちの思考や行動の多くは、無意識的、自動的に、この精神構造または参照枠から導き出されます。そしてこの、根底にある既成構造が明るみに出されるまで、私たちは本当に自己を超えることなどできないのです。習慣的な個人的観点から外に踏み出すことは、客観的であろうとする訓練、すなわち、絶えずすべてのことを自分の枠に従って解釈し、すべてを自分の型に押し込めてしまう主観的な自己から離れる運動です。客観性に向かうこの運動は、他者をそのあるがままの姿で知る方法です。私たちの中にあるイメージとしてではありません。後者の認識方法は結局、まったく自己中心的であり、無意識のうちに、他者に自分の観念や判断を押しつけています。それは自分にとっては現実かもしれませんが、自分以外の人にとってはまったくリアリティのないものです。私はこの訓練のおかげで、各人の現実はその人独自のものであり、私たちが共有できる唯一の現実は、私たちの自己の外にあること、あるいは、各人が純粋に個人的な視点から踏み出して初めて発見されるものだということがわかりました。したがって、客観性を求めての苦闘の中で、私たちは自分の見方を超えるだけでなく、結局はすべての人の見方を超えることになります。しかし初めのうちは、自己から脱出する方法は、他者を理解しようと努めること——何よりも私たちの自己を超えることなのです。

個人的な参照枠の外に踏み出すことで、私はその構造について以前にもまして自覚的になり、また、幼い頃からのカトリック信仰が、個人的参照枠の形成にいかに大きな役割を果たしてきたかということに気づきました。幼い頃は、この形成プロセスはほとんど無意識的なものでしたが、やがてそれは意識的な選択となり、検査済みの生き方になりました。しかし、この枠組の外に出るという考えは、私にはやや危険に感じられました。信仰を失うのではないかという思いが浮かんだからです。しかし、私はその質問を神に向け、まさにそうすることによって、答えを得ました。神はすでに私の精神構造の外にいました。神はそれなしに存在します。神は私にとって、生きて在ることの最も深い実存的体験でした。たとえ私が全精神構造において信仰を失わなければならなくなったとしても、神を失うことはあり得ませんでした。確かに、私は自己を失うことができないように、神を失うこともできませんでした。もちろん、そのころは、それは思いもよらない、非現実的で、まったくあり得ない考えでしたが。

けれども、神についての私の理解が、もともと考えて得られたものではなく、体験によるものであったとしても、神についての真理は必ずしも直接体験の中でしか出会えないわけではないことは、認めなければなりません。こうした〔直接体験以外の手段で得られる〕真理は、直接体験に至る道になりうるものであり、矛盾が生じるわけではありません。私が思うに、宗教的な真理は、それを生きることによって、やがて経験に基づいたものになるのでしょう。つまり、それらは頭の中で考えた知的なものから、体験的に知られる生きた現実になるのです。体験したことと、頭の中だけにある真理とが矛盾するなら、人はきっと体験のほうをとるだろうと私は思います。なぜなら、体験はその人にとって最大の現実だからです。人は神との深い体験的出会いを否定するぐらいなら、むしろ自分が考えていることのほうを否定するでしょう。歴史的にも、宗教はこの問題に何度も直面してきました。神秘家はしばしば、「間違った解釈」をしているという理由で非難を受け告発されてきました。あたかも、体験は直接的理解ではないというかのように。外から見るなら、神秘体験の中には、知性と体験の不一致があるかもしれません。しかし、神秘家にとってそのような分離は不可能です。なぜなら、彼の体験の本質は、まさに「知ること」だからです。

さて、当時の私の苦境に戻りましょう。私は、自分と神との合一は、精神的枠組や知的概念、さらに言えば、教会そのものにも依存していないことを知ったのです。そこで、こう思いました。もし、私の信仰の中にある純粋に知的な真理から踏み出して、これらの真理に正当性がない――あるいはそれ自体真理ではない――ことがわかったとしても、私は何を失うわけでもなく、真理ではないものから解放されたことをありがたく思うだろう、と。

もし私のカトリック信仰が「開かれた心」に対して、あるいはそのような挑戦に持ちこたえられないようなら、それはたんなるよい考え、あぶくのようなものにすぎないでしょう。私は常に、「真理は現れずにはいない」という確信を抱いていました。不利な条件をものともせず、遅かれ早かれ真理が現れてくる――とくに偏見にとらわれない広い心をもっていれば。究極の真理は、思考によって変えることができず、それ自身の外部にある何ものにも依存せず、壊すことも触れることもできない唯一確実なものだと感じられました。つまり、私にとって、真理とは神に他ならなかったのです。神が何であるかは、「真理」が定義し、結局、すべてはこの「真理」に帰着します。ですから、私たちが神を失うおそれはなく、真理以下のものは守る価値がないのです。

やがて明らかになったことですが、「開かれた心」に対する異議のすべては根拠のないものでした。私が個人的な参照枠から踏み出したとき、私の信仰の真実性に挑戦するものには何も出会いませんでした。知的冒険の中で、三位一体や恩寵、聖体等々の実在に疑問をさしはさむものには、何も出会わなかったのです。神学者以外の人が、これらの真理に関心を寄せることはないでしょう。けれども、真理の追究においては、危険を冒し、恐れずにすべてを捨てることが重要でした。私が思うに、真理は本来、限定された閉ざされた自己の外にのみ存在します。それゆえ、自己の外へ出られるようになるまで、私たちにもてるのは〔真理ではなく〕信仰だけなのです。

信仰を失うのではないかという恐怖はすぐに終わったものの、「開かれた心」の挑戦を全面的に受ける前に、解決しておかなければならない他の問題がありました。その一つは、私は自分の基準や原則を捨ててすぐに、他の人のさまざまな基準や原則に直面しなければならなかったということです。それらは、非常に異なったものの見方をする人たちのものですから、どうしてそうなるのか、理解できないことがしばしばありました。たとえば、読書リストに『反道徳家』というタイトルの本がありました。実を言うと、私は最初、そのタイトルにぞっとさせられました。自分の道徳基準を捨てれば、正しい良心が見えなくなり、良心も道徳基準もまったくもたない人間になってしまうのではないかと思いました。私が見つけた解決策は、自分の道徳基準を押しつけずにそれぞれの事実をその文脈の中で見ることでした。それは、自分の行動を判断する際に用いる基準を放棄するのではなく、自分の基準を他人に押しつけるのをやめるというだけのことです。つまり、他の人たちが私と同じような物の見方をして、私のように行動するだろうという期待をもたないことです。

もう一つの問題は、もし他者の人生観を知って、それが自分のものより優れていると思った場合、私はその考え方に乗り換えてしまうのではないだろうか、ということでした。もしそういうことになったら、私は出発点——特定の思考の枠組にはまり込んだ状態——に舞い戻ってしまうことになります。それは「開かれた心」ではなく、単なる交換、自分の人生観を他のものと取り替えたにすぎません。一つのコートを脱いで、また別のコートを着るようなものです。それで結局、何が得られるでしょうか？　それなら、まったくコートなしでいるほうがいいと私は思いました。しかし、コートを着ないこと、つまり、どんな特定の見方も支持しないことを理想とすれば、頭が空っぽの、愚鈍な腰抜けになってしまうのではないか……。しかし、結果的には、「開かれた心」は虚ろな心ではないことがわかりました。「開かれた心」とは、自分の主観的な物の見方や、成長の妨害となるような見解・判断に執着しない精神なのです。それは他の観点や代案を見て、洞察や理解を——うまくいけば叡知をも——得ることができる精神です。

この新しい意識状態に移行したとき、たくさんの発見がありました。そのなかでも重要なのは、他人のコートを着る——他人の皮膚の下に入る——ことはできない、あるいは、それがどこから来ているか完全に理解することはできないという発見でした。私はようやく、それが無意味かつ不必要なことだと知り、そして、「開かれた心」への真の鍵は、判断そのものの停止にほかならないということに気づきました。

「判断《ジャッジメント》」といっても、私が言っているのは神の「裁き」のことではなく、私たちが物事を見るときのメガネという意味です。私たちはそのメガネを通して、人を自分の基準で裁き、良いとか悪いとか関心がないなどと品定めします。これも判断に違いありません。自分の観点に従って、物事がどうあらねばならないかを期待（判断）し続けるなら、物事を私たちの外部にあるものとして、ありのままに見ることはできません。このように期待するなら、時々刻々変化する他人をありのままに見ることができず、他者における変化と成長を無視することになってしまうでしょう――自分自身についてと同様に。最初に出会ったときの印象が最後まで変わらないということはよくありますが、それは、よかれあしかれ、私たちが最初のイメージにしがみついて変化を認めようとしないからです。つまり、イメージを形成すること自体、ある種の判断なのです。

こうした無意識の判断に終止符を打つことは、自分の偏った意見や限定的な見方に執着しなくなることです。それは、他人の悪口を言うこと（自分の評価を上げるための無意識的な戦略）をやめるとともに、各人の物の見方に正当性を認めることです。自分の見方に固着して、理解の共通基盤を見出せないなら、どんな会話もくだらないおしゃべりになり、時間の無駄になるだけでしょう。幼い子供たちの話が、ひとりごとや一方的なおしゃべりになるのは、他者の思考を追ったり、他者の視点を理解したりできないからです。そのため、幼い子供たちには、その場に一緒にいるということ以外に、相互コミュニケーションの基盤がありません。私はかつて幼い子供たちの会話を録音する機会がありましたが、その会話は愉快で洞察に満ちていると思ったものです。そこには、彼らの考え方を理解する手がかりがありました。しかし、大人が同じようにだらだらしゃべっているのを聞くのはけっして愉快なものではありません。けれどもそれは始終起きていることです。それぞれが自分勝手な仕方で話しているのです。人は、自分の外に踏み出さなければ、他者とコミュニケーションをとったり、何らかの理解を交わしたりすることができません。それがなければ、どんな関係もあり得ません。お互いに、単にそこにいるというにすぎないのです。

私心のない客観的な精神で、他者の言うことに判断を交えず耳を傾けられるようになると、私たち一人ひとりの魂の中にある扉が開きます。その扉は神の道の理解へと続き、慈愛がおのずと湧き上がってきます。したがって、「開かれた心」がもたらす最大の効果は、偏見のない愛と言えるでしょう。それは、たんなる寛容や自己犠牲や忍耐の要請を超えるもので、曖昧な沈黙でもなく、そこには「自分は悟った」という感覚などこれっぽっちもありません。

こうした客観性が身につくと、私たちは好き嫌いを超えた地平に到達し、開かれた明晰な精神で他者と出会うことが可能になります。そこには、既成のイメージも、自己防衛的な姿勢もありません。自己防衛の姿勢をとるとき、私たちは自分の価値観を基準にしてあらゆる人を判断しているのです。こうした客観性があれば、心理的に、あるいは暗黙のうちに、相手に自分の流儀を押しつけることがないので、周囲の人びとはのびのびと自分らしく、ありのままに振る舞うことができます。

他者を自由にさせることで、私たち自身も自由になり、そしてこのように互いが自由である中で、真の関係性とコミュニケーションが生まれます。しかし、他者にこの自由を与えるためには、まず私たちが自分自身に安らいでいなければなりません。そして合一生活の目的とは、この安らぎを与えること、人間関係に欠くべからざるこの自由を与えることなのです。

この段階では、意識の中身が次第に空っぽになっていくように感じられます。ここにきて私たちは、それまで意識の中に抱えていたものが精神的支えとして役立っていたことに気づきますが、それはもはや成長の邪魔にしかならないため、不必要なものです。それらは、無意識的に行なう正当化の主要成分、ないしバックボーンであり、自分の従来の考え方を守るためにいつも用いられ、間違いをしないようにという自己防衛的姿勢や、考え違いをすることへの恐れ等々を覆い隠してきました。今や私たちは、そうしたことどもすべてに直面する覚悟ができています。自分の合一生活のすべてをも、危険にさらす覚悟があります。

観想の旅の初期、私たちは体験と啓示によって神がすべての意味内容を超えた存在であることを学びました。しかし、このことを学んだ今、私たちはたとえそれが神に関するものであっても、そのような理論や観念や観点を手放す用意ができています。神にしっかりと所有されて、私たちは今や飛び立つことができるのです。なぜなら、もはや自分にしがみつく必要がないからです。取り消されることのない絆で神に抱かれているがゆえに、しがみついていたものから手を離すことができるのです。要するに、すべての判断や心的構造物――意識の全内容――を抱えた意識主体としての「自分」を手放せるようになるには、その前にまず、内的な、経験的自己が合一状態の中でしっかりしたものとなっている必要があるように思われます。

私たちはこの段階に至るまで、自己意識がいかにすべてを自分の方へと偏向させ、ねじ曲げるものか、自覚していませんでした。実際、こうしたことを行なうのが、精神のメカニズムのまさにその本質なのです。

しかし、どうすれば、この無意識的、自動的なメカニズムを終わらせることができるのでしょう？　この状態を最終的に打開する力は人間にはないかもしれませんが、「開かれた心」を求めて努力するとき、私たちはこの目的に向かって前進しています。この客観性へ向けての努力は容易なものではありません。なぜならそれは、自分がもっていることさえ知らなかった概念や「お守り」を捨て去ることを意味するのですから。

観想生活の全過程に目を向けると、内的な変容に続いて、意識のさらなる変容がやってくることがわかります。それは、意識の中身すべてを空にすることです。この展開は微妙なものですが、やがて「私－意識」の深い根を露呈させることになり、私たちを「自分」という感覚の終点、最後の痕跡にまで連れて行くでしょう。この目的地に至る道として、私は「開かれた心」以外のものを知りません。

この段階をさらによく理解するには、自己の二元的構造、すなわち、上にある自己意識と、下にある合一の中心に留意する必要があります。自己にはこの二つの側面があるのですが、両者は基本的には分離できず、絶えず互いに影響し合っています。しかし、変容のプロセスにおいてはそれぞれが独自の道をたどることになるでしょう。両者の変容が完全に終わったときに初めて、合一した自己、つまり中心は、精神の反射（再帰）的作用に全面的に依存していたということがわかります。最後の変容で、両者は一緒に消滅するでしょう。

「開かれた心」は、最初は訓練ないし意識的努力として始まるかもしれませんが、徐々に魂にとって習慣となっていきます。それは、人びと、人生の状況、そして自分自身についても、常に私心なく見ることです。それは漸進的に起きるため、決定的な変化が起きつつあることや、次第に客観性が増し、主観性が減り、その結果、自己がどんどん静かになってゆくことに気づかない場合もあることでしょう。

自分の中の概念を超える、あるいは、頭の中身を空っぽにするといっても、それは信仰を捨てることではありませんが、私たちが信仰の構成概念の先にある現実そのものを見る備えができたことを意味しているのです。こうして、直接知識を得る時がやってきます。そのとき、私たちは反射（再帰）的メカニズムのフィルターを通さずに見ることができ、もはや現実を「自分自身」において見るのではなく、それ自身としてあるがままに見るのです。概念は、現実をただ指し示すだけです。それは、言葉が思考を伝達するように、現実を明確化して伝えるのには役立ちます。けれども、思考は言葉ではなく、概念は現実ではありません。そして私たちは、真実そのものと出会うために、自分でそうと思い込んでいる「真実」を超えなければなりません。それは自己から離脱して初めて可能になるのです。

最初のうち、「開かれた心」は観想の書物に書かれているような合一状態とは関係ないように見えるかもしれません。しかしこの訓練は、合一生活そのものからの内的指示に従うことにほかなりません。最初の変容プロセスの後、私たちは内的な成長や運動が少しでも止まったり欠如したりすることに対する気づきが高まっており、そのため、いかなる静的状態も不調和で受け入れがたく感じられます。こうしたさらなる運動がなければ、私たちは静止状態に陥って、それ以上進めません。自己に足を取られて、観想生活における最奥の地に到達できなくなるのです。合一状態の絶頂において十字架の聖ヨハネは、「ここにはいかなる道もない」と言いましたが、私は「開かれた心」こそ、先へ進むための見えざる道だと言いましょう。聖ヨハネはこの状態のすばらしさを、徳が完全に花開き、人と自然に対して神のなされる不思議な業《わざ》についてのさらなる啓示が与えられる、と述べています。私は、「開かれた心」こそ、その誉れに値するものと思います。

この段階における進歩は、太陽の光に反応してゆっくり花が開く様子に似ています。つぼみが閉じているときには知り得なかった理解と慈愛という花が開くのです。この開示は、魂の成長のプロセスであり、それは完全に美しく成熟し、花弁が開ききって落ちるまで続きます。そして、花はついに消滅し、一巡して初めに戻ります。中心から離れるこの動き、つまり自己から離れるこの運動は、合一生活の徳によって可能になります。実のところ、徳の完全な開花の目的とは、自己を終わらせることにほかなりません。しかし、ひとたび花が散ってしまえば、この徳――この内的活力または運動——は消滅し、自己はもはや存在しないのです。

✣ 第六段階

この段階は、私自身が知り、経験した合一生活の最終局面となります。それは約一年続き、その始まりと終わりには、はっきりとわかる道標がありました。神が十六年間にわたるつらい十字架を引き上げてくださり、新しい状態が出現したのです。私は九日間、自由に身軽に歩き回りました。この状態は、第三段階の中間地点で遭遇する状態と似た諸機能の停止で、通常の日課には差し障りがなく、用事がないときには、それら諸機能の働きは、深遠な、吸い込まれるような沈黙の中に消え去っていました。

その十字架が引き上げられて初めて、私はそれを客観的に見て、それが何であったのか、はっきり知ることができました。何か特別なものとみなされることが多いものの、その十字架の本性は、合一生活とは逆行する力、合一の絆を絶えず断ち切ろうとする力でした。私の見たところ、この力は社会の流れでした。社会の道徳、価値観、判断、思考法や習慣です。それらは海に浮かぶ船に吹きつける強い逆風のようなもの、つまり、神の道に逆らう力のようなものと言えます。この風に逆らって進むには、船を崩壊させずに浮かばせておくという、日々の重労働が必要です。しかし、十字架の重荷が引き上げられたのは、風向きが変化したからではありませんでした。まるで、船が風の上に引き上げられて、新しい流れに乗せられたかのようでした。十六年間激流に逆らって泳いでいたのが、突然流れが切り替わり、なんの努力も抵抗もなしに新しい流れに乗って運ばれていくようでした。また、「もう十分だ。これからはもう何も心配しなくてよい」と神から言われているようでした。相変わらず社会のただなかにいても、もはやそのことに影響されなくなるのです。

この段階は初期のものと似ていましたが、機能の停止はまったく異なっていて、私は初め、その違いをうまく言い表わすことができませんでした。しかし、後になってから、この最初の体験は、来るべき状態——無自己の永続、または自己意識の継続的停止——の予兆だったのだとわかりました。なぜこの停止が九日間しか続かなかったのか、あるいは、なぜすぐにそれ以上の状態に移行しなかったのかはわかりません。しかしそれに続いて起きた出来事を見ると、無自己が恒久的現実になるためには、その前にまだ何か学ぶべきこと、通過しなければならないものが残っていたようです。

当時の日記を見ると、自己喪失の体験についての言及が増えています。それは、最後の一つのレベルを除いたすべてのレベルでの自己喪失です。この最後のレベル——自分という感覚をすべて喪失してしまうこと――については、そうなると完全な意識喪失に陥るのではないかと恐れていました。当時の私には、自己意識を超えたところに新たな認識の次元があり、自分の恐れには根拠がないことなどまったく思い及びませんでした。自己意識の恒久的喪失についての記録はないかと文献にあたってみましたが、失望しか得られませんでした。観想の状態が「意識の変化」として言及されていないことは知っていましたが、神秘神学の観点では、これは、魂の高度な諸機能――とりわけ記憶を思い返す機能――の恒久的停止と関係するだろうと私は思っていました。というのも記憶がなければ、私たちはたぶん、自分自身を思い出せないからです。そういうわけで私は、恒久的な停止、完全な合一が永続する状態、または合一の念禱について、説明してくれそうなものを探したのです。しかし前にも書いたように、十字架の聖ヨハネは、この世でこれが恒久的状態になることはないと断言しています。彼によれば、完全な停止は一時的にしかあり得ません。それは束の間の一過性の体験に過ぎないというのです。今振り返ると、これは奇妙で、不正確で、受け入れがたいと私は思います。

　しかし、諸機能の停止の他に、自己意識の脱落を別に定義するなら、それは「観想が恒久的状態に入ること」と言えるでしょう。その観想は、不知のものを凝視する観想です。聖トマス・アクィナスは、それを至高の状態と呼びました。のちに、私はこの凝視を「自分自身を見る目」と呼ぶことになりますが、それは私が神の「知」を定義するやり方です。

　神秘神学はこの凝視――人がこの世でもち得る最も至福に満ちたヴィジョン――に関心を寄せ

ますが、その結果である無自己にはどうやら関心がないようです。また、これについては心理学者に説明させようと神学者が考えているなら、それは間違っています。なぜなら、心理学者はそれについて何も知らず、何も言えないからです。その可能性すら認めないだろうと思われます。神秘神学の体系化に携わっている人たちには、この領域でしなければならない仕事がたくさんあります。なぜなら、諸機能の恒久的な停止の結果を理解することは、暗夜に関する理解において何よりも重要だからです。

また、この恒久的な停止の中には、意志の機能も含めなければならないと言ってよいかもしれません。意志は、初めて合一状態に入ったとき、神に屈したものと私たちは考えていました。しかし、意志のさらなる消滅があるように思われます。もう神と一つに結びついている意志はなく、完全に消え去ります。自己意識の完全な閉鎖と共に、合一の意志は消え、不動の沈黙が取って代わります。その中にはもはや、どんな個人的活力も、個人的意志も感じられません。まったく何もないのです。

知らないうちに、この段階は意識の根本的変化に直結していました。体験というものの本質からして、何かが先にあるという直感がありました。これまで出会った何よりもすばらしいことが起こりそうで、この世では起こり得ないと思われていた状態を垣間見ました。差し迫った変化の、恩寵の、啓示が近いことの予感があり、それは私がしばしば考えたように、大爆発の準備中という感覚でした。

この段階には、自己喪失体験の増加のほかに、もう一つ特徴的要素があります。しっかりとした内的な炎が突然燃え上がって、あかあかと燃える松明《たいまつ》になり、激しさを増しました。私はこれを「サーモスタット」と呼び、ときにはそれを下げてくださいと祈り、または上げてくださいと祈りました。調節の不調が度々あり、私には少しもコントロールできませんでした。このサーモスタットが発する熱はすばらしいものでしたが、異常な影響もあり、私はここで途方もない問題に遭遇しました。

この時期に入る前は、中心の内的な力ないしエネルギーは安定していました。そこでは自己と神の見分けはつきませんでした。しばしば外からストレスをかけられても、この中心はけっして動かず、炎が揺らぐことはありませんでした。それは一種の鋼鉄の塁壁、自力で発電する発電所でした。この炎を外部に向かって表現することはできず、それを使うことも、その中に入り込むこともできなかったので、私はそれを神のみに属するものと考えるようになりました。しかし、それはそれとして、自分の最も深いエネルギーを神のエネルギーと区別することもできませんでした。ですから、真の自己と神とを区別できなかったのです。それにもかかわらず、私は、どこで「私」が抜け落ちて神が始まり、何が厳密に神のもので、何が厳密に私のものなのかを見極めようと、休むことなく努力を続けていました。

二十年間こんな状態が続いた後、この段階で突然、中心部に動きがありました。深い、説明しがたい轟音で、どうやら爆発が差し迫っているように思われました。サーモスタットが上昇し、それと共に、それまで一度も出会ったことがないようなエネルギーがやってきました。それは問題を含んだエネルギーでした。そこから、超常的な体験が連続爆発のように生じたからです。肉体的困難をものともしない精神力、浮揚現象、体外離脱体験、予知、読心能力、さらにはヒーリングの可能性もありました。これらのエネルギーの本性が何であれ、それらが外に出て自らを表現したがっていることは明らかでした。私は自分がこうした力の媒体として使われようとしているように感じましたが、それが何を意味するのかは、さっぱりわかりませんでした。

私は幼い頃から、超常的なものにはまったく魅力を感じず、そのようなことには何の価値も置いていませんでした。実際、まだ若かった頃、私はヴィジョンや声を「安物のスピリチュアリティ」と呼んでいました。なぜならそれは一見すばらしそうに見えても、深みをもたないからです。それは神とは何の関係もありませんでした——少なくとも、私が知っている神とは。目下の体験は、ヴィジョンや声こそ含まなかったものの、それ以外のあらゆる形を取ろうとしていたようで、非常に心をかき乱す性質のものでした。心をかき乱すというのは、私がそれらに価値を置かないからではなく——この件に関して私はいつでも態度を変えることができました——それらがあまりになじみがなく、私の知っている自己の内に組み込むことが不可能だったからです。ごく普通の人の生活に超常的なものを付加するのは間違いです。それは適合しません。私はどう振舞い、どう考えたらいいのか、わかりませんでした。もし私が初めから超常的な道によって導かれていたのなら、苦もなく切り抜けられたでしょう。しかしそのときの状態では、これらの体験は悩ましく、まったく不自然でした。私はそれらから逃れたい、こうした現象を引き起こすエネルギーを取り除いてもらいたいと思いました。

数カ月間、私はこれらの不可思議なエネルギーとパワーをよく観察して、その目的と源泉を突き止めようとしました。それらは中心から生じてくるので、神か私自身のいずれかに属していることはわかりました。周りには他に誰もいないし、内的領域には私たち二者だけだったからです。となると、その源泉は私か神のいずれかです。もし神から来たものなら、手袋のようにぴったりと、自然に私に受け入れられるはずでした。ただし、たとえ神から来たとしても、それが自己を通して外部に出てくるとしたら、自己を通る道がその純粋性を汚すことは十分にあり得ることで、私が受け入れられないのは、その自己なのでしょう。いずれにしても、私にはそう見えました。真の媒体は無私でなければならないはずです。神の恩寵がその中を流れる媒体は、純粋で、フィルターのないものでなければなりません。しかし、もし自己がその場から身を退くなら、その媒体はどこに存在するのでしょう？　そうした場合、神の媒体となるものは空っぽの身体しかありません。それでうまく機能するとは私には思えませんでした。

唯一確実にわかったのは、これらのエネルギーが自己の未知の側面と混ざり合っていること、そして、それが心をかき乱すのは、突然、予告なしに、自然発生的に浮上してくるからということでした。まったく予見できないのです。コントロールが及ばないこうした内的なパワーをもつのは、恐ろしいことです。たとえどんなに無害で良性な動きであったとしても、いつ手に負えない事態になるかわからず、異様で馬鹿げたものになってしまう可能性がありました（事実そうなりました）。

結局はそれらの力のあやつり人形になってしまうのではという恐れがありました。そうなれば、自分自身を失ってしまうでしょう。

ところで、偉大な沈黙（諸機能の停止）の中で自己を失うことと、何らかの未知のパワーに侵略されて追い出されることとはまったく別物です。後者のような自己喪失は精神異常を来す可能性があると思われましたが、誰もそんなことを望まないでしょう。この状態にあって、私には次に何が起きるのか、まったくわかりませんでした。わからないときは、自分を信用してはなりませんが、自分を信頼できないとき、状況は耐えがたいものになります。そのうえ、こうした現象には、スピリチュアルなものが何一つ見つかりませんでした（そこから学んだことも少しはありましたが、それについては後述します）。魂の深さや明晰さが増すことも、愛や徳が増えることもありませんでした。神について何も教えてくれませんでした。それはもっぱら外的なこと、他人や表面的な事柄に関わるパワーでした。

私は結局、次のように思いました。こうしたことが何年か続いた後で、神が私を媒体にするとか、私に何か使命を与えることをお望みなら、まずそれを受け入れられるものになさるはず――私の生活や人柄に適合するものにし、とりわけ、これが神の御業《みわざ》だという確信を私にお与えになるはずではないかと。もし本当に神から来ているのなら、私がこれらのパワーから逃れることはできないはずですが、自己の偽装した面から来ているのなら、それから逃れても私が失うものは何もないでしょう。したがって、私がそれらから逃れられるかどうかが試金石でした。ついでに言えば、これは私が幼いころに発見したおなじみの試金石です。つまり、私には真理以外ならどんなものからでも逃れられるという確信がありました。思考や経験、自分がとらえられているどんな空間からも逃れられるでしょう。けれども、真理は常に私たちと共に動きます。いかなるものも置き去りにできますが、真理はそうはいきません。私がどのようにしてこの真理の厳格な吟味法を発見したのか、またはどのようにしてそれが繰り返しその正しさを示したかについては詳述しませんが、要するに、それは神から来たものと自己から来たものとを識別する方法でした。過去において一度も失敗したことがなかったので、今度も失敗することはないはずだと私は確信していました。

しかし、自分がコントロールできないものを排除することは、不可能な仕事のように思われます。こうした力を無視し、価値を置かないようにするだけでは、それを取り除くための戦略としては不十分です。それらは思いのままに去来するからです。私は観察を始めました。よく見て、一日のうちのいつごろ、どんな状況でそれが生じるか、手がかりを得ようとしたのです。すると、祈りやミサの最中や、一人で自然の中にいるときなど、内的沈黙のときにエネルギーが生じることがわかりました。また、周りに人がいるときにも勢いよく飛び出す傾向があって、それは常にひどいものでした。こうしたエネルギーの本性についてはわかりませんでしたが、すべての答えが与えられるまで待ってはいられませんでした。それでは遅すぎます。そこで私は、それらを消滅させる計画を立てていました。手短にいえば、それらを餓死させることです。入り口も出口も与えずに、火に酸素を供給しないのと同じようにして殺してしまうのです。

これは祈りをやめ、中心に沈潜する能力を放棄し、私の霊的生活を事実上すべて放棄することを意味しました。日記も出口になりますから、つけるのをやめます。人と話をすると何を言うかわからないので会話もやめました。散歩もしません。自然の美しさの中で恍惚状態になる可能性があったからです。早い話が、それは極端な隠遁生活でした。これがどれぐらい続くことになるのか、まるでわかりませんでした。けれども、出口がなければ、いつかはこれらのエネルギーは降参し、死滅するしかないだろうと確信していました。

この困難な状況は、最初からまるで噴火口に腰掛けるようなもの、または荒馬に乗っているようでした。沸き立つ熱湯に蓋をすれば、圧力はさらに強まり、蓋は抑えきれなくなります。しかし最大の謎は、これをしようときっぱり決断したことです。この決断はどこからやってきたのでしょう？　もしもこれが私自身のエネルギーであるのなら、これを鎮圧するのは、どんなエネルギーでしょう？　実のところ、他にはエネルギーはなく、あるのは意識的決断だけでした。

第一週目の恐ろしさは忘れられません。内部のエネルギーが実際に私の耳から出てきました。しかしほとんどその初めから、パワーがわずかに衰えを見せているのがわかり、微妙な縮小でしたが、希望がもてました。最初の週が過ぎて、私は自分が正しい道にいることを知りました。減退が着実で、驚くほど速かったからです。二週間もたたないうちに、社会生活に戻り、祈りも再開しました。エネルギーは、出現したときと同じように唐突に消滅しました。その後には、それまで出会ったことのない大きな安らぎと沈黙がありました。その状況の皮肉さには驚かざるを得ませんでした。私がこの戦いを行なったのは、自己を守るためで、これらのエネルギーが私を圧倒して手に負えなくなるのを防ぐためでした。けれども、それを鎮圧しようとして、私は知らないうちに自己を鎮圧してしまいました。つまり、私は自己を守ろうとして、自己を失ったのです。これは驚くべき発見でした。神のなされ方はなんと賢明で巧妙なのでしょう！

どうしてこうなったのかは、後にわかりました。自己の仕組みは二元的だったのです。自己はいつでも、そこには二つの面があります。内的な自己は、エネルギーと運動の発電所で、精神にとっての客体となり得ます。しかし、意識的な自己は、そのような運動力をもちませんが、内的な自己が体験できないような高度な知にひそかに関与しています。したがって、エネルギーとしての自己を終わらせたのは、意識的な自己とその知、つまり直観でした――このことからも、知は力そのものよりも強いことがわかります。

通常、内的なエネルギーとしての自己と、自己意識的メカニズムとしての自己との分裂に気づくことはありません。というのも、合一状態においては全体としての感覚が非常に強く、意識とエネルギーの中心が完全に合一して分かちがたい単体として機能しているため、その分裂が表に出てこないのです。しかし、中心に蜂起が起きると、この分裂が明白になり、そして不穏なものとなります。

超常的なものを統合し、組み込むことができている場合、私たちは自己の中にこうした分裂が存在することに気づかないでしょう。聖人や神秘家の場合がそうで、彼らは、初めからこのやり方で導かれているので、超常的なものを別に異常とも不調和とも思わずに、難なくやり過ごすことができます。私の場合は、むろん、これにあてはまりません。けれども私にとってそれは、結果的には必要な障害だったのです。なぜなら、この内的エネルギーを鎮めるなかで、私は知らず知らずのうちに、内的エネルギーをまったくなしですます準備を整えていたのですから。というのも、無自己の状態の中には、内的エネルギーと呼べるものは何も残されていないからです。だからといって、内的なエネルギーはすべて自己から来るということではありません。自己が鎮圧されても、燃える炎はまだあります。しかしそれは、私たちのものとは言えないエネルギーで、この炎を消すことができるのは神だけです。そして神はそうなさいます。

この炎は、けっして中庸を超えることがないように思われます――けっして手に負えなくなったり、大きな障害の原因となるようなことはありません。けれども、この神のサーモスタットの設定が上げられると、それにともなって自己にひそむ未知のエネルギーがやってきます。このことから、神はずっと、これらのエネルギーが度を越さないように制御してくれていたということがわかります。しかし、今や神は、偉大な計画を先に進めるために、それらのエネルギーを解き放ち、すっかり除去しようとしています。無自己に出会うためには、こうしたエネルギーが少しでも残っていてはならないのです。

次のことはぜひとも憶えておいていただきたいのですが、自己のエネルギーを鎮めると言っても、そのエネルギーは邪悪なものでも、間違ったものでも、利己的なものでもありません。鎮圧の対象は感情的で自己中心的なエゴではないのです。このエネルギーは害のない良性のものですが、私たちを待ち伏せして惑わすのです。それらは神の純粋な媒体となり得ないという点で、一種の行き詰まりと言えます。実のところ、そもそも自己が神の媒体となり得るのかについて、私は確信がもてません。これらのエネルギーを鎮めるということは、自己の正体を現すことにほかなりません。

超常現象について、私たちはあまりにもしばしば、それを神からの贈り物と思ってしまいますがしかしそれは、神の仮面をつけた自己、神を偽装して存続を図る自己に過ぎない場合がほとんどです。合一生活のこの最終段階にきて、自己が反乱蜂起するのは、カスター将軍の最後の抵抗のようなものです。それは最終的な敗北の前の最後の一戦、制圧権を得ようとする最後の試みです。自己は自分がまさに壊滅させられようとしていることにおぼろげに気づいています。ですから、これは神性を賭けた最後の勝負です。これらのエネルギーが鎮圧されるとき、私たちは知らないうちに、自己に死の一撃を加え、完全な自己喪失への扉を開いているのです。これらのエネルギーを処理することは、無自己を実現する前に克服すべき最後の大きな障害と言ってよいでしょう。

二〇年間、存在の内奥のエネルギー・センターにおいて、何が自分に属し何が神に属するのか識別することができなかったのに、サーモスタットの目盛りが上げられ、今やこの識別が可能になりました。神はすべてのエネルギーの究極の源泉ですが、自己はそれを間違って、自分の愚かな目的に利用しがちです。合一状態では、神がこれらのエネルギーをコントロールしているに違いありません。私たちには、自分にそうしたエネルギーがあることすらわからないのですが。しかし、自己を超える準備の際、これらは解放されなければなりません。私たちがそれを処理して見抜き、その正体を明らかにし、それについての疑問をなくすことができるようになるためです。

この暴露に関して、注目すべきなのは識別の手段です。そのエネルギーが不適切だと思われたのは、簡単で明白な理由からです。それらはしっくりこないのです。既知の自己に組み入れることができないため、人格《パーソナリティ》との間に不調和を来すのです。ここで言う「人格」ないし「既知の自己」とは、表層的なもの、世間に対する「顔」にほかなりません。完全に沈黙の中に浸っているとき、人格はどこにあるでしょうか？　他人や外界がなければ、そんなものは存在しません。人格は、他者との関係の中にだけあるもので、他者が私たちをどう見てどう思うかということや、私たちが他者をどのように見てどう思うかということと大きく関係しています。だからこそ、私たちは一人でいるときや、沈黙と孤独の中にいるときのほうがくつろいでいられるのです。大きな変化は孤独な時間を過ごした後に起き、その期間が長ければ長いほど変化は大きくなる、ということを理解している人はほとんどいません。私たちは一人でいることによってのみ、他者との関係の皮相性に気づくことができます。なぜなら、そのとき私たちは、本来の自分である未知なるものと、本来の自分ではない既知なるものとの違いを理解するからです。人格とはまさにその既知なるものであり、それは本来の自分ではないことも、私たちは理解するでしょう。

しかし、こういうわけで、中心における未知の自己の分裂は、既知の自己をも分裂させ、そして既知のものは、未知のもののために、洞察力あるパートナーとして働きます。もし人格の分裂がなければ、これらのエネルギーと超常的な体験は、過去のどこかで取り込まれるか、段階を追ってそうなるかする必要があったでしょう。前にも述べたように、最初から超常的な道を旅する人にとっては、そういうことになるだろうと思います。また、非凡な聖人や神秘家が無自己の状態について語ってくれないのも、こうした理由によるのでしょう。無自己の状態は、こうしたエネルギーと体験をすべて超えたところにありますから。これらのエネルギーは、神の偉大な沈黙に逆らい、また自己の恒久的喪失にも抵抗するものです。それらにとらわれたままでいれば、自分の家に閉じ込められ、その狭い範囲を超え出ることはできません。

こうした体験が安らかで静かな終局にたどり着いたのは、この段階が終わるほんの二、三カ月前のことでした。しかし、先に進む前に、私がその体験そのものから学んだことについて、少し述べておきたいと思います。すべての体験が同じ一つの源泉、中心から来ているわけではありませんでした。そのことがわかったのは、一種の「体外離脱体験 out-of-the-body-experience」と呼べるものをしたときでした。厳密には、「体外離脱」という言い方は正確ではありません。というのも、実際のところ、私たちが体の外に出ることはないからです。しかし、その表現が言おうとしているのは、私たちが自分の内部の分裂に気づくことができるということで、より正確には、この気づきが「体外」と呼ばれるのです。これらの体験にはいくつかの種類があり、私の場合は二種類でした。

その体験で何か深遠なものが得られたというわけではありませんが、私は寝ているか歩き回っているかしている自分自身を見ていました。しかし、非常に現実感を伴っているため、自分が本当にしているのはどちらかわからないという情けない状態でした。しかしこれが起きていたとき、私は脳の中にスイッチがあるのに気づきました。そのスイッチがどちらに入っているかで、寝ているか起きているかが決まるように思われました。そしてどういうわけか、私はそのスイッチの上に乗っていて、降りることができないのです。私は自分にこう言います。これから起きてこの状態から抜け出そう。そして、私は立ち上がって歩き回りました——ところがそれはそう思えただけで、実際は、私は全然起きていないのです。けれども、私には、起き上がって歩き回る感覚がありました。その後、やはり自分は寝ているのだと気がつきます。私は目を開けて言います。こんどこそ本当に起きよう。そして、自分が起き上がって歩き回るのを感じるのですが、それも現実ではありませんでした。こんなことが延々と繰り返され、じつにみじめな状態でした。しかし、そのスイッチには興味をひかれました。そのスイッチが前後に動く様はほとんど見えるようで、私はどうやったらそれを一方に固定しておけるのだろうか、と思いました。この状態が興味深かったのは、それが目覚めた状態でも、眠っている状態でも、夢を見ている状態でもなかったという点です。それはただのスイッチ以外の何物でもありませんでした。

この体験で、脳を一連のスイッチと見る私の見方は強化されました。あらゆる事柄に対して、それぞれ一つのスイッチがあるようです。私は子供のとき、私の心で増大していく沈黙に、いくつかのレベルがあることに気づきました。常に深いレベルに達することができるとは限りませんでしたが、そこに行けるときには、心の中の何かの扉が開いて私を中に入れてくれるようでした。まるで、沈黙のためだけにも、多くの扉、多くのスイッチがあるかのようでした。眠りは心の沈黙とはまったく異なるスイッチです。というか、眠りに落ちるとき、心の沈黙は終わり、観想の領域も終わります。眠りが真の沈黙を奪うことを理解するのに、長い観想生活を送る必要はありません。なぜなら、真の沈黙は完全に目覚めた状態に属するからです。

しかしながら、「中間状態」と呼べるようなものがあります。それは眠りと覚醒の中間にあると考えられがちですが、そうではありません。もしもこの中間状態の中で眠りに落ちるなら、その状態は即座に終わり、沈黙は終わります。この中間状態とは、実は、二つのレベルの沈黙の境界線なのです。それは眠りと覚醒の境界線ではありません。その中間状態は、実際は、完全な心の沈黙への入り口なのです。諸機能の完全停止への入口です。私の記憶では、この状態が最もよく理解できるのは、変容のプロセスが終りに近づいたころでした。プロセスが終わってしまったとき、あるいは霊的結婚の後には、この現象は消え、大いなる沈黙という完全に目覚めた状態だけが残ります。

しかし、私が洞察に富むと見た体外離脱体験もあり、これはまったく別のタイプのものでした。何がこの体験を誘発するのかはわかりませんが、存在の中の未知のものが、体を超える、あるいは体の外に出るのです――これを「魂」や「心《サイキ》」ではなく、「霊《スピリット》」と呼ぶことにしましょう。この活動の中で、霊はすべての祝福を得、そして体はすべての思考と感情を得ます。その霊を体に引き戻し、祝福を台無しにするのは、自己意識です。私が自分自身――私の思考と感情――に意識を向け、霊と体の分離を意識したとたん、その体験は終わりました。まさにここで、私は何らかの意識――それが自己意識だと知ったのは後のことです――が、自己（または存在）がもつこれら二つの面をつないでいること、そして、自分のことを意識しているかぎり、その祝福に満ちた自由な状態は維持できないことを知りました。皮肉なことに、霊と体の分離が消えて、私が元の身体、すなわち感覚をもつ自分の中に沈み込んだとたん、私は再び分離なき全体になりました。そのとき、私はこれが劣った状態だと気づきました。こうして私はこの分離の中で、合一や全体性の状態よりはるかにすばらしいものを見たのです。

この体験は実際、前方への大きな跳躍でした。それは真に無自己が完成された状態の体験でした。と同時に、これは無自己に達する方法ではありません。そもそも、私たちにはそこに自力で到達することなど不可能なのです。私がこの分離を作り出せたわけではなく、まして、保持することなどできるはずがありません。それは非常にゆるやかなプロセスで、それ自体が一つの旅でした。もちろん、当時の私にはそんなことはわかりませんでした。無自己などというものは聞いたことがなかったのです。実際のところ、もし諸機能の持続的な停止と差し迫った自己意識の喪失がなかったならば、私は自己について考えることもまったくなかったでしょう。

しかし、自分で起こすことのできるものではなかったにせよ、この体験から学ぶことはありました。内省しないこと、すなわち内面に意識を向け、思考や感情に注意を払わないことによって、人は祝福に満ちた自由な状態を生きられるということがわかったのです。もっとも、そうするためには体外に出なければならないように思われました。しかし、さらに進むと、そうではないことがわかりました。この状態を実現するのに、体の外に出る必要はないのです。霊を縛りつけているものは肉体ではありません。見かけ上の分離を作り出しているのは、一種の意識——自己意識——なのです。この分離があるからこそ、合一という感覚もあるわけです。それゆえ、自己意識が脱落するとき、そのような分離はなくなり、したがってもはや合一もありません。自己意識がなければ霊はもう肉体に邪魔されることもなく、そこから形態なき存在という感覚が生まれてきます。むろん身体は存続しますが、身体意識がなにがしか欠如するのです。これはつまり、人間の内部にある分離は、実は肉体と霊の間のものではなく、見る状態の違いだということです。それは自己と無自己の違いです。したがって、高次の状態を実現するのに、肉体は何の障害にもなりません。

人は肉体の中にいながら至福に満ちたヴィジョンをもつことができる、と知るのは驚くべきことです。しかし、考えてみれば、これは納得がいきます。もし神が今ここで私たちと共にあるのなら私たちは死ぬときどこに行くのでしょう？　神とまみえるには、本当にどこかへ行かなければならないのでしょうか？　墓の中で、キリストはどこかへ行きましたか？　私たちはこの問いに対する答を知っていると思います。私たちは神に会うために宇宙旅行したり、体外離脱したりする必要はありません。けれども私たちは、自己意識が作り出した分離なしに神を見るために、二つの「見方」のギャップを埋めなければならず、そのために、ある種の旅をしなければならないのです。

いくらか皮肉に思えるのは、私たちは、まず合一状態の全体性に達しなければ、この種の分離に気づくことはできず、かつ、この分離に気づくまでは、合一状態を超えることができないということです。それは一種、堂々めぐりのようです。しかし実は、観想の旅は螺旋《らせん》運動で、その中で私たちは元いたところに戻るのですが、そこは、出発点より一段上の次元なのです。したがって人生とは、より高いレベル――あるいはより深いレベルとも言えますが――へと動いていく、絶え間なき反復と言えるでしょう。たとえば十字架の聖ヨハネは、三つの暗夜について語っています。それぞれ異なりますが、いわゆる婚約と結婚も、異なったレベルでの反復です。闇と光、混乱と安らぎ、死と復活にさえ、循環があります。新しいものを入れるために、古い精神的・心理的構造は壊され、新しいものは、徐々に日常生活の中に組み込まれます。変化するのは、普通の日常生活ではなく、生き方と見方のレベルなのです。

それは螺旋運動であるせいか、実に多くの誤った解釈が横行しています。つまり、あるレベルの体験が、別のレベル――通常は低いレベル――から見て解釈されるのです。それはもちろん、正しくありません。神学にもいろいろなレベルの解釈がありますが、高いレベルに到達する人はほとんどいません。なぜなら、彼らは低いレベルの解釈を手放すのを恐れるからです。彼らは哺乳瓶にしがみつく赤ん坊のように、その低いレベルに執着します。しかし、多様なレベルの解釈は、観想者たちの間に実に多くの混乱を生じ、何世紀にもわたって誤りが続いてきました。内的生活が螺旋運動であるという真実を認識してこれらの循環から脱することが、絶対に必要です。

霊と体の分離について最後に述べることは、浮揚体験に関することです。この体験をする段階では、霊はまだ肉体から解放されておらず、それゆえ上昇する際に肉体を連れて行こうとします。浮揚現象がはからずも明らかにしているのは、霊と肉体が分かれていないこと、また、その現象に目的がないことですが、しかしそれはより高次の分離を理解するための準備かもしれません。ひとたび霊が形態の制限から解放されれば、浮揚現象は起きません。なぜなら、無形感覚への順応が完了しているからです。したがって、乱暴な言い方をするなら、霊はもはや肉体にぶつかってこないのです。

空中浮揚やその体験の仕方にはいろいろあるでしょう。私が知る唯一の体験は、聖テレジアの〝霊の飛行〟に似て、中心から突然押し出されるようでした。しかし、彼女の浮揚体験とは異なりました。私はこの体験に先立つ一年前から、睡眠中に思いのままに離昇することができました。その仕組みは私がコントロールできるようでした。しかし、目覚めているときは、それとはまったく違って、自分でコントロールすることはできませんでした。目覚めているときの浮揚はもっと霊的でしたが、奇妙な仕方で行き詰まりを迎えました。とは言うものの、すべての超常体験は行き詰まりを迎えるものと私は確信しています。

しかしながら、中心部から来る美しい体験があり、それは、他のものの中心と接触できる能力が生じることです。あたかも私の中心が他のすべてのもののそれぞれの中心に流れ込むかのようでした。他者の中心と接触することは、他者の中の神を知るという稀な体験です。そこでは、自他の間に中心の違いはありませんでした。動物の中心と接触することは、愛との接触です。実際、たとえ相手が無生物であったとしても、その中心と接触することは愛の体験なのです。無生物の中心と接触する際、一種の「物質を超える力」が関与するかもしれない局面では、中心が置き換えられて、私たちの中心が他の物の運動を起こしている可能性があります。この中心の働きに出会ったとき、どのようにしてすべてのものが一つの中心をもつか、について十字架の聖ヨハネが述べていたことを思い浮かべました。彼はまた、神が存在するすべてのものの真の中心だということも示唆しています。私はこれを完全に信じます。人間だけが中心をもっているのではないし、神なる中心をもつ存在は人間しかいないというわけではありません。

これらの中心と接触することは、実は、万物の中にある神を違ったやり方で体験する準備です。もしもこれらの中心を統合することができれば、すべてが神から発しているということの実相や、「神は万物である」と言える理由の一端がわかることでしょう。しかし今のところ、これは単なる合一体験にすぎません。というのは、後になれば、その合一の中心が崩壊（爆発）して、神は中心でも外周でもなく、「すべて」であることが明らかにされるからです。

何にせよ、これらの超常体験は短期のものです。私はこうした事柄に精通していると言うつもりはまったくありません。自己に起因する体験もあれば、自己が高次の恩寵を受ける障害になった場合もあります。しかしいずれにせよ、自己の真の性質が明るみにさらけ出されつつありました。そして、これこそが、こうした体験の唯一の目的ではないか、と私は考えます。

聖人や神秘家の伝記には、超常的な体験がよく記されています。それらは、観想の旅の中で、いつも出現したようです。最も深い暗夜においても、燦然たる啓示の光の中においても、そうした体験が起こっています。ということは、それらは特定の状況に限られたものではない、すなわち、ある段階の指標となるものではないということになります。

むろん、十字架の聖ヨハネなら、私たちにそうしたことが起きれば、必ずや投げ捨てさせたでしょう。そうした現象は欺瞞に通じるものであり、神の真理を知るには内的な沈黙においてのほうが良い、というのが彼の姿勢でした。他方、聖テレジアは、霊的結婚の際にこうした体験が終わる、あるいは非常に弱まると記しています。しかし、彼女の伝記を読むと、それは弱まったにもかかわらず、晩年までこうした体験にさらされていたことがわかります。と言っても、彼女は「回心」の初めから、あるいは晩年の十八年間、この道を旅していました。私が述べている混乱と、彼女の体験は、私たちが描写してきたものとはまったく異なる性質のものでした。また、彼女の第六の住居（合一という目的を実現する直前の期間）には、何の共通点もありません。それにもかかわらず私はこれと自分自身の過去の体験とを考え合わせて、私たちがもっと高いレベルへ移行する前には常に混乱が起きるものだとわかります。それは現状の打破、新しいものへの突出口、使いものにならなくなった古いやり方の放棄です。いかなる混乱も、螺旋を描いて進むもう一つの循環運動が始まる前兆です。暗夜や中心における混乱は、すべてこういう性質をもっていました。どれも、準備期間ということなのです。

この段階の終わり頃、つまり、神秘的なエネルギーが消えた後にも、まだ燃える炎は残っています。それは愛です。それが私のものではないことは、今やはっきりわかっています。この無私の愛が、神にのみ属するものであることは理解できました。それはご自身を愛する神の愛、または聖父《おんちち》へのキリストの愛です。しかし、キリストが残存する自己のすべてで、父を愛するのが私ではなくキリストだとしたら、私はどこにいるのでしょう？　どうして私がまだ必要でしょうか？　こうした疑問に答えられずに、私は途方に暮れ、この異常な窮地について、あるとき、こう書いています。

1．私の中のどれだけの部分が、神と一つにされ、まだ歩き回っているだろう？
2．私の中のどれだけの部分が、実際に神になれるのか？
3．どこで私は放免され、どこで神が始まるのか？
4．私の中のある部分が強く神と一つになっているので、私の一部は、もう私のものではなくなっていると直感する。どの部分が失われ、どの部分が残っているのだろう？　神が私たちをご自身で満たすために、私たちを放り出した後、放り出された自己は、私たちとどういう関係があるのか？　神はこれ以上、私たちに何の用があるのか？　私の中で、神はご自身を愛される。私は価値がない。私は創造に不必要らしい。神は来て、征服し、私はもういない。私にはこれがわからない。神は私の一部ではなく、全部を取るべきだと思う……

——一九七八年の日記より

このときから、沈黙は非常に大きく広がり、自己意識の最後の残滓が消えるのは目前だと思われました。それでもまだ、その最後の残滓が消滅したら、完全な無意識に陥るのではないかという恐れがかすかにありました。完全に意識を喪失してしまうのではないかと思ったのです。そのときは、自己意識が終わるところで新しい意識が始まるということを知りませんでした。新しい状態で、まったく新しい人生が始まります。さんざん予兆や瞥見《べっけん》があったにもかかわらず、また生涯をかけて準備してきたにもかかわらず、この先にある状態の真のリアリティを指し示すものは何もなかったのです。

あるとき、非常に強烈な体験の中で、神がこれからは、私の中でではなく、ご自身の中で、ご自身を愛されることになるのだという理解が与えられました。そして私には、それがどういう意味かまったくわかりませんでした。そのとき、私の真の自己（つまりキリスト）は、すでに神の中にいました。つまり、神はすでに、ご自身の中でご自身を愛しておられたのです。理解の仕方が他にもあるとは、少しも思い浮かびませんでした。それはつまりこうです。すべてのものは神にどっぷり浸っているので、引き離されては存在できません。したがって自分自身で別個に存在することはできないのです。分離した個々の存在はありません。神が住まう分離した「私」はないのです。のちに私は、これがどういうことかわかりました。神が事物の中にあるというのは、すべての事物が神の中にあるからです。だから内にも神、外にも神なのです。神は貫く流れです。それは存在するすべての物の中を自由に流れています。そして神がその中を貫き流れる「物（個々の存在）」さえも、やはり大きな流れの一部なのです。自己はこの貫流する神の流れを阻もうとします。いわば、内部の神と外部の神との間に立ちふさがるのです。しかし、いったん自己が消え去れば、私たちが最初に「見る」（つまり体験する）のは、その偉大な流れです。そしてそこで、すべてのものが神の中に、本当に、分離せずに、あることがわかるのです。神はもはや自己の中にはありません。神が自己なのでもないのです。

しかし私が完全にその意味を理解したのは、自己を超える旅が終わってからのことでした。神は神ご自身の中で神を愛しているのであって、もはや私の中でではない——それは、神はもはや、客体または私の真の自己として愛されるのではない、ということです。神が私の中にいるかぎり、あるいは「私」がまだ残っているかぎり、神は客体として知られ、愛されます。しかし、自己が存在しなくなれば、神は純粋な主体として、何かの中においてではなく、ご自身の中で愛されるのです。「私」の本質、自己、または自己意識——呼び方は何であれ——が神を知り、体験できるのは、対象（または中心）としての神だけです。私たちは神を、自分の存在の重要な部分として、私たち自身の中で主観的に知ります。神は私たちにとって最もすばらしい主観的体験です。こうして、私たちは、自分自身を知るのと同じように、神を知るわけですが、それは非二元的な知り方です。けれどもまだ悟るべき真理があります。私たちが自分自身を知るのは、未知の主体にとっての対象としてだけです。主体が未知であるというのは、私たちは意識の主体である「私」（または観察者）を直接見ることはできないからです。私たちは自分の目を覗き込むことはできません。また、自己意識に主体の極と客体の極が残っているかぎり、主体としての神は知り得ません。しかし、神を主体として、自己からまったく離れた外にあるものとして知るとは、どういうことでしょう？　誰がそれを想像できるでしょう？　実際、私たちには想像できません。だから、仮に私たちが主観的な体験として内部で神を知るとしても、神はやはり自己意識の対象です。そして何らかの自己が残っているかぎり、事態はこのようであり続けます。神を自己ぬきで、神自身の中で純粋に知るには、新しいタイプの「見方」と意識の根本的変容とが必要です。私たちはこの変容に出会うまで、それが意味することを理解できません。神が「私たち」の中でではなく、「ご自身」の中で、ご自身を愛される、ということを。

　ここで、聖パウロの体験に注目したいと思います。「もはや私ではなく、キリストが私の中で生きている」。これは合一状態の特徴を示しています。ここで使われている「私の中で」という言葉は、自己または「私」の感覚だけではなく、内面性の感覚を証言しています。他方で、「もはや私ではなく、キリストが生きている」と言っていますが、その意味は異なります。そこでは「私」は消滅し、残っているのはキリストだけです。これは、合一も自己意識をも超えた、ある状態を指し示しています。

　精神がイメージを作る仕組み（想像作用）が停止し、不可知の雲が下りてくるとき、神は意識の対象であることをやめると考えられるようです。これは、方向としては正しく、その中で神は、深遠な主観的レベルで現れます。けれども、ここでの神はまだ、内的意識の無形の「客体」です。実際、内部を見ることができるというだけでも、内省的意識の存在が暗示され、意識のある「私」がまだ手付かずで残っていることがわかります。言い換えれば、自分の中心に気づくということ自体、自己意識の状態にいることを示しているのです。なぜなら、この状態の本質上、主観と客観、あるいは「～についての意識」は、けっして分離し得ないからです。むろん、これらの二極は分離できると考える人は少なくありません。ヒンドゥー教の意識論もこの考えを支持するようです。けれども、内部を見るという何らかの内省能力がまだ残っているかぎり、真の分離は起きていません。言うまでもなく、自己意識の主客どちらかの極が消えるときには、両方の極が一緒に消えます。その場合、自己と呼べるものは、何も残らないでしょう。

これは、その合一状態が、観察している「私」という（首から上の）二元的な意識内における、非二元的な主観的体験（首から下の）であることを意味しています。これを理解できるなら、合一状態を超えたところに私たちを連れて行くために必要な根源的な変容について、ある程度考えることができます。

しかし、準備段階の状態に話を戻しましょう。私は完全な自己意識の喪失が現実となるのは時間の問題で、今一歩のところだと直感しました。なるべく多くの時間を静穏の念禱の中で過ごしたいという思いは増すばかりでしたが、最初のうちは、この喪失が差し迫ったものに思えるのは、そういうときだけでした。その分離を最終的に乗り越えたとき初めて、あの大きな沈黙が生活のすべてになり、一日中ひっきりなしの恒常的なものになりました。その驚くべき効果は、歩いているときも、日常の雑事をこなしているときも、常に沈黙を維持できるようになることです。それはやがてやってきます。

最終的に身をゆだねる寸前だと直感してはいましたが、もしも私がこの分離を越えて二度と戻らなかったら、どうなるだろうという、かすかな恐れはありました。しばらくの間なら、越えてもいいかもしれませんが、永遠にそうなってしまったら？　私には、想像できませんでした。神はゆだねるようにと励ましておられましたが、私にはどうやって協力すればよいか、わかりませんでした。ただ自分のすべてを渡したいと思うだけでは、だめなようでした。あれやこれやと渡してみても、何も変わりません。そのとき突然、神は私たちが渡さなければならないとは夢にも思わなかったものをお取りになり、すべてが変化します。神だけが真の変化をもたらすことができるようです。なぜなら、神だけがその方法をご存じで、神だけが私たちの準備ができたかどうか、その後どう進めればよいかを知っておられるからです。

どうやら、恐怖なしに大きな沈黙の中で待つ能力は、まだ備わっていないようでした。もしその沈黙の中から二度と出られないことを恐れるなら、神は私たちに自己を取り戻させてくれるでしょう。つまり、神を信頼することが決め手で、すべてはそれにかかっているのです。神と共に生きた私たちの過去のすべてが、この瞬間にかかっているのです。私たちは本当に命をかけて神を信頼しているでしょうか？　思い切ってすべてを捨てられるでしょうか？　これまで自己と呼んできた最後のものまで、手放すことができるでしょうか？　私たちはたぶん、聖ペトロのように飛び上がって答えるでしょう。はい、もちろんです！　しかし、道の先にある自己の消滅という十字架を見ると、私たちは向きを変えて逃げ出します。

この大きな分離を乗り越えることは、私たちの観想の旅における一つのポイントです。そこで神は私たちに無理強いはなさりません。私たちは飛行機から押し出されるわけではありません。むしろ、私たちは自分がいつ外に出たのか、わからないくらいでしょう。無自己がもたらされるときに、傷つけられることはありません。力づくで奪われ、圧倒されるのではないのです。何かの力に乗っ取られるのでもありません。そのとき、自己消滅を恐れる気持ちはないでしょう。私たちにはそれがいつ起きたかわからず、後で振り返ったときにわかるだけです。私たちにわかるのは、ありふれた普通の沈黙だけです。私たちはこの沈黙の中から出ようとして、それができないことを発見し、初めて乗り越えたことを悟ります。この沈黙に慣れることこそ、私が一つの旅と呼んできた、自己を超える旅なのです。

しかし、分離を乗り越える前に、中心における大変動を、私はもう一つ経験しました。それは非常に大きな戦いであり、もはや私の手に負えるものではありませんでした。私はそれを外部からの観察者として、当惑しながら見ていました。そして初めて、こう自問しました。これを見ているのは誰？　何者？　その戦いは理解しがたく、たぶん、私の手に余ったためか、自己には影響を及ぼしませんでした。それは感情よりももっと深いところ、精神の外にありましたから、何の反応も呼び起こしませんでした。私が気づいたのは、何かが注意をそらさせていることだけでした。私が受けた印象では、それは二つの未知の力の戦いで、私とは何の関係もない二つの力の戦いでした。それらが何をめぐって戦っているのか、どんなふうにそれが終わるのか、私には皆目わかりませんでした。

けれども、もしかしたらこういうことかもしれないと、日記に六通りの考えを記しています。それらは確信がもてなかったので、その後、わからないと諦めました。しかし、後で振り返ったとき、この戦いについて少しわかったことがあります。けれども、それをお話しする前に、まずその六つの考えの一つに言及しておきましょう。というのも、それが重要だったことが、後でわかったからです。

私は、ひょっとしたら、キリストが私のことを怒っているのかもしれないと考えました。子供じみて聞こえるかもしれませんが、私のそれまでの状況から見ると、この考えには大いに正当性がありました。私はどういうわけか、十一歳の頃からキリストと戦っていました。休戦したと思うと、また初めから戦いのやり直しです。その戦いは実質的に私のキリスト者人生の歴史でした。私はこの生活しか知りませんでした。

内部の戦いが始まる直前に、私は教会でキリストを利用している人々を手厳しく批判しています。教会を批判したわけではありません――私にとって教会は神秘的なものです。教会でキリストを独善のための武器として利用する人々に対する批判です。彼らは他を貶《おとし》め、うぬぼれで膨れ上がるために、キリストを剣として用います。彼らは目が見えないので、自分が何をしているのかわからないのです。これらの人々は、教会を愛していると公言しながら、我知らずキリストの名において霊を殺している狭量な偽善者です。彼らには、寛大さというものがないので、教会に人々を招き入れるどころか、たくさんの人を教会から追い出しています。私はキリストに言いました。あなたの教会からは、愛が大きな川のように漏れ出ています。あなたがせき止めてくれないのなら、貯水池は空っぽになって、役に立たなくなるでしょう。どうか偽善者たちを全員捕まえて、崖の上に集めてください〔訳註：ユダヤの律法では、神の聖性を汚す行為をした人を崖などの高いところから突き落とし、石を投げて殺す処刑法があった。ルカ福音書四章では、郷里ナザレの人々がイエスを崖から突き落とそうとしたことが書かれている〕。もしも私たちが、あなたとあなたの教会を通して聖父《おんちち》のところへ行くことになっているのなら、私たちは毒ヘビの群の中を這って進めと言われているようなものです。できるはずがありません。あなたが教会をきれいにしてくださらないのなら、あなたなしに聖父《おんちち》のところへ行けるよう、脇にどいてください。あなたを通って行けないのなら、あなたを迂回しなければなりません。あなたなしで聖父《おんちち》のところへ行くために。

何が私にこの攻撃を思いつかせたのか、記憶にありません。たぶん、すでに言及したエネルギーの反乱とともに、長年にわたって積み重なっていたものが噴出したのでしょう。私が教会から出て、ドアをピシャリと閉めさえすればよいのなら、簡単だったでしょうが、それはもう前にしたことがあり、うまく行きませんでした。キリストは脇に寄ることができないのだから悲劇です。キリストは神の現実です。真理です。そして、よかろうと悪かろうと、こういう状況になっているのです。キリストにどいてくださいと頼むことは、神にどうか死んでくれと言うようなものです。それはあの汚れた窓をイメージするといいかもしれません。汚れに覆われているので、見通すことはできません。キリストを窓にたとえるのは、適切ではありませんが、あの人たちがキリストにもたらした行き詰まりの説明にはなるでしょう。私たちがキリストを通してすばらしい現実を見ることができないのは、キリストが、思考、概念、知的解釈、ドグマ、神学、狭い心、等々に、幾重にも覆われているからです。私はよく考えたものです。もしキリストの死後、四福音書を回し読みするだけで、彼についてそれ以上はいっさい言わなかったとしたら、今頃は全世界がキリスト教徒になっていただろうと。しかし、いまさらそんなことを考えても何にもなりません。もう手遅れです。私たちはキリストについてさまざまな解釈を聞かされてきており、それらはおそらく、私たちの精神構造にこびりついて離れることはないでしょう。そのため、キリストの真実を知ることは、途方もなく大変な、恐ろしい大混乱になってしまいました。その準備ができている人は、ほとんどいません。

私たちには、キリストの悲劇が教会の悲劇といかに結びついているのかを理解することができますが、そのとき、ほとんどの人は両者の表層しか見ていません。しかし、私たちのひとりがその背後にあるものを見た途端、それは私たち自身に関わる悲劇ともなるでしょう。私は幼いときからずっと、おぼろげながらではありますが、この悲劇について気づいていました。十字架を見ると、それは、神を完全に理解することを阻む、何か未知の悲劇的な窮状を表わしているように感じられました。何年も経ってからようやく、十字架が、最も深遠な悲劇が純粋な祝福に変わっていくことの象徴であり、また、すっかり見捨てられたことを示すいっぱいに伸ばされた腕は、同時に、祝福のために広げられた腕でもあることがわかりました。このようにして、悲劇は歓びとなり、キリストは、その悲劇的な結末にもかかわらず、その正体をはっきりと現すことになります。これはつまり、教会においてキリストの身に起こってきた悲劇を、どうにかして乗り越えることができる人たちには、歓びが待っているということなのです。

教会を批判した後、私の心の中で戦いが始まりました。あれこれ考え合わせた結果、私はキリストがまた私のことを怒っているのだと思いました。この解釈はその通りではありませんでしたが、のちに、まったく間違っていたわけでもないことがわかりました。戦いは二日間続いて、三日目にやみました。そしてそれから二、三日すると、自己も消えました。消え去ったのは真の自己、キリストの自己でした。父のもとに帰るためには、この自己は脇へ寄らなければならず、手放され、捨てられなければならなかったのです。十字架の旅を困惑に満ちた恐ろしいものにするのは、この「キリスト - 自己」の放棄です。けれども、この喪失がなければ、その旅を復活につなげることはできません。キリストがその神聖な自己を十字架上で失ったのと同じように、私たちも父のもとに帰るためには、「キリスト - 自己」を失わなければならないのです。ですから、キリストは再び最初から戦います。戦う相手は、この自己を超える旅という道行きを妨げようとする勢力です。私は、この戦いを自分でする必要はありませんでした。私にはまったく影響がなかったのです。それがこの道行きの驚くべき点です。ここからは、死と復活の重荷はキリストに担われます。彼だけが父のもとに帰還します。そして、それがどうやってなされるかがわかると、この旅そのものの意味が次第に明らかになります。自己はこの旅に関わりません。なぜなら、私たちが自己と呼ぶすべてのものは消滅しているからです。残っているのが何であるかは、最後にならないと明かされません。

私が日記に書いたもう一つの解釈は、ヨブに関するものでした。彼は神が自分にお怒りだと考えました。彼は自分の苦境について他の解釈を見つけることができなかったようです。人は、物事がうまく行かないとき、神の寵愛を失った、または神が自分に反対されていると考えるものです。そう考えるのは、神のやり方が理解できないからです。別の言い方をすれば、それは、人間が自分の理解力不足を認めないということです。自分には神のやり方がわかると考えるのは、悪魔の欺《あざむ》きと似ています――悪魔は禁断のリンゴで神の智に挑戦させました。私たちは、神の認識が私たちの自己意識タイプの認識と同じだと信じるとき、自分を欺いているのです。私たちの知り方は神の知り方とは違います。私たちが神の知に最も近づくのは、知に頼らないときです。自分の無知を十分かつ完全に受け入れるときです。と言っても、茫然自失の状態でさまよい歩くという意味ではありません。わが身に起こることを起こるにまかせ、疑わずに受け入れることです。神のやり方を知りたい、自分の魂の中で何が進行しているのか理解したいというのは、私の高慢でした。そこで、私は疑うことをやめ、神がよいと思われるまで、この戦いが続くに任せることにしました。しかしその戦いはすぐに終わりました。三日目の朝、私は次のように書いています。

　なんとありがたい救済！　今朝の霊的交わりの後、諸機能は安らかに眠った。妨害や邪魔が入る恐れはまったくなかった。すべては静かで、無だった。喜びも、愛も、自己もなかった。私は自分の外にいる感じがした。ただし、エクスタシーや「浮揚感」ではない。私の魂は、まるで眠っているようだった。動くのも、目覚めるのも、自分自身に戻るのもいやだった。これは体験などと呼べるものではない。けれども最大の体験と言えるかもしれない。それを描写しようとすれば、「私は存在する」ということになるだろうが、これもしっくりしない。私の全機能が謙虚にされたと言ったほうがよいかもしれないが、それでは全体をうまく言い表わしているとは言えない。「私」はもう存在しないと言うのが、一番真実に近いかもしれない。それは私を肉体的に弱く、内的に無感覚にした。これを書くだけでもせいいっぱいだ——振り返って、理解しようとしただけだが。けれどもこの体験から、得たものもあった。

1．神は私に憐れみをかけてくださっている。私はこの状態を自分では生み出せない。私は神の手を感じなかった。けれども、私の直感では、それは疑いなく神の御業だった。

2．この眠りの中で、私は存在することができなかったが、どのように、なぜ、何のためにとは問わなかった。すべてがあまりに静かだったので、私は自分を放棄して無になったが、正しいことをしていることがわかった。このおかげで、私は、神のやり方に参加する望みがもてるのは、完全な自己の忘却、完全な自己意識の欠如の中においてだけだということがわかった。私の神への質問や、議論や、理解したいという苦闘は、すべて何の役にも立たない。ヨブが、神に何かを問うのは神に不正を働くことだと言ったとき、彼は最終的に正しい答にたどり着いたのだとわかる。だから、私も質問しないことを、理解を求めて苦闘しないことを学んだ。げんに私は知ろうとしたがゆえに苦しまなかっただろうか？　それを求めたせいで罰せられなかったたろうか？　神のやり方を知りたいと思うことは、大罪ではないのだろうか？

3．私が感じるものや体験するものに関して、自分の分析を信用してはならないことはわかる。私は間違っているかもしれないし、最初から、正しくないラベルを用いているかもしれない。つまり、私は結局自分をわかっていないかもしれないのだ。ましてや私の魂の中での神のなされ方を理解することはできないだろう。私はもう二度と、神が私を導いてくださる方法や神の目的を理解したなどと思うまい。

　完全な明け渡しや放棄でないものは、すべて苦痛だ。私たちは自分で自己を神にゆだねたり、放棄したりすることはできない。神は私たちを、神ご自身がよしと思われるときに、お望みのままに、お取りになるにちがいない。この全面的明け渡しを遂行できるのは、神のみである――私たちには、これすらできない！　神に尋ねることは苦痛を招く。神のなされ方を理解しようとすれば苦しむ。私たちのほうから神に到達しようとすることは苦しみだ。

――一九七八年の日記より

これは学ぶべき重要な教訓でした。自己を超える旅をするには、疑問を抱かずに受け入れる能力が絶対に必要です。なぜなら私たちは、新しい知り方の中に入ろうとしているからです。そこでは旧来の方法は無意味になります。自己意識とその特有の知り方は消滅し、偉大な沈黙、偉大な無知がすべてとなります。かくして、その大きな流れの中に入ったならば、私たちが通常頼みの綱とするものは、もはや無用になるのです。

しかし、その流れに入る前に、その内部の戦いの本質について、洞察できたことがあります。私はその二つの勢力は、自己保存と自己消滅だと理解しました。人はそれらを支配することはできません――自分ではできると思うかもしれませんが。最終的な決定権をもっているのは、神だけだからです。この二つの勢力は、通常はバランスを保っているように思われます。そしてバランスが崩れたとき、自己保存が(自己を無傷に保とうとして)救助のために表面に出てくるのです。自己保存は人間の最も根深い本能であるため、すべての行動はそれに帰着すると考える人たちもいます。もちろん、この見方は偏っています。しかし、誰も自己消滅に取り組みたいと思わないのは、無理からぬことです。それは恐ろしすぎます。私たちは、それを異常なこととして鎮圧し、まっとうなことではないと片付けてしまいます。しかし、もしも適切に理解されるなら、自己消滅は人間の究極の救済です。それがなければ、私たちは永遠に自己に縛られ、自己を超えたものである神を、けっして見ることはないでしょう。それは地獄です。

私は五歳のときから、自己消滅の体験(「脅威」と呼ぶ人もいるかもしれせん)を幾度もしてきました。そしてその意味については何も知りませんでしたが、それが肉体的な死と無関係であることは知っていました。こうした体験は、いつも神と関係がありました。それらは恐ろしい啓示で、どういうわけか、いつかそれに殺されるだろうと感じていました。しかし、驚くべきことに、消滅の恐怖はありましたが、それは一向に起こりませんでした。私は滅ぼされることも、圧倒されることも、征服されることもありませんでした。失神することも、ロボットや操り人形になることもなく、正気を失うことも、地獄に行くこともありませんでした。何であれ、自己消滅が引き起こし得る恐怖の事態は、何も経験しませんでした。最終的な消滅はそんなものではありません。そうはならないのです。実のところ、それが起きたとしても、私たちは振り返ってみて、「既成事実」としてそうとわかるだけなのです。それは本当に落ち着いて、静かで、穏やかで、何の変哲もないものです。神は迫り来る力ではなく、全体的で絶対的な沈黙です。それがいつ起きているか私たちにわからないのは、一つには、自己意識がなくなるとすぐに通常の知り方を失うからです。こうして、私たちの自己意識の恐れや期待は、すべて無に帰します。別の知り方が始まるとき、それらが入る余地はないのです。

このもう一つの知り方に順応することが、その先の旅になります（私の場合、完全に適応するには三年かかりました）。そしてちょうど、自己が自己意識の真の姿であるように、無自己が、自己のない意識の真の姿です。私たちがその分離を乗り越えるとき、自己保存と自己消滅の二つの力も消えてしまうことは、言うまでもありません。自己というものがなければ、これらの力は無意味で、存在する余地がないのです。もう内部の戦いはないでしょう。それどころか、そもそも「内部」がないのです――「中」という意識も、もはやありません。
その戦いが終わった一週間後に、私は次のように書いています。

おお、神よ、私のペンを導いて、あなたの御業《みわざ》と、この魂の中であなたがしておられることについて私に書けるようにしてください。今朝、それと気づかないほど優しく、全的な沈黙が諸機能を覆った。私は何も感じなかった。何の存在も、何の喜びも感じず、あるのはただ一種の凝視だけだった。からだを動かすことがとてもきつく、苦痛に満ちていたので、私はあえて動こうとはしなかった。霊的交わりに入ることについて、ある種の身体的恐怖があったが、なんとか入った。

次のステップは完全な無意識で、それは、「神様、怖いです。どうかもうこんなことを起こさないでください」というような思いだった。私はまったく恐れずに、自分を神にゆだねたいのだが、神は魂の中で思い通りになされるとき、外部事情を考慮されない。また、私も十分に体から離れているわけではないので、自分がどこにいて、何をしているはずだということがまだ意識にあり、まったくかまわないというわけにはいかない――それは次のステップになる。本当にそうなったときには、自分がどこでどうしているかわからず、気にもせず、気づくことさえないだろう。つまり、まだある程度の自己意識が残っているのだ。私は自分がどこにいるか、自分が肉体の中に存在していることに気づいている。私がB〔バーナデット〕であることはまったく重要ではないが、ここに一つの魂があり、神がそこを住居になさるとは、本当とは思えないほどすばらしい。神は魂を所有されたが、このとき、私には何のエクスタシーも喜びもない。なぜなら、それは私の魂とは感じられず、むしろ神の魂だからだ。神が臆病で、ちっぽけで、ほとんど罪だらけのBの魂をお喜びになるとは信じられない。神はあまりにも大きすぎて、そんなことは考えられない。しかしどういうわけか、魂は神に所有されて変容し、大きく純粋になり、神をお収めするようになる。私はもうその家の管理者ではない。それどころか、触れてもならないのだ。このことで神を称えたり、感謝したりするわけにはいかない。もう私の家ではなく、神の家なのだから。多分、本当に私のものだったことは一度もないのだろう。私にわかるのは、かつてはそれが私のものだと考えていたということだけだ。もう、私の見方は変わった。私はもう、自分のものではない。私は神のもの。神の中に、神と共に、神のために存在する――神よ！

もっとうまく説明できたらよいのに。私は二つのことを言いたい。

1. もはや私ではなく、キリストが私の中に生きているという体験――どこかに書かれていた――これが、今日私が体験したことの手がかり。

2. 今日起きたことは、単なる意志の合一以上のもので、沈黙や安らぎなどよりももっとすばらしかった。諸機能は完全に統合され、その中で私にできることは、その瞬間に注目を払うことだけだった。前にも後にも何の思考もなかった。この状態の中にとどまるには、ただ今自分がしていることを自分に思い出させればよいらしい。私は自分に言う。今車を運転している、今買い物をしている、今書き物をしている、等々。私の精神はさまようことができないようだ。さまようのは無益で無用だ。精神に強制することは罪だ。今という瞬間に夢中になっていればよい。過去や未来のことを考えるのは、突き棒〔訳註：家畜を追うための先端がとがった棒〕を蹴飛ばして、無用な苦しみを引き起こすようなものだ。

このことを誰かに話せればよいが……でも私はそういうことに向いていない。

——一九七八年の日記より

二、三日して、〝自己喪失の体験〟が始まりました。その中で自己は境界線を乗り越え、二度と戻ってきませんでした。

＊　＊　＊

これで、本書の終わりに来ました。私は合一生活の終わりを生きました。私は初め、無自己とは合一のさらに進んだ状態だろうと考えていました。しかし、合一の中心が全部消えてしまった後、この合一状態にあるという観念のすべてが放棄されました。合一の中心がない合一というものを、どんなに懸命に正当化しようとしても、それはできません。

しかしながら、合一生活が脱落するとき、私たちは突然神になるわけではありません。神が突然消えるのでもありません。要するに、私たちはついに、三位一体の中で、キリストと共に正当な場所を得るのです。それは顕現する神にとって、なくてはならない重要な部分です。無自己についての究極的認識は、私たちの本質を悟ることです。それは、聖父《おんちち》（非顕現の全知の神）や聖霊（顕現する全能の神霊）と同一なのではなく、三位一体の顕現面であるキリストと同一なのです。この突破において、キリスト、父、聖霊という神性の特徴的三面が、相互に交換できないものでありながら、一つであることがわかります。神のどの面が偉大だとか、どの面が劣るなどということはありません。三位は一体として業《わざ》をなされます。これを最終的に悟ることが無自己の意味なのです。

合一状態は無自己の状態へと流れ込みます。それは私たちが、そこに達する手段なのです。ここまで書いてきたことで、この変化の起こり方について少しでも洞察を与えることができたなら、本書の目的を達したことになるでしょう。合一生活のこの最終段階は、観想に関する文献では適切に定義されていませんが、確かに存在するものです。私はそれを何度も見ましたが、それは何らかの理由で、途中で終わり、どこへも行きつかないように思われます。なぜそうなるのかは、推測しかできませんが、私の場合、この段階は途方もない準備で、しかも、これから起ころうとしていることがまったく予想できませんでした。いろいろな意味で、それが準備中だなどという気はまったくしませんでした。後で振り返ったときに初めて、この段階が何であったか——準備だったということがわかったのです。それはそれとして、この合一生活についての個人的体験談のしめくくりとして、その最終段階の要点をもう一度お話ししましょう。
神の慈悲深い御手によって、長年の十字架は引き上げられました。それによって私はより深い合一状態に自由に入れるようになりました。するとすぐに、諸機能の沈黙に出会いましたが、それは以前に知っていたものとはまったく異なり、さらに広範囲に及ぶものでした。この沈黙において際立った特徴は、自己意識の喪失が差し迫っていることでした。私がそれまで考えてみたこともなかったような喪失です。一度も求めたこともなく、予期したことも聞いたこともなかったような喪失です。何か新しいことが起こりそうで、ただただ困惑するばかりでした。

そのとき、いつも安定して燃えていた炎が、突然激しく燃え上がる松明《たいまつ》となりました。これは神への私の愛ではありませんでした。私の愛にしては、あまりに大きすぎたのです。それは父に対するキリストの愛だと、はっきりわかりました。しかし、このサーモスタットの目盛りが上がったとき、他にも未知の余計なエネルギーが出現して、超常的な体験を頻発させました。これらの体験が手に負えなくなったら大変、これらのエネルギーにおぼれては大変と、私はその火を消すことにしました。しかし火を消す際、私は知らずに自己を消してしまいました。つまり、自己を救おうとして、自己を失ってしまったのです。

超常的な体験は短期間で終わりましたが、そこから学んだこともありました。主に、内的なエネルギーとしての自己と、精神の自己意識のメカニズムとしての自己との間に分離のあることがわかりました——と言っても、どちらもほどなく失われることになったのですが。内的なエネルギーが消滅したとき、残ったのは強烈な沈黙だけで、その中では神の御自身への愛がすべてでした。私は自分がどこに入り込めるのかわからず、もう私はいらないのではないかしらと悩み、喪失感に満ちた時期を過ごしました。自己意識の最後の残滓も明け渡さなければならないことはわかりましたが、そうしたらどうなるのだろうという恐れもありました。また、どうやったら明け渡せるのか、わかりませんでした。私たちは神ご自身の時を待つしかないのでしょう。神だけが自己を取り去り、私たちにその大きな分裂を乗り越えさせるのです。神だけがその瞬間をご存じです。

もうすぐ境界線を乗り越えるというとき、二つの未知の力が最後に内部で戦いました。不思議なことに、それは私にはけっして触れることなく、私を巻き込むこともありませんでした。後になって、その二つの力は、自己保存と自己消滅だったと理解しました——それについては誰も決定的なことは言えませんが。二日経って、これらの力は消滅し、大きな内的沈黙が残りました。中心は微動だにしませんでした。二、三日後、自己意識はこの沈黙の中に入り、無自己が恒久的な現実になりました。新たな生が開けたのです。この新しい生に順応することは一つの旅、観想生活における新たな段階でした。私はこの旅を復活への最後の徒歩旅行、キリストの体験の再現とみなします。すなわち、彼が十字架上で自己を放棄して実現したことの再現です。

すべての戦闘が終わりました。私はキリストと共にここまでくることになるとは夢にも思っていませんでした。しかし、そうできたことは、すべて彼のおかげです。彼はけっして脇にどいたり、私に迂回させたりしなかったので、私は彼を通ってゆくしかありませんでした。そして向こうで何を実現することができるかがわかった今、私はキリストがこれからも、彼を迂回しようとする人たちすべてにとっての躓《つまず》きの石でいてくださいと祈ります。どうか、キリストが真理を求めるすべての人と共に戦い続けてくれますように。そしてこの戦いの中で、私は祈ります。善き者が勝ち悪しき者が負けますように！

❖結　論

私に本書を書かせたのは、長きにわたって合一生活の真の性質が誤解されてきている、という確信でした。この誤解のせいで、その状態がどんなものか、ほとんど理解されてきませんでした。私が思うに、間違った方向へ導かれてきたために、そのリアリティをはっきり認識せずに合一生活を送っている観想者が少なくないようです。残りのページでは、この件に注目し、私がそう考える理由をあげ、こうした誤解がどうして生じるのか、少し述べたいと思います。

合一状態については、人間の総合的発展という意味合いの中で理解しなければなりません。発展とは、本来、まったく霊的なものだと思います。神は、人間が最も実りある年月を過ごすようお望みで、神と合一した自己を十分に活用することによって、人間がその課題やリスクや人生の重荷に対する責任を引き受けることをお望みだということを、理解しなければなりません。十字架の聖ヨハネは、この合一の生を指して、アダムの最初の状態、あるいは、人がもともとそう生きるよう意図されていた状態と呼んでいます。人はここで、神と共に歩み、神が常に連れ添ってくれることを頼りにし、神の意志と一つになり、自分の人間性とそれに付随するすべてを受け入れています。

社会全体のなかで、この状態に到達する人はほとんどいません。だからこそ、地上の生活は楽園とは程遠いのです。かくして新しいアダムには、神の意志とその原初の計画に反する不完全な社会からの挑戦があるでしょう。神の意志と計画に反する社会は、合一状態にいるアダムに対しても反対します。しかし、これより先では、アダムと合一状態にいる人間とのアナロジーは崩壊します。なぜなら、キリストは、私たちに、アダムの神との合一よりも高次元の神との合一を啓示したからです。キリストの全生涯は、アダムと同じ原初のままの、罪のない合一状態でしたが、それにもかかわらず、苦しみ、死、復活へと進まれました。こうしてキリストは、私たちをアダムよりも遠くへ連れて行きます。そして、私たちの父への究極の帰還は、アダムの原初の合一状態をはるかに超えたものであることを示すのです。

けれども、キリストと共に最終目的を達成する前に、私たちはまず神との原初の合一に戻らなければなりません。そのとき、私たちは霊的成長過程全体の中間点に達したことになります。要するに、自己を超えるためには、まず神と一体化した自己を実現しなければならないのです。なぜなら、自己超越のメカニズムは、この合一的自己の活用にあるからです。自己を超えることによって、キリストの最終的運命を実現できるのです。まず合一があり、そのあとに死と復活が訪れます。これこそ、キリストが私たちに示した道です。これこそが、彼の辿った生涯だったのです。

大切なことを指摘しておかなければなりませんが、私たちが論じてきた合一は、西洋心理学でいう人格の全体性や、個性化や統合のプロセス、自己実現、等々といった観念とは、ほとんど共通点がありません。真実はこうです。西洋心理学は、今まで一度も観想の次元に足を踏み入れたことはありませんが、その心理学的概念が、私たちに合一生活の本質について誤らせることになったのです。心理学は人間の中の分裂を、心ならずも分裂してしまった人間を癒そうとします。この治療が完遂されたとき、そこにあるのは、自身との合一だけです。これはキリスト教的観想によって実現される合一とはまったく異なります。キリスト教的合一においては、自分との合一は、神との合一の副産物に過ぎません。この区別は重要です。なぜなら、単なる自己との合一（ユングが「神秘的合一」と呼ぶ、意識と無意識の結合）だけでは、自己を超越させるメカニズムが備わっていないので、自己の超越は成し遂げられないからです。どうしても必要なメカニズムは、神との合一だけです。これを実現できるのは神しかいません。さもなければ、自己を超えることは、単なる精神異常になってしまいます。この点に関しては、西洋心理学は間違っていません。

実のところ、心理学は自己の段階で停止し、それを超えるものを何も認めません。精神分析家は、どんな自己喪失の場合にも、無意識という悪魔的な力によって、心《サイキ》が蹂躙され、侵略されていると推測するでしょう。無意識は、どうやら私たちを地獄へとさらって行こうと待ち受けているようです。このおとぎ話について私に言えるのは、ひょっとして神の外部に何らかの力があったとしても（当然、私はそんな力があるとは思いませんが）、観想者は何が来ようと、直面することを最初から学んでいるということだけです。神が一緒にいて守ってくださるのですから、どんなことからも逃げはしません。神と共に歩む魂が何物にもぐらつくことがないことを理解している人は、ほとんどいません。そのような状況の驚嘆すべき輝きは、どんなに高く評価してもしすぎることはないでしょう。神と共に、神のうちに、神のために――これは神自身の力によるものなのです。

西洋心理学では不十分だということは、東洋の宗教が西洋人に人気があることによく表われています。東洋の宗教は、明らかに、西洋的な思考法では得られない次元を提供します。キリスト教は不名誉にも、西洋心理学とうまくやっていくために、心理学を霊的用語――私に言わせれば象徴的名目主義――で言い換えようとしましたが、それもまた私たちを裏切るものでした。なぜなら、それは自己の段階で停止するため、真にキリスト教的な観想と神秘の次元を失ってしまうからです。キリスト教がこの次元を深めるためには、西洋心理学を置いて進なければなりません。なぜなら、西洋心理学は単に表面を引っ掻いているだけだからです。キリストは私たちに道を示しました。私たちが従うべき道は、これしかありません。

すべての人の第一目標は、神との合一を実現することです。このゴールは、観想者かどうかを問わず、誰にでも共通です。この点において、観想者のゴールは他のキリスト者たちのゴールと何の違いもありません。しかし観想者が特異であるのは、さらにその先へ進む使命をもっている点です。キリストと共に全行程を辿り、この短い地上での生において、死と復活を果たすこと――それが使命です。ですから、観想者にとって、神との合一は最終的ゴールではなく、中間地点にすぎません。これまで長いこと、観想者たちは始まりでしかないもの——いわば、アダムの始まり——を最終目的地と思い込むという間違いをしてきたのです。

観想の旅の変容のプロセス（いわゆる「変容的合一」）では、魂の普通の霊的成熟プロセスに神が介入します。ここで神は、もしも介入がなければ長い期間を要するはずのことを、短期間のうちに成し遂げます。ここで変化の速度が上げられるのは、明らかに、完全な合一状態の実現を早めるためです。それは最終的な自己の無化へと、つまり、キリストの死と復活の体験をたどることへと続きます。人間の運命の中で、観想生活への召命が最大のものであるのは、こういう理由からです。また、中途半端が人間にとって最大の悲劇であるのも、このためです。

魂の暗夜における神の介入は、西洋心理学のいかなる理論よりもすばらしいものです。西洋心理学にこれに匹敵するものを探しても無駄でしょう。私は変容の心理学的プロセスについて初めて聞いたとき、興味を覚え、観想体験においても「変容」ということが言われているため、何か共通点が見つけられないかと思いました。私の知るかぎりでは、カール・ユングがこのプロセスについて最も多くを語っていました。そこで私は、出版されている彼の本を読破する作業に取りかかりました。神話、象徴、夢、希望的解釈などについてまったく関心のない私には、これらの本は飽き飽きするほど退屈でしたが、どこかに観想の次元への突破口が見つけられるかと期待して読み通しました。残念ながら、それは見つかりませんでした。これらの著作に観想体験はありません。それどころか、類似するものすら見出せませんでした。どうやら、ユングは一度もこうした深みに入り込んだことがないらしく、それゆえ他者の中にそれを認知することができなかったのでしょう。要するに、彼はキリスト教徒の観想的交わりに本気で取り組んだことはなかったのです。しかしながら、彼の信奉者の中には、彼のいう心《サイキ》の枠を観想の次元に適合させようと、調整や解釈を試みる人たちもいます。しかしそれは、何もしないよりまずい試みです。なぜなら、それは混乱を引き起こすだけで、多くの人を待ち伏せして誤った方向に導くからです。

あるいは、ユングの観念が洞察的で役立つという人もいるかもしれません。しかし、彼は観想者の体験的な次元の解明の助けにはなりません。そして、善意からであっても、不十分な光によってなされた誤謬は、長持ちするはずはないのです。いずれにせよ、この心理学は、キリスト教的合生活の本質的理解を妨げる大きな原因となってきました。観想者は、自己実現が旅の目的地であると告げられるとき、道から外れてしまったのです。これは最終目標などではまったくありません。

ここで、私たちが扱っている変容プロセスには、三つの異なったものがあることをはっきりさせておきましょう。(1)人が自分と合一すること、(2)人が神と合一すること、(3)神との合一が加速される観想プロセス——です。常にこれらの区別を念頭に置いておくほうがよいでしょう。そうしないと多くの混乱がもたらされます。

加速されたプロセスには、さらに、超常的な変容プロセスと通常の変容プロセスの区別があります。周知のとおり、超常的なプロセスには、ヴィジョンや声、エクスタシー、歓喜などが伴います。

これは神秘家の道だと私は常々思っていますし、本書の関心の的ではないことは明らかです。しかし、超常的なものが通常のものの輝かしい見本であり、それを測る尺度であるかのように提示されてきたために、これもまた、合一生活の本質を見誤らせる大きな原因となってきました。神秘家たちの場合、合一の目標は、極度の興奮や、華々しい体験の中で実現されていますが、普通の観想者がこの同じ目標を達成するのは、深い内部にある静寂の水の中においてです。私は、超常的なものは観想プロセスの真の深みにそぐわないと常に感じてきました。こうした深みは、超常的な体験の中では明確に定義されていません。なぜなら、それは、ヴィジョンや、感覚の機能や、外見的なメッセージよりも見劣りするからです。にもかかわらず、こうした体験は観想に関する著作でいつもお手本のように提示され、合一体験に関する唯一の権威であるかのように受け取られています。こうして、私たちは皆洗脳されてしまうのです。

超常的なもの、あるいは一時的で表面的なものに注意を集中するや否や、私たちは合一生活が持続的にもたらす本質的、実質的影響を見損なってしまいます。その深みを見損なうと、その現実を手放して、幻想や願望思考と取り替えてしまうことになります。けれども私たちはそれに気づきません。完全に誤った方向に導かれているからです。起きるはずがないことを待ち望み、誤った方向を見て、他者の体験を尺度に自分の体験を評価し、基準をうのみにし、こうして、大きく道を外れてしまうのです。もはや真の合一生活が何であるかを認識せず、自分自身の中にそれがあると気づくこともできなくなってしまうのです。

私たちが他の人〔聖人や神秘家〕の伝記から引き出すような理解は、そもそも知的で、想像的な受け売り情報です。しかし、自分の中で手に入れる理解には、言語も、思考も、イメージも要りません。両者の違いは、フィクションと現実とのギャップと同じです。このギャップに橋渡しすることはできません。人は他人になることはできないのです。けれども、なんとたくさんの人が、来る日も来る日も、日常のありふれた、しばしば退屈でさえある私たちの現実に向き合うよりは、架空の心的「空間」に住むほうがよいと考えることでしょう。私たちが洗脳され、合一状態の本当の現実から締め出されてしまうのは、その架空の空間の方を選ぶためです。実際には、合一生活はまったく現実的で、ありふれた普通のものです。華々しいものではありません。むしろ退屈かもしれません。それは楽な生き方ではないのです。

聖人や神秘家の伝記を読むことは、私たちにとってそれなりの意味があるかもしれません――あるいは、まったく読んだことがないほうがいいのかもしれませんが。ともかく、それよりもはるかに重要なのは、私たちが内的な動きや変化に注意を向け、どんな微細なものも見逃さないようにすることです。なぜなら、それはここにあり、ここで聖霊が絶えず私たちを動かし、独自のやり方で私たちを変容させ、情報を与えてくれるからです。ここで、私たちは知るべきことをすべて学ぶことになるのですが、それを行なうためには、私たちの心の中から、他のものをすべて取り払わなければなりません。聖人たちによって生きられ、描写されたものだけが合一状態のすべてだと思うなら、私たちは自らの主観的現実に目をつぶり、架空の世界に住み着くことになってしまいます。そのよい例を挙げましょう。

聖人たちの伝記では、神秘的結婚が異様な圧倒されるような体験として、完全な合一生活への参入を示す出来事として描かれています。この体験は明らかに一時的なものです。しかし基本的には、それはすでに確立された深遠な内的合一――さなぎだったとき暗夜によって示された合一――を認識すること、つまり「見ること」なのです。それは、新たな認識ですが、合一は前からのものです。実は、私たちは、それまでも時々、この合一を直感したり、垣間見たりしていたのかもしれません。ところが、神秘的結婚を体験した今、それが完全に明白なものとなります。自分が「到達」したこと、つまり、蝶が成虫になったことが、確かにはっきりとわかるのです。その後、この新しい生活を実際に生きて初めて、蝶は自分が（結婚という面に）しっかり固定されたことに徐々に気づいていきます。もう自我という中心はないので、自分の意志を行使することも、自分の道を行くことすらもできません。無私の奉献の生活は、個人的な選択の問題ではありません。無私の奉献は蝶を空中に羽ばたかせる羽です。

私たちが神秘家の伝記に書かれている神秘的結婚について読むとき、ある疑いが生じます。というのも、自分の生活には、神秘的結婚に匹敵するものが何も見つからないからです。どうも神秘家たちは、私たちの個人的な体験にいつも疑いを投げかけるようです。私たちの生活は、神秘家のそれとは対照的で、あまりにも平凡で、見栄えがせず、現実的に見えます。しかし、用心しましょう。神秘家のことは神秘家の体験に、私たちのことは私たちの体験に語らせましょう。要するに、神秘家に私たちのことを語らせてはいけないのです。神秘家の体験を、私たちの内的な生活の尺度にしてはいけません。そんなことをすれば、私たちはいつまでも神秘的結婚[*1]や、もう通り過ぎてしまった道標を待ち続けることになりかねません。あるいは、やってくるはずもない華々しい徴《しるし》を待つことになるでしょう。キリストは、証拠を欲しがるようでは信仰ではないと言いましたが、そのとおりです。観想者はこの問題において、必ずしも合格点に達しているわけではありません。

しかし、神秘的結婚は、その最も深い面では、一時的な自己満足的体験とは何の関係もないのですが、私たちをさらに誤った方向へ導く類の書物があります。その著者たちは、魂がいったん完全な合一状態に入りさえすればカリスマ的存在になり、世間をあっと言わせ、彼に近づく幸運に恵まれた人々の光になるといった印象を与えます。これはキリストに沿う道ですらありません。合一状態が、自動的に他者から認知されることになるという保証はまったくないのです。

合一状態で獲得されるのは、私たちが神の原初の計画どおりに生きるための能力だけです――つまり、神との合一の中で、神と共に生きる能力です。それ以外のどんな見方も妥当なものではなく、合一状態を本来意図されていないようなものにしてしまうだけです。それを中間地点ではなく、最最終的なゴールにしてしまう見方、こうした歪曲が、真の合一状態の認識を妨げてきたのです。実際、私たちは神が姿を見せる山に目を凝らさずに、黄金の子牛を崇拝してきたのです。

世界中のキリスト教観想者にアンケートして、合一生活について意見を尋ねたらおもしろいかもしれません。そうすれば、それがどのように思われているか、何人ぐらいがその状態にあるかがわかるかもしれません。調査対象者は、この強烈な探求に少なくとも十年間、自分のすべてを捧げてきた人たちに限定するとよいでしょう。実際には、本当に必要なのは、回心の始まりから六、七年だけです（回心とは、聖テレジアのように、私たちの人生の中で、神以外のすべてを捨てた時点という意味です）。ここで私は三位一体のエリザベット〔訳註：一八八〇年生まれのフランスの修道女。二一歳でカルメル会に入り二六歳で病没。一九八四年に福者とされた〕や他の若い魂たちのことを考えますが、この調査には聖テレジアのような人を含めなければなりませんから、少なくとも十年としたのです。

そのようなアンケートをすれば、内的生活に関する価値ある情報を集めることができるでしょう。答えてもらいたい質問はたくさんあります。そして神秘神学研究という点でも、そのようなアンケートに対する回答は、私たちがこれまでその分野で学んだ何よりも意味深いものとなるでしょう。これはまた、現代の観想者たちに起こっていることに、私たちが関心をもつチャンスにもなるでしょう。そろそろ、何百年も前に起こったことと、わが身を比較するのをやめてよい頃ではないでしょうか。ところで、私たちの当面の目的のために、私が知りたいことは、次の三つです。

1. どれぐらいの人が、魂の暗夜のような時期を体験しているのか？　あるいは、苦痛に満ちた不可知の雲に入ったことがあるのか？　あるいは、深い強烈な体験をしたことで、神についての新たな、より深く、より主観的で、非知性的な理解を得ているのか？
2. どれぐらいの人が、自分の存在の深みで、または内的中心において、自分は神と一つだという持続的確信、または実感を得ているのか？
3．どれぐらいの人が、聖テレジアや聖ベルナルドゥスなどの神秘家が描いたような、神秘的結婚を体験しているのか？

観想者たちの間に一致が見られることは期待しませんが、最初の二つの質問には、多くの人が、「ある」と答え、三番目のものには「ない」と答えるのではないかと思います。もしこの予想が正しいなら、それは多数の人が合一状態の中にいて、自分がその状態にあることを知っているということです。答えが最初の質問に対して肯定的で、二番目の質問に対しては否定的だという場合は、合一生活についてよく理解されていないのではという懸念が生じるでしょう――とりわけ、合一生活とは、基本的に、まったく素朴で地味なものなのだということに関して。「合一は稀にしか達成されない」、あるいは「死の床でしか得られない」という考えをもつ人たちからは、当然ながらすべてに対して「ない」という回答しか得られないでしょう。私はこれを実に悲しく思います。そのような否定的な見解を聞くと、かつてある仏教徒から聞いた話を思い出します。仏教徒の究極的な目標は、幾多の人生――一万回かそれ以上――を生きた後でないと達成されないのだそうです。私は言いました。「まあ、なんてことでしょう。それを信じるなら、私ならとても、わざわざ始めようなんて気になれない！」確かに、一回の人生では終わらないと考えたなら、私は観想の旅など始めていなかったでしょう。私は若死にすることを十分に予想していたので、速く進まなければならなかったのです。

キリスト教には、何か差し迫ったものを感じさせるところがあるようです。それは、東洋の宗教にはありません。生まれ変わり信仰は、明らかに遅延剤です。きっとそれは、何度死んでも生き残ろうとする自己の策略なのでしょう。これはある意味、神と合一しなければ、私たちは自己から解放されない、自己を超えられない、ということを示しています。実際、どうやって自己が自己から解放されるのでしょう？　そしてまた、自己が消え去ったときに神がそこにおられないなら、いったい何が残っているのでしょう？

それにしても、キリスト教徒のだれもが神との合一を実現するよう昔から呼びかけられているのであれば、特別な召命、特別な運命、特別な恩寵を与えられている観想者の場合、その旅はどれほど速く進むことでしょう。合一の実現は少数の特権者だけに許される稀な体験だと思う人がいる、ということが私には信じられません。キリストの教えと恩寵は、ごく一握りの人間のためだけのものではないのです。けれども、観想や神秘主義に関する書物は、この誤った印象を与え続けています。こうした紛らわしい見解には用心を怠らず、可能なときはいつでもストップをかけましょう。

私たちが合一状態を認識するうえで遭遇するであろう問題が、もうひとつあります。それは、準備が正しくなされている場合、その状態が手袋のようにフィットして、完全に自然なものに感じられるだろうということです。アダムとイブは、神の手から離れたとき、完全に自然に感じたでしょうか？　それとも完全に超自然的に感じたでしょうか？　実際、私たちが一つのことを知るのは、他方があって初めて可能です。なぜなら、すべての知識は相対的、つまり、相互関係によるものだからです。しかし、こういうわけで、合一の超自然的効果は、（合一状態そのもののうちにではなく）合一状態の〔世俗世界での〕実践の中でしか、知ることができないのです――あるいはその進行が激化したときに。しかしそのときですら、それは自然なものになってしまいます。そこで、試練はますます厳しいものになる必要があるのです――げんに普通はそうなります。このけっしてほどけることのない結びつきが試されるまさにそのとき、自己は消滅しつつあり、その空白になったスペースを神がそっと満たされるのです。

私たちが理解しなければならないのは、合一の自覚が習慣になると、その習慣は私たちの日常機能の中に組み込まれ、能動的な意識は失われるということです。私たちが初めて車の運転や数学の問題の解き方を学ぶときは、しなければならないことに集中し、あらゆる細部を完全に意識し、常に自分で確認します。しかし、一定の時期を過ぎると、何も考えずに同じことができるようになります。しかし、私たちは、そうしたいと思うときはいつでも、意識的にこのスキルを思い返すことができるのです。それはもう、生活の中の恒久的現実になっているからです。このアナロジーは、合一生活にも当てはまります。

私たちは自分の真の中心を見つけてからは、ますますその存在を意識するようになり、それを徹底的に探求し、体験するでしょう。それには何年もかかるかもしれません。それから中心からの生と行動に取り組み、やがて、それがごく普通の生き方になり、他の生き方ができないほど無意識に生活できるようになります。それでもなお、自分が望むときはいつでも、この合一の中心について意識的に思い返すことができ、そしてしばしば実際にそうします。これはつまり、私たちが常に超自然的な祝福の中で暮らすなら、やがてはそれに慣れ、それがまったく普通の生き方になってしまうかもしれないということです。ひょっとしたら、つまらなく思えて、何か他のものを探し始めるようになるかもしれません。私は永遠にこうしたことが続くに違いないと思います。なぜなら、神は絶えず新しく、神に終わりはないからです。人は一つの状態に慣れるとすぐに、先へ進むのです。

合一状態は無意識の習慣的な生活様式になるので、それを意識の前面にもって来るには常にチャレンジと試練が必要となります。そしてその試練が大きければ大きいほど、合一の強さをよく自覚でき、深い落ち着きと喜びをよく感じられるようになるでしょう。十字架の聖ヨハネは、合一生活を香料の袋にたとえたことがあります。香りを楽しむためには、ときどき振らなければなりません。振れば、それが現実にあることを楽しむことができますが、そうしなければ、それは単なる潜在的可能性にとどまります。この香料の袋は、合一の中心部にある徳または特性だともいえるでしょう。私たちは、ときどき振り乱されるような目にあわなければ、それらの徳は用いられず、合一状態の真の効果が知られずに終わってしまうのです。振り回されているうちに、やがて、神との合一が自分の存在の本質であり、この世で最も自然なものなのだということに気づくでしょう。私たちはそのために創られているのです。これこそ、神が当初に意図された人間の生き方なのです。けれども、合一状態はこのように自然なものであるだけに、ある人々には認識されにくいかもしれません。

蝶が繭《まゆ》から脱け出そうとしている段階に属する体験と、もうすでに変容プロセスを経験した成熟した蝶に属する合一体験とは、はっきり区別する必要があります。よく熱烈に描写されているのは、繭から脱け出す過程の蝶の体験です。それ以降、体験はそれほど華々しいものではなくなります。もしも、出た後にすぐ、これらの変容体験を書き留めて、公表し、福音として広めて回るなら、その状態の目新しさがもたらす未熟な興奮を生み出すだけでしょう。これはまったく誤りのもとです。なぜなら、距離を置かなければ、部分を全体と取り違えてしまうからです。それよりも、この状態で二十年から五十年、暮らしてきた人たちに話を聞きましょう。すると、違った話を聞けるかもしれません。そこでは、「その次はどうなったか」ということについて何か言及されるはずだからです。私たちはこれを聞かなければなりません。成熟した蝶の普通の生活について聞く必要があります。通例、それはかなり退屈なものです。

私は合一状態にいた一人の司祭を知っていました。彼は魂の暗夜を体験し終え、すばらしい体験をさんざんした後で、ある種の失望に出会い、まったくの「平凡な」状態に甘んじなければならなかったので、苦労したようでした。このため、彼は当惑し、謙虚になりました。彼はひょっとすると、何かを失ったとか、まだ長い道のりを進まなければならないがどこへ行くのだろうと、感じていたのかもしれません。彼は、自分には聖人たちのような恩寵が与えられなかったのだと思い込んでいました。一言でいえば、彼は謙虚な失望の気配を漂わせていたのです。彼の奥深い内部には合一の秘密がありましたが、そのほかの点では、自分自身について貧弱なイメージをもっていました。

私は彼のことを思い出すたびに、あれほど謙虚な人に会ったことはないと思います。当時私はとても若かったので、私もしばらくの間、何がいけないのだろうと首をかしげました（彼は私にとってただ一人の霊的な父でした）。しかし、何年も経ってから、私はこの司祭の中で、合一状態の生きた現実に出会っていたことを悟りました。その簡素さ、謙虚さ、ユーモア、洞察力、深み……。思うだに、彼は「平凡」でした――ただし非凡にもそうだったのです。

繭から出た後に生じがちな脱落感覚、または「荒野」に遭遇しているという感覚は、実はさなぎから出て、「道のない」未知の世界に飛び立とうとしている蝶の感覚です。それは無私の奉献生活の始まりであり、自己に対して死ぬというさらなる段階の始まりです。この時期の観想者は、喪失感を味わい、それまでの自分の体験は、みんなどうなってしまったのだろうと戸惑うかもしれません。また、何か間違っているのだろうかと思うかもしれません。また、聖人たちに起きた体験を待ち望んだり、ひょっとしたら、聖人たちと同じ名声にあずかれるのではないかと思ったりするかもしれません。これ以後、合一生活の栄光は、大胆な実践においてのみ知られることになるのですが、それは、自分の人間性と真の自己を完全に受け入れるということです。ここで私たちは、自分自身と自分の合一生活を、文字どおり危険にさらさなければなりません。それはあたかも、地獄の軍勢に、私たちを神から引き離せるものなら引き離してごらんと言うかのようです。こうしなければ、最終的な無化、つまり、自己と呼び得るすべてのものの喪失へと進むことはできません。

合一状態の「実践」について私が述べたことを、私たちが反抗的になるとか、命知らずになるとか、その他何か異常なものになるようにとっていただきたくありません。また、この実践は、修道院生活などの、何らかの特殊な生き方に限定されるものを想定しているのでもありません。どこで何をしようと、私たちが徹底的に試されていて、いつでも合一生活を実践する機会をもっていることを、神はご覧になるでしょう。

これまで、私たちは合一生活の本質についての誤解が、数多くの情報源からどのようにもたらされたか、を見てきました。その結果、私たちは、それを自分の霊的成長の中間点として理解することに失敗しました。それは、キリストと合一した真の自己の開花なのですが、最終的には自己の放棄と、キリストの死と復活に至るためのものなのです。もう一つの困った結果は、聖人や神秘家たちの超常的な体験を基準にして、合一とはこうあるはずだという誤った予想に導かれ、表面的で一時的でしかないものに目を奪われて、実質的で本質的なものを見逃してしまうことです。同じく、現代心理学にも私たちの方向を誤らせるものがありました。心理学は自己を人間の究極的実現とみなしていますが、実は真の観想の次元に接触したことはなく、それについては何も知らないのです。また、蝶の生活が自然で平凡なものであるということを認識し損なうことも、誤りのもとです。合一状態とは、すべての人がその中で生きるよう神が意図された、真の状態なのです。そして最後に、神の中で自己が死に、この死によって次の変移が始まるという構図が、合一生活の勇敢な実践の中に仕組まれていることを理解し損なうということも、誤りのもとでした。

要するに、合一生活とは、真の自己の本来の姿です。神と共に生き、すべてを神に捧げ、神からのすべてを受け入れ、完全に神の聖旨《みむね》に沿って生きる人間の姿です。合一生活の実践において――真の自己の実践において――、自己は死に向かい、消費され、すり減らされ、使い果たされて、もはや自己を神や他の人たちよりも優先することなどできなくなります。内部が安全に守られ、そして存在の最も深い中心で神とゆるぎなく結ばれているゆえに、気前よく、勇敢に自己を捧げることができるのです。

最後に、魂が自己意識のその最後の残滓までをも放棄し、自己と呼び得るすべてを超えることを要請される時がやってきます。自己が大いなる沈黙の中に入るとき、もうひとつの変容ないし順応プロセスが始まります。そしてここで、死から復活への移行が始まります。私たちが自己を超えるのは、それが役立たずで、身勝手で、無価値だからではありません。それどころか、自己は神から与えられたものです。しばらくの間、私たちの人間性の一部をなし、偉大な目的の役に立ちます。しかし、内的なエネルギーとしての自己、つまり、自意識的な認識方法をとる自己は、真のヴィジョンの妨げになるので、究極的には放棄されなければならないのです。

キリストが十字架上と墓で体験したのは、魂の暗夜ではありませんでした。彼の目的は神との合一を実現することではなかったのです。キリストの死と復活は、まったく異なる性質のものでした。キリストが十字架上で捨てたのは、神的な自己です。それは、私たち人間と同じ自己意識のメカニズムを通して知られる、神との一体性です。人間の意識は、その本性からして、神を客体としてしか知ることができませんから、キリストも神をこの方法で知りました――外なる聖父《おんちち》、内なる聖霊です。キリストは聖霊の器として二者の中間に立ちます。それによって、私たちには神の三位一体の本質が明らかにされます。キリストは、受肉の際、私たちの知り方（客体としての神）を引き受けましたが、死に際しては彼本来の知り方に立ち戻りました。それは、絶対的に一なるものである神に本来備わる、言葉では言い表わせない知り方です。

私が思うに、観想者の運命とは、「キリストだけが死に、キリストだけが復活する」と言えるほど、キリストの中へ完全に変容されることでしょう。キリストだけが客体と主体の空隙《くうげき》に橋を架けることができます。これはキリストが神性に帰還する旅です。彼はそれを私たち一人ひとりのために繰り返し行ないます。それは自己と合一生活の両者を超える旅です。その旅の中で、合一の絆は解消し、その根底には、父と子と聖霊の三位一体の絆があるということが啓示されます。こうして最後には、合一は三位一体——神性の一なること——という、より偉大なリアリティに取って代わられるのです。

［原註］

＊1 「神秘的結婚」という言葉は、観想に関する用語からは削除されるべきです。なぜなら、私たちの大部分にとって、それはこのターニングポイントの現実を偽って伝えるものだからです。このターニングポイントは合一の瞬間を指すのではなく、この合一を完全に、体験的に〈認識すること〉なのです。

訳者あとがき

本書はBernadette Roberts, *The Path to No-Self: life at the center*, State University of New York Press, Albany 1991 の全訳である。

同じ著者の最初に公刊された本、*The Experience of No-Self* はすでに一九八九年に『自己喪失の体験』(雨宮一郎・志賀ミチ共訳　紀伊國屋書店)として邦訳が出版されている。本書はその姉妹編とも言うべき本で、同じ体験を扱っているが、それを段階に分けて整理し、よりまとまった理論的解説を加えているところに特徴がある。他に本のかたちで出版されているものとしては、この後に出た *What Is Self?* があるが、そちらの邦訳はまだ出ていない(この翻訳の仕事を与えられた機会に訳者も取り寄せて斜め読みしてみたが、これは意識との関連を中心に、色々な項目を立てて「自己」についての考察が行なわれている他、他宗教での変容体験についての著者の見解なども示されていて、非常に面白い本である)。

著者のバーナデット・ロバーツさんについて、訳者に調べがついた範囲で略歴をお伝えしておくと、一九三一年に、ロサンジェルスの裕福なカトリックの家庭に生まれ育った。早い時期から宗教に関心を寄せ、十五歳で修道院に入り、そこで修道女として十年（九年としているものもある）を過ごした後、そこで得た「合一体験」を引っさげていわば還俗《げんぞく》し、大学に入って学位も取り、その後結婚して四人の子供をもうけた。大学生の頃のことは本書でも「オープン・マインド」を扱った章で少し触れられているが、同じく本書で触れられている教師体験も、詳細は不明だが、幼稚園から短大レベルまでの、多くの学校で教鞭を取ったことがおありのようである。そうした「世俗の現実世界」での生活は、本書でも軽く触れられているように、波乱と困難に満ちたものであったらしい。しかし、今もお元気なようで、多忙な家庭生活と執筆の傍ら、年に一度のリトリート（静修会）を続けておられるようである（インターネットにBernadette's Friendsというホームページに相当するサイト<http://www.bernadettesfriends.blogspot.com/>があるが、彼女はそこにメッセージを寄せて、読者とサイト訪問への謝意を表した後、自分は精神的な指導者や教師の類ではなく、その方面の才能も関心もなく、また家庭的にも多忙なので、個人的な電話相談や面接、文通の希望などには応じられませんと書いている）。

本書で扱われている「霊的な旅 spiritual journey」について要約することは困難なので、じかに本文をお読みいただくしかないが、これは扱われている事柄それ自体の性質からしてもかなり理解に骨の折れる本だと言えるので、全体のかんたんな見取図のようなものだけでも示して、読者の便に供したいと思う。幸い前述のBernadette's Friendsに、簡潔この上ない記事がある。それは数年前に行なわれたという著者の三時間の講話を記録した“A Passage Through Self”と題されたDVD

（同サイトで購入可）の紹介文に出てくるもので、それによれば、「まず神との合一化のプロセスで、〈自我‐自己の超越〉と〈真の自己の啓示〉が生じ、次に世俗社会での暮らしと実践の中で、最終的にその〈真の自己と合一状態の脱落〉までもが果たされる」ということである。この間、意識のあり方としては、通常の自我‐自己意識から、神と一体化し、純化・深化した自己意識へと変化し、最後にはその「合一」も放棄ないし解消されて、意識の二元性は完全に乗り越えられ、無‐自己、無‐意識となって、見られる対象としての「神」も消え、「霊的な旅」は終わることになる。

むろん、事はそうかんたんではなく、それは長年月をかけてのものであり、その途中には本書に詳述されているように、いくつもの段階があるわけだが、これ以上単純化はできないというところまでつづめて言うと、そのような説明になるということである。

本書では、そのプロセスがいくつかの phase（段階）に分けられ、順を追ってそれぞれの特徴、生起する出来事など例を挙げながら、それらの意味について解説が施される。多くのエピソードや、鋭い人間洞察もいたるところにちりばめられており、理論的な解説とはまた別に、それらは興味深い読み物になっている（「オープン・マインド」についての説明などは、読者にはとりわけ意味深いものと感じられるのではないかと思う。クリシュナムルティの本を訳したことのある訳者は彼との類似をつい思い浮かべた）。

著者は第二版まえがきで、「自我と自己という言葉の区別に誤解が生じたので」といってあらためて補足説明を加えているが、やはり躓きの石となるのはこのあたりの議論かも知れない。そこで、今度はその区別を中心に、全体をざっと概観してみたいと思う。上記の説明よりはもう少し詳しく、ということである。

「自我」と「自己」という言葉の使い分けをはやらせたのはユングだと思うが、著者も断わっているように、本書に登場する「自我（自己）」と「真の自己」の区別はそうした心理学的なものとは異なった性質のものである。著者は前者を指して「自我‐自己（自我という自己）」という表現もよく用いるが、「世俗的な不安にまみれた表面的な自己」が「自我」で、「神を探求したり認識したりする深い自己」が「真の自己」だというわけではなく、それらは本書の記述では共にこの「自我‐自己」の方である。著者の分類では、「真の自己」は暗夜に「自我‐自己」の消失を経験したのちに、神を再び見出すときに現われる。つまり、通常の心が「低級な浅い私」と「高級な深い私」に分けられるという捉え方ではないので、前者が「自我」で後者が「自己」なのだという図式を持ち込んでしまうと、理解に混乱をきたしてしまうので、それが同じ「自我」なのだというところから出発してお読みいただきたいと思う。こうした「観想（瞑想）」に従事して神と合一する自分とは、その種の分類では「自我」ではなく「自己」の方だということになるのだろうが、著者はそのような区分けをしないのである。このあたり、著者は「まえがき」でこう説明している。

「私たち本来の自己の中心《セルフ・センター》、自我は、虚偽でも悪いものでも、必ずしも利己的なものでもありません。じっさい、神を体験し、そのすべてのエネルギーを神と聖なる生活の探求へと振り向けるものはこの自我なのです。自我は神を拒絶し、それ自身にばかり執着するときにのみ、偽りなのです。」

しかし、観想のプロセスの「魂の暗夜」と呼ばれる時期に、この「自我 - 自己」の脱落が起きる。同時に神も消えてしまう。「私」が消えれば、その「私」が見、体験する神もまた消えてしまう道理だからである。「それは神と深奥の自己の不在を体験することであり、そのとき私たちは、あたかも自分の存在の中心が突然消えうせてしまったかのような、まったくの暗闇の中に放り出される」（同上）。

その後、暗闇の中から神が再び姿を現すが、そのとき自己も、今度は神と分かちがたく結びついたものとして蘇る。これが変容を遂げた自己、著者の言う「キリスト - 自己」「真の自己」である（その真の自己と、神との結びつきは共に、気づかれないだけで人に元々備わったものだと理解されている）。

つまり、間に「暗夜」をはさんで、いったん「自我 - 自己」が消えて、代わりに「真の自己」が出現するという順序である。この位相の変化を、著者は「我 - 汝」意識から、「私たち」意識への変化として説明できるだろうと述べている。かつては自己（自我）が神と向き合っていた、つまり神が「自己の外側に存在する客体」として見られていたのが、今度の自己はいわば「神の中にある」ものとして、あるいは「神が入った容器」のようなものとして観念されるのである。「私たち」といっても、むろん、自己と神が対等だという意味では全くなくて、神の中に自己が吸収され浸されているという感じのそれである（通常の感覚的・情緒的要素はその合一の中心には入れず、周辺に付着するようなかたちで存在する、とされる）。そうした中で心は透明化の度合いを強めてゆくが、それは「深奥の自己が神との一体化の中に隠れてしまう」ようなあり方である。

これがキリスト教神秘主義に言う「変容的合一」で、ふつうはこの合一が深まるだけで終わるが、著書が特異な思想家・宗教家であるゆえんは、これを途中経過にすぎないと見ることである。この場合、以前とは性質が異なるとはいえ、なおも自己意識は微妙なかたちで残っている。これを世俗の現実の中で生き抜くことを通じて――その中での「無私の献身」の実践を通じて――いわば最後の一滴まで焼き尽くしてしまうのである。

その果てに、「真の自己」の脱落、合一のパートナーである「神」の脱落も起こるとされる。これが最終的なものとされるが、要するに、最初の「自我 - 自己」と「神」の消滅と、変容を経た後での「真の自己」と「神（意識の対象としての神）」の消滅という、二つのいわば「死」が体験されるわけである。そして残っているのは神だけという状態になるが、主客の軸となる意識がもはや存在しないため、「神が存在する」という意識もなくなる。「私が神だ」と言うこともない。なぜなら、主語となる「私」はもはや存在しないからである。これは形容しがたい状況だと、著者は述べている（「それ自身を見る目」という言葉が何度も出てくるが、これがそのときの神認識のありようとなるのだろう）。

少し話を戻すと、著者はこの二つの「死」の間のプロセス、とりわけ世俗世界での「実践」の期間を非常に重視しているようである。その中で「キリストの十字架上の死」の意味も悟られる。著者の理解によれば、キリストは神に自己を委ねきったこの「変容的合一」（パラダイスのアダムとイヴの状態）の中で生きたが、十字架上での死によって、その神と合一した「神的自己」をも放棄したのである。そして「復活」を遂げる。つまり、無-自己、無-意識を達成し、今度はそれを生きるのである。それこそが彼のメッセージであり、神が人間に意図したゴールもそれであったのだと、著者は述べる（キリストが「復活」後、可視的な姿でこの世界にとどまらなかったのは、それでは人々が彼を「外部」に見る段階から出られないからで、何より重要な個々人におけるキリストの内面化、「主観」化が果たされるためには身を隠さねばならなかったのだ、というのが著者の解釈である）。

以上が訳者なりの整理だが（簡約化に伴う多少の不正確さはお許しいただきたい）、それでは「霊的な旅」を通じて、人はどのような変化を遂げ、どのような生活を送ることになるのだろうか？ バリア（障壁）となっていた自己の摩滅または消失は、豊かな潜在能力の開花と自由（自分と世界のあるがままの受容）を可能にするだろうと著者は述べている。このような本を書いた著者自身がその見本のようなものだと訳者には感じられたが、一方で著者はこうした「変容プロセス」に期待されがちな過大な、あるいは筋違いな「幻想」に釘を刺すことも忘れていない。詳細は本文に譲るが、著者はその途中でいわゆる「超常現象」がまま起こるものであることを否定はしていない。ただ、それは禅で「魔境」として否定的な対応がなされるのと同じで、残存する自己エネルギーの最後の抵抗、または自己によって汚染されたエネルギーの氾濫という見方をして、むしろそれを消去しようとする努力が払われている。そうして「合一生活」について語って、「平凡な」とか「何の変哲もない」とかいった形容を好んで繰り返す。神との合一を結婚にたとえて、ハネムーンの興奮が過ぎ去った後の足が地に着いた生活こそが大事だというのである。

「霊的な旅」が最後まで辿られた後、人がどのように生きるようになるのかについては暗示めいた記述以上のものは与えられていないので、読者は想像するしかないのだが、それは「意識の根底的変容（著者によれば、意識それ自体が「自己」とほとんどイコールなので、「自己」なしの意識がどのようなものであるかは体験がなければ決して知りえないということになる）」と自由、恐れをもたない強靭な精神を生み出すものではあっても、外部的には別して華々しいものでないだろうことは容易に察しがつく。要するに、それで初めて人は「自然（しぜん・じねんの両方の意味）」になるのである。

* * *

著者が他宗教についてどういう見方をしているのかにも少し触れさせていただくと、たとえばヒンドゥー教の「アートマン-ブラフマン」説、いわゆる「梵我一如」などについては、それはキリスト教の「神との合一」状態と類似のもので、そこにはまだ「自己」意識が残存していると見ているようである。両者が同一だと観念するところには、まだその区別を行なう微妙な自意識が働いていると見られるからである（アートマンを「永遠の実体」視するところにも自己観念の残存が反映している）。そして仏教に関しては、そのすべてではないが、彼女がno-selfと呼ぶのと同じものが含まれているとする。詳しくは、インターネットに彼女のインタビュー記事（「露出」を嫌う著者は、あらかじめ文章で質問を提出したものに文章で回答するというかたちでそれを行なった由）があるし、*What Is Self?* にも述べられているので、興味のある読者はそれらを参照されたいが、仏教になじみのあるわれわれ日本人にはそのあたり同じだなと感じられるようなものがたしかにあるので、ことに禅には非常に近いものが感じられる。訳者は先日たまたま小坂国継著『西洋の哲学・東洋の思想』（講談社）を読んでいて、道元の『正法眼蔵』の「仏性」の巻にあるとされる「釈迦牟尼仏の言葉『一切衆生悉有仏性、如来常住無有変易』についての、［道元の］常識を覆す斬新な解釈」（著者小坂氏の言葉）を説明したくだり（同書p.254～5）を読んで、これはバーナデットさんがもどかしげに説明しようと努めている、変容後の「現実」と全く同じなのではないかという、感動にも似た強い印象を受けた。もとより禅はわれわれ大方の一般人にとっては不可解なものであり、専門学者や禅僧たちにしてもいわゆる「知解」以上のものがもてないことが少なくないのではないかと察せられるが、少なくとも一般の西洋人よりはそうしたことになじみがいくらかある分、本書の記述にも理解のいとぐちが見つけられやすいのではないかと思われる（冒頭の「オープン・マインド」に関連する「判断の停止」についての補足など、これは禅匠たちが「分別の放棄」について述べていることと実質的には同じだろう）。また、完全な対応は無理だが、読者の中には著者の「段階」を追っての説明に、禅の『十牛図』を連想される向きもあるかも知れない。それに従えば、著者が修道院を出て世俗社会に戻ったあたりが六番目の「騎牛帰家《きぎゅうきか》」に、無自己を実現したところが八番目の「人牛倶忘《にんぎゅうぐぼう》」に相当する。そうして九「返本還源《へんぽんげんげん》」、十「入鄽垂手《にってんすいしゅ》」と進むのだが、そのあたりのプロセスも著者の歩みと一致しているようで興味深い。

＊　＊　＊

以上、紙数の関係から論理の枠組を辿るだけの駆け足の概観になってしまったが、本書はもとより豊かな内容を含みもつもので、こうしたアウトラインで尽くせるような書物ではない。キリスト教の観想や瞑想一般に興味のある人だけでなく、自己とは、人間とはそもそも何か、また生の充足とは何なのだろう、と考える人たちに多くの示唆を与えてくれる書物ではないかと思う。幅広く、そのような人たちに読んでいただければ、翻訳の任に当たった者としては幸せである。

最後になったが、日本教文社第二編集部の鹿子木大士郎氏には大変お世話になった。記してお礼を申し上げる。

二〇〇八年九月十日　　訳者記

❖著者・訳者紹介

バーナデット・ロバーツ（Bernadette Roberts）

1931年生まれ。ロサンジェルスの敬虔なカトリックの家庭に育つ。15歳でカルメル会修道会に入り、そこで約10年間を過ごした後、世俗社会に戻る。その後大学を卒業し、結婚し、四人の子供をもうけ、各種学校の教師をはじめいくつかの仕事を経験するなどふつうの生活を送った後、1982年に自身の観想体験を綴った*The Experience of No-Self*（邦訳『自己喪失の体験』紀伊国屋書店）を出版、伝統的なキリスト教観想の枠を超える非凡なものとして注目を集める。他に公刊されたものとしては、その体験を「段階」を追って整理・叙述した*The Path to No-Self*（本書）、意識の問題を主軸に、他宗教の変容体験についての比較考察も含む*What Is Self?*（未訳）がある。ホームページに相当するものとしてBernadette's Friendsがあり、未公刊だが有料で入手できる論文やDVDの情報も掲載されている。

大野龍一（おおの・りゅういち）

1955年和歌山県生まれ。早稲田大学法学部卒。英国の精神科医アーサー・ガーダムの自伝『二つの世界を生きて』をきっかけに翻訳の仕事を始める。主な訳書に、J．クリシュナムルティ『人生をどう生きますか?』『生と出会う』『既知からの自由』、ドン・ミゲル・ルイス『パラダイス・リゲイン』、M.C.ネルソン『恐怖を超えて』（以上、コスモスライブラリー）などがある。現在、宮崎県延岡市で高校生対象の英語塾を営む。

THE PATH TO NO-SELF: Life at the Center by Bernadette Roberts
The Japanese translation of this book is made possible by permission of the State University of New York Press © 1991, and may be sold only in Japan.

Japanese translation rights arranged with the State University of New York Press, Albany, New york through Tuttle-Mori Agency, Inc., Tokyo.

神はいずこに──キリスト教における悟りとその超越

初版第1刷発行　平成20年10月25日

著者　バーナデット・ロバーツ
訳者　大野龍一
発行者　岸　重人
発行所　株式会社日本教文社
〒107-8674　東京都港区赤坂9-6-44
電話　03-3401-9111（代表）　03-3401-9114（編集）
FAX　03-3401-9118（編集）　03-3401-9139（営業）
振替　00140-4-55519

装丁　HOLON
印刷・製本　凸版印刷
ISBN978-4-531-08166-0　Printed in Japan

●日本教文社のホームページ　http://www.kyobunsha.co.jp/
乱丁本・落丁本はお取り替えします。定価はカバーに表示してあります。

＊本書（本文）の紙は植林木を原料とし、無塩素漂白（ECF）でつくられています。また、印刷インクに大豆油インク（ソイインク）を使用することで、環境に配慮した本造りを行なっています。

日本教文社刊

太陽はいつも輝いている——私の日時計主義実験録

●谷口雅宣著

人生の明るい面に焦点を合わせる生長の家の日時計主義の生き方を提唱、豊かな日々を送るためのヒント満載の本。自ら作った絵や俳句も収め、その生き方のすばらしさを実験的に示す。

〈生長の家発行／日本教文社発売〉 ¥1200

小さな奇跡

●谷口純子著

心がけ次第で毎日が「小さな奇跡」の連続に。その秘訣は物事の明るい面を見る「日時計主義」にある。講演先での体験や日々折々の思い、映画や本の感想などを綴った、著者３冊目のエッセイ集。

¥1500

イスラームへの誤解を超えて—— 世界の平和と融和のために

●カリード・アブ・エル・ファドル著　米谷敬一訳

真のイスラームは流血とテロの宗教ではなく、平和と寛容の宗教なのだ。大多数を占めるイスラーム穏健派の人道的思想を明らかにし、他宗教・他文化の人々と協調しあう道を示した、英知と良心のメッセージ。

¥1800

マザー・テレサ 愛の軌跡〈増補改訂版〉

●ナヴィン・チャウラ著　三代川律子訳　(日本図書館協会選定図書)

真実の愛とは？　本当の献身とは？　その生きた答えがここにある。貧しく社会から見捨てられた人々のために生涯を捧げ、現代の聖母と慕われたマザーの素顔を描いた、感動のノンフィクション。未公開資料多数掲載。

¥2000

エマソン 魂の探求——自然に学び 神を感じる思想

●リチャード・ジェルダード著　澤西康史訳　(日本図書館協会選定図書)

自然を師とし、個人の生を超えた生＝「大霊」を感得しようとしたアメリカの哲学者ラルフ・ウォルドー・エマソンの思想の全貌を、東西の神秘思想の流れに位置づけつつ解明した力作。

¥2447

死後の真実

●E・キューブラー・ロス著　伊藤ちぐさ訳　阿部秀雄解説

世界的に有名な「死」の研究家キューブラー・ロス博士がついに「死後の真実」を語り始めた。“いのちは永遠であり、誰もひとりぼっちで死ぬことはない” と。全米で話題の、愛とやすらぎを与える書。

¥1200

各定価(5％税込)は、平成20年10月1日現在のものです。品切れの際はご容赦ください。
小社のホームページ http://www.kyobunsha.co.jp/ では様々な書籍情報がご覧いただけます。